Schriften des deutschen Vereins

für

Armenpflege und Wohltätigkeit.

Hundertstes Heft.

Ein deutsches Reichsarmengesetz.

Grundlagen und Richtlinien.

Verlag von Duncker & Humblot.

München und Leipzig 1913.

Ein deutsches Reichsarmengesetz.

Grundlagen und Richtlinien.

Bericht des Sonderausschusses
zur Vorbereitung eines Reichsarmengesetzes.

Verlag von Duncker & Humblot.
München und Leipzig 1913.

Altenburg
Piererſche Hofbuchdruckerei
Stephan Geibel & Co.

Vorwort.

Der Deutsche Armenpflege-Kongreß des Jahres 1912 in Braunschweig hat auf Grund der Berichte von Hollander, Sperling und Thode über „die gesetzliche Regelung der Aufgaben der öffentlichen Armenpflege" (Heft 97 unserer Schriften) einstimmig folgenden Leitsatz aufgestellt:

„Nachdem im Deutschen Reiche die Rechtseinheit auf dem Gebiete des Armenwesens, soweit der Unterstützungswohnsitz in Frage kommt, in Aussicht steht, ist es geboten, die Rechtseinheit auch auf dem Gebiete des materiellen Armenrechts herbeizuführen. Dieses Ziel wird am besten durch ein einheitliches Deutsches Armengesetz gewährleistet."

Ferner hat derselbe Kongreß auf Antrag Drechsler beschlossen, einen vom Vorstande des Deutschen Vereins für Armenpflege und Wohltätigkeit zu wählenden Sonderausschuß mit der Vorbereitung eines Reichsarmengesetzes zu beauftragen. In diesen Ausschuß wurden gewählt:

1. Schatzrat Dr. Drechsler, Hannover,
2. Rechtsrat Fleischmann, Nürnberg,
3. Beigeordneter Dr. Greven, Cöln,
4. Bürgermeister von Hollander, Mannheim,
5. Professor Dr. Klumker, Frankfurt a. M.,
6. Frau Amtsgerichtsrat Neuhaus, Dortmund,
7. Direktor Dr. Petersen, Hamburg,
8. Justizrat Dr. Ruland, Colmar,
9. Bürgermeister Dr. Schmidt, Mainz. Nach dessen Hinscheiden Stadtrechtsrat Dr. Sperling, Mannheim,
10. Geh. Sanitätsrat Dr. Taube, Leipzig,
11. Bürgermeister Dr. Thode, Stettin.

Den Vorsitz hat der Unterzeichnete übernommen und auf Grund eines durch von Hollander ausgearbeiteten Entwurfes von „Richtlinien" des künftigen Gesetzes zunächst gemeinschaftlich mit von

Hollander und Klumker ein „Arbeitsprogramm" für den Ausschuß entworfen. Hiernach wurde der gesamte Stoff nach „Materien" in sechs „Abschnitte" geteilt und je ein Abschnitt einzelnen Mitgliedern des Ausschusses zur Erstattung eines „Vorberichtes" überwiesen. Die „Vorberichte" sollten der ersten auf 10. Januar 1913 nach Berlin einberufenen Sitzung des Ausschusses unterbreitet werden, um der späteren Bearbeitung des Stoffes als erste Grundlage zu dienen.

Diese Vorarbeit wurde von den Herren Berichterstattern so gründlich geleistet, daß der Ausschuß bereits in erster Sitzung den einstimmigen Beschluß fassen konnte, dem Zentralausschusse des Vereins die Beratung der „Grundlagen und Richtlinien" des künftigen Gesetzes als einzigen Gegenstand des nächsten Kongresses zu empfehlen.

Der Zentralausschuß hat diesem Vorschlage in seiner Januar-Sitzung entsprochen. Nachdem die Herren Berichterstatter des Sonderausschusses ihre vorläufigen Berichte zu endgültigen Kongreßberichten im Entwurfe fertiggestellt hatten, ist am 12. April 1913 eine zweite Sitzung des Ausschusses in Frankfurt a. M. abgehalten worden, in welcher volle Übereinstimmung über die Berichterstattung und Behandlung des gesamten Stoffes auf dem diesjährigen Kongresse erzielt wurde.

Hiernach sind die „Grundlagen und Richtlinien" des künftigen Gesetzes in folgender Weise nach „Materien" von den nachbenannten Berichterstattern des Ausschusses bearbeitet worden und werden auf dem diesjährigen Deutschen Armenpflegekongresse in Stuttgart (25. und 26. September 1913) in gleicher Reihenfolge zur Beratung gestellt werden:

I. Gegenwärtige Lage der deutschen Armengesetzgebung. Berichterstatter: Bürgermeister von Hollander-Mannheim.

II. Die Aufgaben der öffentlichen Armenpflege. Berichterstatter: Beigeordneter Dr. Greven-Cöln.

III. Organe der öffentlichen Armenpflege. Berichterstatter: Schatzrat Dr. Drechsler-Hannover.

IV. Der polizeiliche Arbeitszwang. Berichterstatter: Stadtrechtsrat Dr. Sperling-Mannheim.

V. Fürsorge für wandernde Arbeitslose. Berichterstatter: Professor Dr. Klumker-Frankfurt a. M.

VI. Die Tariffrage. Berichterstatter: Rechtsrat Fleischmann-Nürnberg.

VII. Aufsicht über die öffentliche Armenpflege und Rechtsprechung. Berichterstatter: Bürgermeister Dr. Thode-Stettin.

VIII. Schlußbetrachtung: Die Notwendigkeit eines Reichsarmengesetzes. Berichterstatter: Bürgermeister von Hollander-Mannheim.

Der vorliegende 100. Band unserer „Schriften“ bringt die Einzelberichte in vorbezeichneter Reihenfolge als „Gesamtbericht“ des Sonderausschusses.

Die Frage, in welcher Weise die Verhandlungen des Kongresses diesem umfangreichen Stoffe gerecht werden sollen, ist im Ausschusse eingehend beraten worden. Nach dem Vorschlag desselben soll der erste Kongreßtag (25. September 1913) ausschließlich der Berichterstattung gewidmet sein. Auf diese Weise wird dem Kongresse zunächst eine Gesamtübersicht über die vom Ausschusse vorgeschlagenen „Grundlagen und Richtlinien“ des künftigen Gesetzes gegeben. Am zweiten Kongreßtage (26. September 1913) soll dann die mündliche Erörterung (Diskussion) folgen, welcher die einzelnen aufgestellten „Richtlinien“ zugrunde gelegt werden sollen.

Der Vorstand ist diesem Vorschlage einstimmig beigetreten.

Zur Erleichterung der Übersicht und Feststellung der Reihenfolge für die Kongreßberatungen hat der im achten Abschnitte wiedergegebene Bericht von Hollanders diese „Richtlinien“ in Fettdruck zusammengestellt.

Hoffentlich wird es auf Grund dieser Vorbereitungen möglich sein, die gesamten Kongreßverhandlungen in großzügiger Weise und unter Vermeidung aller nebensächlichen Einzelheiten durchzuführen! Nur auf diese Weise wird sich das große, von allen Vereinsgenossen mit Begeisterung aufgenommene und von den Herren Berichterstattern mit hingebender Arbeitskraft geförderte Ziel erreichen lassen: einer künftigen einheitlichen Deutschen Armengesetzgebung die erste wissenschaftliche Grundlage zu bereiten!

Indem der „Deutsche Verein für Armenpflege und Wohltätigkeit“ seine Mitglieder zur 33. Jahresversammlung nach der Hauptstadt des schönen Schwabenlandes einberuft, übergibt er zugleich den 100. Band seiner „Schriften“ der Öffentlichkeit. Möge diese Jubiläumsgabe eine gute Vorbedeutung für das Gelingen des hochbedeutsamen vaterländischen Werkes sein!

Colmar i. Els., 1. Juli 1913.

Ruland.

Inhaltsverzeichnis.

Erster Abschnitt.

Einleitung. Die gegenwärtige Lage der Deutschen Armengesetzgebung.

Berichterstatter: Bürgermeister **E. v. Hollander**, Mannheim.

Der Gedanke eines für das ganze Gebiet des Deutschen Reiches zu erlassenden Armengesetzes ist neu und in der Öffentlichkeit noch wenig erörtert. Die Organe der Gesetzgebung haben sich mit ihm noch niemals beschäftigt. Das ist nicht auffallend, da die Voraussetzung für ein Reichsarmengesetz: die einheitliche Regelung der grundlegenden Fragen der Freizügigkeit, des Heimatswesens und des Unterstützungswohnsitzes, bisher nicht gegeben war. Wohl aber hat der Deutsche Verein für Armenpflege und Wohltätigkeit es nicht unterlassen, mit seiner wiederholt aufgestellten Forderung, das Unterstützungswohnsitzgesetz auf das gesamte Reichsgebiet auszudehnen, im Jahre 1905 in Mannheim die Forderung zu verbinden, daß als letztes Ziel aller Reformen eine einheitliche deutsche Armengesetzgebung ins Auge zu fassen sei.

Diesem letzten Ziel sind wir heute ein beträchtliches Stück nähergerückt: die Ausdehnung des Unterstützungswohnsitzgesetzes auf das gesamte Reich ist gesichert. Durch eine Kaiserliche Verordnung vom 29. März 1909 wurde das Freizügigkeitsgesetz und das Unterstützungswohnsitzgesetz mit Wirkung vom 1. April 1909 auf die Insel Helgoland ausgedehnt. Infolge des Reichsgesetzes vom 30. Mai 1908 ist das Unterstützungswohnsitzgesetz am 1. April 1910 auch in Elsaß-Lothringen in Kraft getreten, und zur freudigen Überraschung der beteiligten Kreise sind nunmehr auch in Bayern Landstände und Regierung darüber einig geworden, an Stelle des bisherigen Heimatsrechts in Übereinstimmung mit dem übrigen Reichsgebiet den Unterstützungswohnsitz als Grundlage der öffentlichen Armenpflege einzuführen. Der Umstand, daß in Bayern zur Abfassung eines Armengesetzes auf der neuen Grundlage geschritten werden muß, läßt es als besonders zeitgemäß erscheinen, von seiten der in der Armenpflege tätigen Fachmänner die Forderungen aufzustellen und zu begründen, die an ein Reichsarmengesetz zu stellen sind.

Es kann nicht die Aufgabe dieses Berichts sein, die historische Entwicklung der deutschen Armenpflege genauer darzulegen. Nur daran sei erinnert, daß das heute noch in Bayern geltende Heimatsrecht, wonach der Heimatgemeinde die Pflicht der Unterstützung aller durch Abstammung, Verheiratung oder durch Aufnahme in den Gemeindeverband zur Gemeinde gehörenden Personen obliegt, bis zur Mitte des vorigen Jahrhunderts in allen Staaten des heutigen Deutschen Reiches Geltung hatte mit Ausnahme von Elsaß-Lothringen, das eine obligatorische öffentliche Armenpflege überhaupt nicht kannte. Zuerst ging Preußen durch die beiden Gesetze vom 31. Dezember 1842, betr. die Aufnahme neu anziehender Personen und die Verpflichtung zur Armenpflege, vom Heimatsrecht zum Unterstützungswohnsitz über. Die übrigen Staaten verblieben noch lange bei dem alten deutschen Heimatsprinzip, bis die Errichtung des Norddeutschen Bundes den Anstoß zu einer Änderung gab.

Die Verfassung des Norddeutschen Bundes vom 26. Juli 1867 schuf im Art. 3 ein gemeinsames Indigenat für den ganzen Umfang des Bundesgebiets mit der Wirkung, daß der Angehörige eines jeden Bundesstaats in jedem anderen Bundesstaate als Inländer zu behandeln und demgemäß zum festen Wohnsitz, zum Gewerbebetriebe, zu öffentlichen Ämtern, zur Erwerbung von Grundstücken, zur Erlangung des Staatsbürgerrechts und zum Genusse aller sonstigen bürgerlichen Rechte unter denselben Voraussetzungen wie der Einheimische zuzulassen sei. Die Bestimmungen, welche die Armenversorgung und die Aufnahme in den lokalen Gemeindeverband betreffen, werden durch diesen Grundsatz nicht berührt. Im Art. 4 wird ferner bestimmt, daß die Bestimmungen über Freizügigkeit, Heimats- und Niederlassungsverhältnisse der Beaufsichtigung des Bundes und seiner Gesetzgebung unterliegen. Dagegen wurde das Armenwesen als solches nicht der Bundesgesetzgebung unterstellt, es blieb vielmehr der einzelstaatlichen Regelung vorbehalten.

Mit Rücksicht auf das durch die Bundesverfassung geschaffene gemeinsame Indigenat war eine Regelung der Heimatsverhältnisse dringend erforderlich. Schon der Reichstagssession 1867 lag ein Antrag Planck „über das Heimatsrecht“ nebst einem Unterantrag Miquel „und die Verpflichtung der Gemeinden zur Unterstützung bzw. Verpflegung Nichteinheimischer“ vor. Am 1. November 1867 wurde das Gesetz über die Freizügigkeit erlassen, nach dem jeder Deutsche das Recht hatte, sich an jedem Orte innerhalb des Bundesgebiets aufzuhalten oder niederzulassen, wo er eine eigene Wohnung oder ein Unterkommen sich zu verschaffen imstande ist. Nur bestrafte Personen konnten nach den Landesgesetzen Aufenthaltsbeschränkungen durch die Polizeibehörde unterworfen werden. Die Gemeinde ist nur dann befugt, einen neu Anziehenden abzuweisen, wenn sie nachweisen kann, daß er nicht hinreichende Kräfte besitzt, um sich und seinen nicht arbeitsfähigen Angehörigen den notdürftigen Lebensunterhalt zu verschaffen, und wenn er solchen weder aus eigenem Vermögen bestreiten kann, noch von einem dazu verpflichteten Verwandten erhält. Die Besorgnis vor künftiger Verarmung berechtigt den Gemeindevorstand nicht zur Zurückweisung. Nach erfolgtem Anzuge darf die Fortsetzung des Aufenthalts nur dann versagt werden, wenn vor dem Erwerbe eines Unterstützungswohnsitzes (Heimatsrecht) eine Unterstützung aus anderen Gründen als wegen einer nur vorübergehenden Arbeitsunfähigkeit notwendig geworden ist.

Durch das Freizügigkeitsgesetz und durch das Gesetz über die Aufhebung der polizeilichen Beschränkungen der Eheschließung vom 4. Mai 1868 waren die in den meisten Bundesstaaten mit der Gemeindeangehörigkeit und dem Heimatsrecht verbundenen bürgerlichen Rechte zum großen Teile zu selbständigen Rechten gemacht worden. Die bisherigen Gesetze über das Heimatsrecht und die Gemeindeverfassung waren damit durchbrochen, ohne daß gleichzeitig eine befriedigende gesetzliche Regelung erlassen war. Insbesondere waren die Fragen offen gelassen, an welchen Ort der nach dem Freizügigkeitsgesetz Auszuweisende hinzuweisen war und aus welchem Orte der Hilfsbedürftige unter bestimmten Voraussetzungen nicht ausgewiesen werden konnte. Ebensowenig war die Frage geregelt, welcher Ort die nach den staatlichen Gesetzen als Folge der Hilfsbedürftigkeit zu gewährenden Unterstützungen zu leisten hatte, wenn mehrere Orte (Aufenthaltsort, Heimatsort, Unterstützungswohnsitz) konkurrierend in Betracht kamen. Sowohl im Bundesrat wie im Reichstag wurde daher alsbald nach der Beratung des Freizügigkeitsgesetzes der Wunsch nach einem gemeinsamen Heimatsrecht für das ganze Bundesgebiet wiederholt zum Ausdruck gebracht.

Diesen Wünschen wurde entsprochen durch das Gesetz über die Erwerbung und den Verlust der Bundes- und Staatsangehörigkeit vom 1. Juli 1870 und das Gesetz über den Unterstützungswohnsitz vom 6. Juni 1870, von denen ersteres am 1. Januar 1871, letzteres am 1. Juli 1871 in Kraft getreten ist.

In Süddeutschland blieb einstweilen das bisherige Heimatsrecht in Kraft. Nur in Baden wurde unmittelbar vor dem Kriege durch das Gesetz vom 5. Mai 1870, die öffentliche Armenpflege betreffend, mit Wirkung vom 1. Juli 1870 der Unterstützungswohnsitz eingeführt. In Hessen südlich des Mains geschah das durch den Art. 80 der Verfassung des Deutschen Bundes vom 15. November 1870 mit Wirkung vom 1. Juli 1871 ab. Nach der Begründung des Deutschen Reiches wurde das Gesetz des Norddeutschen Bundes vom 6. Juni 1870 über den Unterstützungswohnsitz durch das Reichsgesetz vom 8. November 1871 als Reichsgesetz auch in Baden und Württemberg in Kraft gesetzt und zwar mit Wirkung vom 1. Januar 1873. *In Baden wurde jedoch das soeben erlassene Gesetz über die öffentliche Armenpflege deshalb keineswegs aufgehoben; es blieb vielmehr in Kraft*, und durch das Badische Einführungsgesetz zum Unterstützungswohnsitzgesetz vom 14. März 1872 wurden nur diejenigen Bestimmungen des Landesgesetzes aufgehoben, die durch das

Unterstützungswohnsitzgesetz geregelt waren. Die Aufhebung erstreckte sich auf im ganzen 11 von den bisherigen 37 Paragraphen. Dieser Vorgang ist höchst charakteristisch; er beleuchtet das Verhältnis des Unterstützungswohnsitzgesetzes zu den einzelstaatlichen Armengesetzen in treffender Weise und stellt die Beziehungen zwischen dem Unterstützungswohnsitz und der Ausübung der öffentlichen Armenpflege in ein richtigeres Licht, als dies in den meisten Bundesstaaten durch die sogenannten „Ausführungsgesetze" zum Unterstützungswohnsitzgesetz geschehen ist[1].

Das Unterstützungswohnsitzgesetz beabsichtigt nämlich durchaus nicht die öffentliche Armenpflege gesetzlich zu regeln und an die Stelle der bisherigen einzelstaatlichen Armengesetze zu treten. Man konnte bei dem Entwurf des Gesetzes diese Absicht gar nicht haben, da die Kompetenz der Bundes- bzw. Reichsverfassung sich auf das Armenwesen gar nicht erstreckte[2]. Der Unterstützungswohnsitz ist nur eine — allerdings sehr wesentliche — Grundlage für die Ausübung der öffentlichen Armenpflege. Man war sich bei allen Kommissions- und Reichstagsverhandlungen über diese Rechtslage auch vollkommen klar und namentlich darüber einig, daß es nicht Aufgabe des Gesetzes sein könne, sich über das gesamte Gebiet der öffentlichen Armenpflege zu erstrecken, daß dieses Gebiet vielmehr nur insoweit zu betreten sei, als dies durch den Zusammenhang mit der Freizügigkeit bedingt sei. Insbesondere mußte die Frage, welcher Verband in dem einzelnen Falle vorläufig und endgültig unterstützungspflichtig sei, und als Folge davon die Grundlage für die Organisation der Orts- und Landarmenverbände, ihr Verhältnis zueinander sowie die Entscheidung bei etwaigen Kollisionen und Streitigkeiten durch das Gesetz geregelt werden. Wenn das Unterstützungswohnsitzgesetz trotzdem im § 8 ausdrücklich ausspricht, daß über die Zusammensetzung und Einrichtung der Ortsarmenverbände und Landarmenverbände, über die Art und das Maß der im Falle der Hilfsbedürftigkeit zu gewährenden öffentlichen Unterstützung, über die Beschaffung der erforderlichen Mittel, darüber, in welchen Fällen und in welcher Weise den Ortsarmenverbänden von den Landarmenverbänden oder von anderen Stellen eine Beihilfe zu gewähren ist, und endlich darüber, ob und inwiefern sich die Landarmenverbände der Ortsarmenverbände als ihrer Organe behufs der öffentlichen Unterstützung Hilfsbedürftiger bedienen dürfen, die Landesgesetze zu bestimmen haben: so wird dadurch kein neues Recht geschaffen. Die Bestimmung ist selbstverständlich und gibt nur wieder, was sich aus der Reichsverfassung ohne weiteres ergibt, da die aufgezählten Punkte mit der Freizügigkeit in keinem Zusammenhang stehen. Die Aufzählung ist aber auch nicht vollständig und darf

---

[1] Schriften des D. Ver. f. Armenpfl. u. Wohlt. Band 97, 30.

[2] Vgl. RV. Art. 3 und 4, sowie die Ausführungen in den Schriften des D. Ver. f. Armenpfl. u. Wohlt. Band 97, Seite 6 bis 10.

nicht etwa so aufgefaßt werden, als wenn die nicht angegebenen Fragen der Kompetenz der Reichsgesetzgebung unterliegen. Es kann sogar zweifelhaft erscheinen, ob alle durch das Unterstützungswohnsitzgesetz positiv entschiedenen Fragen auf Grund der Reichsverfassung in der Tat der Kompetenz der Reichsgesetzgebung unterliegen; zum Beispiel ist ein Zusammenhang der Bestimmung des § 30 Abs. 3, nach der bei der Festsetzung der zu ersetzenden Kosten die allgemeinen Verwaltungskosten der Armenanstalten nicht in Ansatz gebracht werden dürfen, mit der Freizügigkeit nicht leicht zu konstruieren, so daß für eine solche Bestimmung wohl allein die Landesgesetzgebung zuständig sein dürfte. Indessen soll diese Frage hier nicht näher erörtert werden. Die Feststellung genügt, daß alle nicht ausdrücklich durch das Unterstützungswohnsitzgesetz geregelten Fragen der Armenpflege der Landesgesetzgebung überlassen bleiben.

Wenn wir die Frage eines Reichsarmengesetzes ins Auge fassen, so müssen wir uns zunächst auf die Beantwortung des Einwurfs gefaßt machen, daß das Bedürfnis nach einem solchen Gesetz eigentlich wenig an die Öffentlichkeit gelangt ist. Die Tatsache ist richtig, sie erklärt sich aber einfach aus dem Umstand, daß bisher das ganze Interesse der beteiligten Kreise auf die Vereinheitlichung des Unterstützungswohnsitzgesetzes gerichtet war, und daß man zunächst dieses Ziel als die wesentlichste Etappe auf dem Wege der Vereinheitlichung unseres Armenrechts erreichen wollte, ehe man weitere Forderungen stellte. Nachdem die Annahme des Unterstützungswohnsitzgesetzes durch Bayern gesichert ist, muß naturnotwendig eine weitere Ausgleichung der landesgesetzlichen Besonderheiten auf dem Gebiete der öffentlichen Armenpflege erstrebt werden. Durch das Unterstützungswohnsitzgesetz ist nur gewährleistet, daß jeder Deutsche in jedem Bundesstaat in bezug auf die Art und das Maß der im Falle der Hilfsbedürftigkeit zu gewährenden öffentlichen Unterstützung sowie auf den Erwerb und Verlust des Unterstützungswohnsitzes als Inländer zu behandeln ist; dagegen werden die Angehörigen des gleichen Bundesstaates je nach dem Staate und dem Orte, an dem ihre Hilfsbedürftigkeit zutage tritt, gemäß den landesgesetzlichen und örtlichen Bestimmungen durchaus verschieden behandelt, und der endgültig verpflichtete Armenverband muß unter Umständen anderen Armenverbänden von ihnen gemachte Aufwendungen ersetzen, die er selbst gar nicht hätte gewähren dürfen, wenn der Unterstützungsfall bei ihm eingetreten wäre[1]. Auf welchen einzelnen Gebieten der öffentlichen Armenpflege durch die Reichsgesetzgebung einheitliche Bestimmungen erlassen werden könnten und sollten, wird in den folgenden Abschnitten dieses Berichts zu behandeln sein. Umgrenzt wird das in Frage kommende Gebiet im wesentlichen durch

[1] Vgl. v. Hollander und Sperling, Die gesetzliche Regelung der Aufgaben der öffentlichen Armenpflege in den Schriften des Ver. f. Armenpfl. und Wohlt. Band 97, Seite 24 bis 31.

den Inhalt der bisherigen landesgesetzlich erlassenen Ausführungsgesetze zum Unterstützungswohnsitzgesetz. Es soll aber dabei schon hier aufs entschiedenste betont werden, daß es nicht in Frage kommen kann, alle Einzelheiten, die bisher landesgesetzlich geregelt waren, nunmehr reichsgesetzlich genau zu fixieren. Innerhalb des Gebiets unseres Deutschen Reiches sind die Verschiedenheiten doch zu groß, als daß es geboten und zulässig erscheinen könnte, alle Verhältnisse nach demselben Schema zu ordnen. Was für das rheinisch-westfälische Industriegebiet geboten ist, braucht darum noch lange nicht für die ländliche Armenpflege Ostpreußens geeignet zu sein. Den Gesetzen oder Verordnungen der einzelnen Staaten muß auch fernerhin ein weiter Spielraum gelassen werden, wenn die Armenpflege sich den verschiedenartigen Bedürfnissen der Landesteile anpassen soll. Auf gewissen Gebieten aber ist die Einheit in der Gesetzgebung dringend geboten. Es ist der Zweck dieses Berichts, diese Gebiete genau zu bezeichnen und abzugrenzen und dabei auch diejenigen Fragen zu berühren, in denen der einzelstaatlichen Regelung nicht vorgegriffen werden soll.

Als der Deutsche Verein für Armenpflege und Wohltätigkeit auf seiner Tagung im September 1912 in Braunschweig die Frage der „gesetzlichen Regelung der Aufgaben der öffentlichen Armenpflege" erörterte, mußte naturgemäß auch die Frage eines Reichsarmengesetzes und das Verhältnis eines solchen zum Unterstützungswohnsitzgesetz behandelt werden. Daß gerade zu gleicher Zeit die Einführung des Unterstützungswohnsitzgesetzes in Bayern in bejahendem Sinne entschieden wurde, war ein glücklicher Zufall, der das Interesse für die behandelte Frage wesentlich zu steigern vermochte. Folgender von den Berichterstattern beantragte Leitsatz wurde einstimmig angenommen:

„Nachdem im Deutschen Reiche die Rechtseinheit auf dem Gebiete des Armenwesens, soweit der Unterstützungswohnsitz in Frage kommt, in Aussicht steht, ist es geboten, die Rechtseinheit auch auf dem Gebiete des materiellen Armenrechts herbeizuführen. Dieses Ziel wird am besten durch ein einheitliches deutsches Armengesetz gewährleistet."

Diesem Leitsatz wurde auf einen Antrag von v. Widmann-Ludwigsburg durch einen Majoritätsbeschluß noch folgender Zusatz hinzugefügt:

„Solange ein solches (einheitliches deutsches Armengesetz) nicht erlassen, ist die Rechtseinheit in den einzelnen Bundesstaaten durch eine möglichst übereinstimmende Landesgesetzgebung vorzubereiten."

Von der Erwägung ausgehend, daß das Eisen geschmiedet werden muß, solange es warm ist, beschloß die Versammlung auf Antrag der Herren Schatzrat Dr. Drechsler-Hannover und Direktor Dr. Petersen-Hamburg ferner einstimmig, eine Kommission einzusetzen, die der nächsten Jahresversammlung Grundzüge für ein einheitliches deutsches Armengesetz unterbreiten soll. Der Vorstand wurde mit Ernennung und Einberufung der Kommission beauftragt.

Zum Vollzuge dieses Beschlusses hat der Vorstand nachstehende Vereinsmitglieder in die Kommission berufen:

1. Schatzrat Dr. Drechsler=Hannover,
2. Rechtsrat Fleischmann=Nürnberg,
3. Beigeordneter Dr. Greven=Cöln,
4. Bürgermeister v. Hollander=Mannheim,
5. Professor Dr. Klumker=Frankfurt a. M.,
6. Frau Amtsgerichtsrat Neuhaus=Dortmund,
7. Direktor Dr. Petersen=Hamburg,
8. Justizrat Dr. Ruland=Colmar i. Els.,
9. Stadtrechtsrat Dr. Sperling=Mannheim,
10. Geh. Sanitätsrat Dr. Taube=Leipzig,
11. Bürgermeister Dr. Thode=Stettin.

Nach Erledigung der notwendigen Vorarbeiten hat die Kommission am 10. Januar 1913 in Berlin getagt und hat dort ein genaues Arbeitsprogramm aufgestellt, sowie die einzelnen zu behandelnden Fragen unter die Berichterstatter verteilt. Nach Abfassung der Spezialberichte ist die Kommission am 12. April 1913 in Frankfurt a. M. erneut zusammengetreten, um zu den einzelnen Fragen auf Grund der vorliegenden Spezialberichte Stellung zu nehmen. Das Resultat der Kommissionsarbeiten wird in diesem hundertsten Band der Vereinsschriften den Mitgliedern unseres Vereins und der Öffentlichkeit vorgelegt.

Die Kommission hat vor allem die Frage erwägen müssen, welche Stellung das bisherige Unterstützungswohnsitzgesetz zu einem künftigen Reichsarmengesetz einzunehmen hat. Der Gedanke liegt nahe, das bisherige Unterstützungswohnsitzgesetz mit dem Inkrafttreten eines Reichsarmengesetzes gänzlich aufzuheben und die notwendigen Bestimmungen über den Unterstützungswohnsitz und die damit zusammenhängenden Fragen in das Reichsarmengesetz aufzunehmen. Beispiele für eine derartige Gesetzgebung haben wir in dem Preußischen Gesetz vom 31. Dezember 1842 über die Aufnahme neu anziehender Personen und über die Verpflichtung zur Armenpflege und in dem Badischen Gesetz vom 5. Mai 1870, die öffentliche Armenpflege betreffend, bereits gehabt. Wenn mit Rücksicht darauf, daß nach Abkürzung der Fristen für den Erwerb und Verlust des Unterstützungswohnsitzes auf e i n Jahr die Einrichtung des Unterstützungswohnsitzes an Bedeutung verloren hat, der Gedanke ausgesprochen worden ist, diese Institution überhaupt zu beseitigen und die vorläufige sowie die definitive Unterstützungspflicht einfach auf die Aufenthaltsgemeinde zu übertragen, so wird man diesem Gedanken schwerlich zustimmen können. Eine derartige Gesetzgebung würde eine möglichst ungenügende Ausübung der öffentlichen Armenpflege geradezu prämiieren, denn die hilfsbedürftigen Elemente würden sich naturgemäß dort sammeln, wo man ihren Bedürfnissen und Wünschen am meisten entgegenkommt. Wenn die großen Städte in dieser Beziehung schon jetzt die mannigfachsten

Erfahrungen machen, so würde es bei gänzlicher Aufhebung des Unterstützungswohnsitzes in noch ganz anderer Weise der Fall sein. Allein auch die Verschmelzung des Unterstützungswohnsitzgesetzes mit einem künftigen Reichsarmengesetz wird sich aus praktischen und aus historischen Gründen zunächst nicht empfehlen, wenn auch das Ziel der Entwicklung die Zusammenfassung des gesamten Reichs-Armenrechts in ein einheitliches Gesetz bilden wird. Zunächst wird man an die bisherige Entwicklung anzuknüpfen haben, die nun einmal die Frage des Unterstützungswohnsitzes in den Mittelpunkt des gesamten Armenrechts gestellt hat. Es liegt keine Veranlassung vor, ohne zwingende Gründe der gewohnten Rechtsauffassung den Boden zu entziehen. Dazu kommt, daß Bayern sich soeben für die Annahme des Unterstützungswohnsitzgesetzes entschieden hat, und daß man der dankbaren Anerkennung für diesen von der gesamten deutschen öffentlichen Armenpflege freudig begrüßten Entschluß auch dadurch Ausdruck geben sollte, daß man sich auf den Boden dieses Entschlusses stellt und Bayern den Übergang in die neuen Verhältnisse soweit als irgend möglich erleichtert. Das wird zweifellos geschehen, wenn man an dem bisherigen Unterstützungswohnsitzgesetz in Form und Inhalt nicht rüttelt und nur im Verein mit Bayern möglichst übereinstimmende Ausführungsbestimmungen — entweder in Form eines Reichsgesetzes oder eventuell durch Landesgesetze — zu erreichen sucht. Dadurch ist natürlich nicht ausgeschlossen, daß bei dem Inkrafttreten eines Reichsarmengesetzes einzelne Bestimmungen des bisherigen Unterstützungswohnsitzgesetzes abgeändert werden. Wenn auf diesem Wege eine einheitliche Reichsarmengesetzgebung erreicht ist, dann wird auch allmählich der Wunsch entstehen, diese Gesetzgebung durch eine neue Kodifikation in ein Gesetz zusammenzufassen.

Die Frage, ob die Reichsgesetzgebung auf Grund der bestehenden Reichsverfassung zur gesetzlichen Regelung des Armenrechts über das Gebiet der mit der Freizügigkeit zusammenhängenden Fragen hinaus berechtigt ist oder ob dazu eine Änderung der Reichsverfassung notwendig erscheint, ist in dem Bericht von v. Hollander und Sperling über die gesetzliche Regelung der Aufgaben der öffentlichen Armenpflege eingehend erörtert[1] worden. Die Frage kann nicht zweifelhaft sein; sie muß in letzterem Sinne entschieden werden. Zweifeln kann man nur darüber, ob der Weg der Gesetzgebung, wenn ein Reichsarmengesetz zustande kommen soll, gleichsam zweimal zurückgelegt werden müsse, das erstemal, um der Verfassungsurkunde den erforderlichen Wortlaut zu geben, das zweitemal, um die eigentlich beabsichtigten gesetzlichen Anordnungen zu treffen[2]. Die Entscheidung dieser Frage wird man vertrauensvoll den zuständigen Reichsinstanzen — Bundesrat und Reichstag — überlassen können. Sie haben sich mehrfach für den einfacheren Weg auf Grund der der Reichs-

[1] Schriften des D. Ver. f. Armenpfl. u. Wohlt. Band 97, Seite 6 bis 9.

[2] Vgl. Laband, Staatsrecht des Deutschen Reiches. 5. Aufl., Band 2, Seite 40.

gesetzgebung zustehenden sogenannten „Kompetenz-Kompetenz“ entschieden, wobei selbstverständlich die Voraussetzungen des Art. 78 RV., insbesondere die für Veränderungen der Verfassung erforderliche Stimmenzahl im Bundesrat, vorliegen mußten. Laband a. a. O. Seite 41 und 42 Note 2 bezeichnet diese Praxis zwar als rechtlich unanfechtbar, hält es aber in politischer Hinsicht für bedenklich, die Verfassungsgrundsätze durch Spezialgesetze zu durchbrechen, ohne den Wortlaut der Verfassungsurkunde entsprechend abzuändern.

In bezug auf die durch ein Reichsarmengesetz zu regelnden Gebiete der öffentlichen Armenpflege war die Kommission sich darüber klar, daß die reichsgesetzliche Regelung sich auf diejenigen Fragen zu beschränken hat, in denen eine Rechtseinheit im Interesse einer geordneten Armenfürsorge unbedingt herbeigeführt werden muß, und daß den zahlreichen Besonderheiten in den Verhältnissen der einzelnen Reichsgebiete dadurch Rechnung getragen werden muß, daß der einzelstaatlichen Regelung ein weiter Spielraum gelassen wird. Ob diese Regelung durch Gesetz oder durch Verordnung stattzufinden hat, wird sich nur nach den verfassungsrechtlichen Grundlagen der Einzelstaaten entscheiden lassen. Im allgemeinen wird sich nicht umgehen lassen, daß ein künftiges Reichsarmengesetz weiterer Ausführungsbestimmungen und Ergänzungen durch Landesgesetze bedürfen wird. Es wäre nur zu wünschen, daß diese Landesgesetze der leichter beweglichen und den neu hervortretenden Bedürfnissen schneller anzupassenden Verordnung einen weiten Spielraum gäben.

Die auf dem Gebiete der Armengesetzgebung zurzeit geltenden einzelstaatlichen Gesetze, die bei Einführung eines Reichsarmengesetzes aufgehoben bzw. abgeändert werden müßten, sind folgende:

1. Preußen. Ausführungsgesetz zum Unterstützungswohnsitzgesetz vom 8. März 1871 und Ausführungsgesetz für Lauenburg vom 24. Juni 1871 nebst der Novelle vom 23. Juli 1912 (Arbeitsscheuengesetz).

2. Bayern. Gesetz über Heimat, Verehelichung und Aufenthalt vom 16. April 1868 und über die öffentliche Armen- und Krankenpflege vom 29. April 1869 in der am 30. Juli 1899 publizierten neuen Fassung.

3. Sachsen. Armenordnung vom 22. Oktober 1840. Heimatsgesetz vom 26. November 1834.

4. Württemberg. Ausführungsgesetz zum Unterstützungswohnsitzgesetz vom 14. April 1913 nebst der Novelle vom 2. Juli 1889.

5. Baden. Gesetz vom 5. Mai 1870, die öffentliche Armenpflege betreffend in der durch das badische Einführungsgesetz zum Unterstützungswohnsitzgesetz vom 14. März 1872 festgesetzten Fassung.

6. Elsaß-Lothringen. Gesetz vom 8. November 1909, betreffend die Ausführung des Gesetzes über den Unterstützungswohnsitz vom 30. Mai 1908.

7. Hessen. Ausführungsgesetz zum Unterstützungswohnsitzgesetz vom 14. Juli 1871.

8. Hamburg. Ausführungsgesetz zum Unterstützungswohnsitzgesetz vom 23. Juni 1871; Gesetz über das Armenwesen vom 11. September 1907.

9. Mecklenburg-Schwerin. Ausführungsgesetz zum Unterstützungswohnsitzgesetz vom 20. Februar 1871.

10. Braunschweig. Ausführungsgesetz zum Unterstützungswohnsitzgesetz vom 5. Juni 1871.

11. Oldenburg. Rev. Gemeindeordnung für das Herzogtum Oldenburg vom 15. April 1873; Gesetz über das Armenwesen im Fürstentum Birkenfeld vom 28. März 1876; Rev. Gemeindeordnung für das Fürstentum Lübeck vom 30. März 1876.

12. Sachsen-Weimar. Ausführungsgesetz zum Unterstützungswohnsitzgesetz vom 23. Februar 1872.

13. Anhalt. Ausführungsgesetz zum Unterstützungswohnsitzgesetz vom 29. Juni 1871 nebst der Novelle vom 27. April 1904.

14. Bremen. Ausführungsgesetz zum Unterstützungswohnsitzgesetz vom 2. Januar 1871; Gesetz betreffend die stadtbremische Armenpflege vom 25. April 1900; Gesetz betreffend den armenpolizeilichen Arbeitszwang vom 13. Januar 1911.

15. Sachsen-Meiningen. Ausführungsgesetz zum Unterstützungswohnsitzgesetz vom 24. Februar 1872.

16. Sachsen-Coburg-Gotha. Ausführungsgesetz zum Unterstützungswohnsitzgesetz vom 31. Mai 1871.

17. Sachsen-Altenburg. Ausführungsgesetz zum Unterstützungswohnsitzgesetz vom 3. Juni 1871.

18. Reuß jüng. Linie. Gesetz vom 21. Juni 1871.

19. Lippe. Ausführungsgesetz zum Unterstützungswohnsitzgesetz vom 12. September 1877.

20. Lübeck. Ausführungsgesetz zum Unterstützungswohnsitzgesetz vom 24./30. März 1871.

21. Mecklenburg-Strelitz. Ausführungsverordnung zum Unterstützungswohnsitzgesetz für das Herzogtum Strelitz vom 20. Februar 1871; Ausführungsverordnung zum Unterstützungswohnsitzgesetz für das Fürstentum Ratzeburg vom 27. April 1871.

22. Schwarzburg-Rudolstadt. Ausführungsgesetz zum Unterstützungswohnsitzgesetz vom 23. Juni 1871.

23. Schwarzburg-Sondershausen. Ausführungsgesetz zum Unterstützungswohnsitzgesetz vom 25. Januar 1872 und Gesetz vom 28. Oktober 1872.

24. Reuß ält. Linie. Gesetz vom 1. Juli 1878 und Gesetz vom 9. Januar 1806.

25. Waldeck. Ausführungsgesetz zum Unterstützungswohnsitzgesetz vom 29. Juni 1871.

26. Schaumburg-Lippe. Ausführungsgesetz zum Unterstützungswohnsitzgesetz vom 7. März 1872.

Die Gesetzgebung der meisten kleineren norddeutschen Staaten hat sich — oft sogar im Wortlaut — dem Preußischen Ausführungsgesetz vom 8. März 1871 angeschlossen.

In den folgenden Abschnitten werden die einzelnen Gebiete zu erörtern sein, auf die sich ein künftiges Reichsarmengesetz zu erstrecken hätte, worauf im Schlußabschnitt das Gesamtresultat der vorausgegangenen Ausführungen zu betrachten sein wird.

Zweiter Abschnitt.

Die Aufgaben der öffentlichen Armenpflege.

Berichterstatter: Beigeordneter Dr. **Greven**, Cöln.

Die Aufgaben der öffentlichen Armenpflege und ihre gesetzliche Regelung waren schon zweimal Gegenstand der Verhandlung auf Jahresversammlungen des Deutschen Vereins für Armenpflege und Wohltätigkeit, 1905 in Mannheim unter dem Titel: „Die heutigen Anforderungen an die öffentliche Armenpflege im Verhältnis zur bestehenden Armengesetzgebung" und 1912 in Braunschweig unter dem Titel „Die gesetzlichen Aufgaben der öffentlichen Armenpflege". Der Hauptbericht von 1905 von Senatssekretär Dr. Buehl und Rat R. Flemming, beide Hamburg[1], und die Berichte von 1912 von Bürgermeister von Hollander und Stadtrechtsrat Dr. Karl Sperling, beide Mannheim, sowie Bürgermeister Dr. Thode, Stettin[2], liefern eine vortreffliche Grundlage für die Behandlung der Frage. Durch die Berichte und die sich daran anschließenden Verhandlungen[3] ist nicht nur das Material mehr oder weniger vollständig zusammengetragen, sondern es sind auch die Streitfragen scharf herausgearbeitet und die Ansichten wesentlich geklärt worden.

Zum dritten Male also soll der Gegenstand vom Verein behandelt werden. Dies allein scheint schon geeignet, seine Wichtigkeit darzutun. Noch augenfälliger wird diese, wenn man bedenkt, daß die Verhandlungen in Braunschweig über diesen Gegenstand zu der weittragenden Forderung eines Reichsarmengesetzes geführt haben. Die Regelung der Aufgaben der Armenpflege muß und wird allerdings mit den Hauptinhalt eines Reichsarmengesetzes bilden.

Der Braunschweiger Beschluß darf aber auch als ein Beweis dafür angesehen werden, daß das Bedürfnis nach Rechtseinheit gerade in diesem Punkte von den sachverständigen Kreisen besonders dringend empfunden wird.

Eine einheitliche Feststellung der Pflichtleistungen der öffentlichen Armenpflege im Deutschen Reiche muß auch unbedingt erwünscht er-

---

[1] Schriften d. D. V. f. Armenpfl. u. Wohlt. Heft 73.

[2] Ebenda, Heft 97.

[3] Ebenda, 1905, Heft 75 und 1912, Heft 99.

scheinen, damit endlich die tatsächliche Gleichstellung der Armen in unserem Vaterlande erreicht wird. Zwar hat das Gesetz über den Unterstützungswohnsitz im § 1 bestimmt, daß jeder Reichsangehörige in jedem Bundesstaate in bezug auf die Art und das Maß der öffentlichen Unterstützung als Inländer zu behandeln sei. Damit ist für das Geltungsgebiet des Unterstützungswohnsitzgesetzes Gewähr geschaffen, daß kein Angehöriger eines anderen Bundesstaates schlechter behandelt wird als die eigenen Staatsangehörigen. Aber da die Festsetzung der Pflichtleistungen der öffentlichen Armenpflege nach der Reichsverfassung und gemäß § 8 des Unterstützungswohnsitzgesetzes nicht Gegenstand der Reichsgesetzgebung ist, so bestimmen sich die Leistungen der Armenpflege nach den einzelnen Landesgesetzen, und es ist infolgedessen noch keine Gleichmäßigkeit in dieser Beziehung erreicht. Es war ja nun sicher richtig, sich bei Gründung des neuen Deutschen Reiches in bezug auf die Vereinheitlichung der Gesetzgebung eine große Mäßigung aufzuerlegen, heute aber, nachdem das Reich schon so lange besteht, nachdem die Rechtseinheit auf so manchen Gebieten herbeigeführt ist, da kann auch der Wunsch nach einer Vereinheitlichung des Anspruchs der Armen nicht unberechtigt erscheinen. Diese Vereinheitlichung erscheint besonders deshalb begründet, weil die Wirtschaftsgesetzgebung Sache des Reiches ist, die Armutszustände aber in hohem Maße von der wirtschaftlichen Lage und somit auch von der Wirtschaftsgesetzgebung beeinflußt werden.

Die verschiedene Regelung der Aufgaben der öffentlichen Armenpflege hat aber auch große Unzuträglichkeiten zur Folge, insbesondere führt sie häufig zu Streitigkeiten zwischen Armenverbänden verschiedener Bundesstaaten. Manche Entscheidungen des Bundesamts für das Heimatswesen bestätigen dies. Die meisten Fälle werden aber gar nicht einmal zur allgemeinen Kenntnis kommen und doch viel unnütze Arbeit und Schreibereien verursachen. Unzuträglichkeiten ergeben sich nicht nur aus der Verschiedenheit der einzelnen Landesgesetze, sondern auch aus der Divergenz zwischen Reichs- und Landesgesetzgebung. Das Bundesamt hat den Begriff der Hilfsbedürftigkeit für einen reichsgesetzlichen erklärt. Der Begriff der Hilfsbedürftigkeit spielt aber eine Rolle bei Erfüllung der Verpflichtungen der Armenpflege, und so können sehr leicht Schwierigkeiten entstehen. Auf der Braunschweiger Tagung wurde hierauf von Schatzrat Dr. Drechsler, Hannover, hingewiesen. Er führte den Fall an, daß ein gemeingefährlicher Geisteskranker, der völlig erwerbsfähig ist, wegen seiner Gemeingefährlichkeit verwahrt werden muß. Das preußische Oberverwaltungsgericht steht auf dem Standpunkte, daß ein derartiger Geisteskranker nach preußischem Recht hilfsbedürftig sei, und daß daher die Organe der Armenpflege einzutreten hätten. Das Bundesamt für das Heimatswesen aber erklärt die Hilfsbedürftigkeit für einen reichsgesetzlichen Begriff, der der Landesgesetzgebung gewisse Schranken ziehe. Ein an sich erwerbsfähiger Geisteskranker könne nicht künstlich durch die Landesgesetzgebung für hilfsbedürftig erklärt werden[1]. Hier ergibt sich also ein höchst unerquicklicher Gegensatz zwischen der obersten Verwaltungsspruchbehörde Preußens und dem Bundesamt. Abhilfe kann nur durch eine einheitliche reichsgesetzliche Regelung der Aufgaben der öffentlichen Armenpflege gebracht werden, die zur Beseitigung derart unbefriedigender Verhältnisse geboten erscheint.

Der reichsgesetzlichen Regelung der Pflichtleistungen der Armenpflege dürften aber auch kaum große Schwierigkeiten im Wege stehen, denn tatsächlich sind die bestehenden Verschiedenheiten der Landesgesetze nicht so groß, als daß nicht eine Vereinheitlichung möglich wäre. Zwar schien auf den Tagungen in Mannheim, und besonders in Braunschweig, der Streit der Meinungen darüber recht heftig, was Aufgabe der öffentlichen Armenpflege sein solle, aber es will fast scheinen, als ob hierbei nicht unwesentliche gegenseitige Mißverständnisse obgewaltet hätten, die den Streit größer und tiefer erscheinen lassen, als er tatsächlichist.

I.

Der heutige Rechtszustand.

Bei Feststellung des heutigen Rechtszustandes sind zwei Gruppen von Bundesstaaten zu unterscheiden, von denen die größere nach dem Vorbilde von Preußen die Pflichtleistungen der öffentlichen Armenpflege auf die Gewährung von Obdach, des unentbehrlichen Lebensunterhalts, der erforderlichen Pflege in Krankheitsfällen und eines angemessenen Begräbnisses beschränkt[2]. Außer Preußen gehören hierher Hessen, Sachsen-Weimar, das zu Oldenburg gehörige Fürstentum Lübeck, Braunschweig, Sachsen-Meiningen, Sachsen-Altenburg, Sachsen-Koburg-Gotha, Schwarzburg-Sondershausen, Schwarzburg-Rudolstadt, Waldeck, Reuß ä. L., Reuß j. L., Schaumburg-Lippe und Elsaß-Lothringen. Bei Außerachtlassung des Fürstentums Lübeck sind dies 14 Bundesstaaten mit etwa $45^1/_4$ Millionen Einwohnern, wovon auf Preußen allein über 40 Millionen entfallen. In den übrigen Bundesstaaten Bayern[3], Sachsen, Württemberg, Baden, Mecklenburg-

---

[1] Zu vgl. Entscheidungen des Bundesamts, Heft 38, S. 81, sowie Entscheidungen des Oberverwaltungsgerichts Bd. 47, S. 6 und Bd. 54, S. 154.

[2] § 1 des Preuß. Ausf. Ges. zum Reichsgesetz über den Unterstützungswohnsitz vom 8. März 1871, 1. Absatz: „Jedem hilfsbedürftigen Deutschen ist von dem zu seiner Unterstützung verpflichteten Armenverbande Obdach, der unentbehrliche Lebensunterhalt, die erforderliche Pflege in Krankheitsfällen und im Falle seines Ablebens ein angemessenes Begräbnis zu gewähren."

[3] Da Bayern demnächst in den Geltungsbereich des Reichsgesetzes über den Unterstützungswohnsitz einbezogen wird, erübrigt sich die früher erforderliche gesonderte Behandlung der bayerischen Gesetzgebung. Bayern will auch in Zukunft im wesentlichen an der bisherigen Regelung der Aufgaben der Armenpflege festhalten.

Schwerin, Mecklenburg-Strelitz, Oldenburg, Anhalt, Lippe-Detmold, Bremen, Lübeck und Hamburg mit zusammen stark 19½ Millionen Einwohnern ist in die Aufgaben der Armenpflege in weiterem oder geringerem Umfange auch die Erziehung und in Bayern, Baden und dem zu Oldenburg gehörigen Fürstentum Birkenfeld auch die Erwerbsbefähigung der Kinder eingeschlossen.

Die Armengesetze von Sachsen und Bayern bezeichnen es weiter noch in einem gewissen Maße als Aufgabe der Armenpflege, der Armut entgegenzuwirken. Auf diese Bestimmungen wird später noch näher einzugehen sein[1].

Für einen nicht unerheblichen Teil der Pflichtleistungen der Armenpflege — nämlich die Pflicht zur Gewährung von Obdach, des unentbehrlichen Lebensunterhalts, der erforderlichen Pflege in Krankheitsfällen und eines angemessenen Begräbnisses — besteht hiernach eine Übereinstimmung der Landesgesetze.

Die einzig wesentliche Streitfrage für die reichsgesetzliche Regelung ist die, ob und inwieweit die Erziehung und Erwerbsbefähigung der Kinder der Armenpflege als Aufgabe zuzuweisen ist.

II.

Begriff der Armenpflege und hieraus folgernd ihre Beschränkung auf die subsidiäre Gewährung des Notbedarfs.

Bei Untersuchung der Frage, welche Aufgaben der öffentlichen Armenpflege von einem Reichsgesetz zuzuweisen sind, erscheint es notwendig, zunächst den Begriff der Armenpflege genauer festzustellen. Die Armenpflege ist die ursprünglichste Form der Fürsorge für die wirtschaftlich Schwachen oder besser für die wirtschaftlich schwächste Schicht der Bevölkerung. Wenn aber auch die Anfänge einer geordneten Armenpflege bis in das Altertum zurückgehen, so blieb es doch erst der neueren Zeit mit der eintretenden Erstarkung der Staatsgewalt vorbehalten, den sozialen Gedanken zur Durchführung zu bringen, daß es die Pflicht der Gesamtheit sei, für alle wirklich Bedürftigen regelmäßig zu sorgen. (Staatliche Zwangsarmenpflege.) Die neuere Zeit hat uns nun aber neben dieser ursprünglichsten Form sozialer Fürsorge noch so viele weitere Maßnahmen der Fürsorge für die wirtschaftlich Schwachen gebracht, daß man geradezu von einem sozialen Zeitalter sprechen kann. Als ein T e i l des heute so großen Gebiets der sozialen Fürsorge wird also die Armenpflege angesehen werden müssen, da sie ganz zweifellos aus einem Gemeinschaftsgefühl — d. i. einem sozialen Gefühl — heraus entspringt. Damit ist aber für den Begriff der Armenpflege zunächst wenig gewonnen; denn das

---

[1] Genaueres über die bestehenden Landesgesetze bei v. Hollander-Sperling, Hauptbericht 1912, S. 10 ff.

wesentlichste ist eben die Abgrenzung zu dem übrigen großen Gebiete sozialer Fürsorge. Diese Abgrenzung hat man darin zu finden geglaubt, daß die Armenpflege es nur mit dem einzelnen Falle zu tun habe, die Sozialpolitik dagegen mit einer unbestimmten Anzahl von Fällen. Demgegenüber ist nicht mit Unrecht darauf hingewiesen worden, daß auch in der modernen sozialen Fürsorge zum Teil eine individualisierende Behandlung erforderlich sei und tatsächlich eintrete.

Ein unterscheidendes Begriffsmoment der Armenpflege dürfte dagegen ihre absolute Subsidiarität sein; denn wesentlich ist der Armenpflege, daß sie nur als letztes Hilfsmittel d. h. nur im Falle der Hilfsbedürftigkeit eintreten darf, wenn der Arme sich das, was die Armenpflege leisten soll, nicht auf andere Weise verschaffen kann. Es ergibt sich die Notwendigkeit hierfür aus der Erwägung, daß die Armenpflege ohne wirtschaftliche Gegenleistung oder doch wenigstens ohne Rücksicht darauf gewährt wird. Selbstverständlich würde es der Gesamtwirtschaft zu großen Eintrag tun, wollte man eine derartige doch sehr weitgehende einseitige Leistung der Gesamtheit eintreten lassen, ohne daß die absolute Notwendigkeit hierzu vorliegt. Schon hieraus ergibt sich aber auch ein weiteres Begriffsmoment der Armenpflege, nämlich die **Beschränkung ihrer Leistungen auf den Notbedarf.** Die Notwendigkeit der Beschränkung auf den Notbedarf ergibt sich noch deutlicher, wenn man bedenkt, daß die Armenpflege nicht nur keine Rücksicht auf eine etwaige Gegenleistung des Bedachten nimmt, sondern auch die Würdigkeit oder Unwürdigkeit des Bedachten gänzlich außer acht läßt. Aus dem Gemeinschaftsgefühl und aus dem Gebot der Nächstenliebe heraus will und soll die Armenpflege jeden Menschen vor dem Untergang und vor der Not bewahren. Es werden daher von der Armenpflege nötigenfalls Idioten, Krüppel und dergl. vom jüngsten Kindesalter an verpflegt, gleichgültig ob sie der Gesamtwirtschaft auch nur den geringsten Nutzen gebracht haben. Ja, auch derjenige hat Anspruch auf die Leistungen der Armenpflege, der in einem verbrecherischen Dasein der Gemeinschaft nur Schaden gebracht hat. Auch hierin liegt ein gewichtiges Argument für die Beschränkung der Armenpflege auf den Notbedarf. Der wichtigste Grund aber endlich muß in der Schwachheit der Menschen gefunden werden. Es ist gar nicht zu bezweifeln, daß viele Menschen nur durch die Furcht vor der Not zur Arbeitsamkeit und zur Vorsorge für die Zukunft angehalten werden. Wenn die Armenpflege über die Gewährung des Unentbehrlichen hinausgehen würde, so würden zweifellos die Energie, der Tätigkeitstrieb und der Sparsamkeitssinn der Bevölkerung außerordentlich leiden. Die geschichtlichen Erfahrungen sprechen in dieser Beziehung eine deutliche Sprache. Da, wo wie im alten Rom durch die reichlichen Getreidespenden oder wie im Mittelalter durch allzu reichliches Almosengeben das Leben den wirtschaftlich Schwachen zu leicht gemacht wurde, gewöhnte sich das Volk an Trägheit und Arbeitsscheu und ein großes Bettlerproletariat war die Folge. So erscheint es nicht nur aus Gründen der Wirtschaftlichkeit, sondern auch aus Gründen des Staatswohles unbedingt geboten, die Leistungen der Armenpflege auf den unentbehrlichen Lebensbedarf zu beschränken.

Aus dieser Beschränkung auf den Notbedarf ergibt sich übrigens erst die Notwendigkeit für die Armenpflege, sich stets mit dem einzelnen Fall besonders zu beschäftigen (Individualisierungsprinzip). An und für sich stände sicher nichts im Wege, der Not der Armen durch generalisierende Maßnahmen abzuhelfen. Die notwendige Beschränkung auf den Notbedarf aber läßt dies unmöglich erscheinen, sie macht eine genauere Prüfung und besondere Behandlung des Einzelfalles erforderlich.

Der Begriff der gesetzlichen Armenpflege dürfte hiernach zu bestimmen sein, als öffentliche Fürsorge zur subsidiären Sicherstellung des Notbedarfs.

Die Beschränkung der Armenpflege auf den unentbehrlichen Lebensbedarf liegt übrigens auch durchaus im Sinne der bestehenden deutschen Armengesetze. Bezüglich derjenigen Landesgesetze, die die Aufgaben der Armenpflege nach dem preußischen Vorbilde festgelegt haben, bedarf dies keiner weiteren Erörterung. Zweifelhaft könnte es bezüglich derjenigen Gesetze sein, die hierüber hinausgehen. Soweit in den Landesgesetzen die Erziehung und Erwerbsbefähigung der Kinder zur Aufgabe der Armenpflege gemacht ist, liegt ein Hinausgehen über die Gewährung des Notbedarfs nicht vor, weil, wie unten näher darzutun, die Erziehung und Erwerbsbefähigung der Kinder zum Notbedarf gehört. Es bleiben noch genauer die Gesetze von Sachsen und Bayern zu erörtern. Beide haben in ihre Armengesetze in einem gewissen Maße die vorbeugende Armenpflege aufgenommen. Aber doch nicht in der Weise, daß nun Pflichtleistungen der Armenpflege auf dem Gebiete der vorbeugenden Fürsorge festgesetzt wären, auf die jeder gegebenenfalls Anspruch erheben könnte. Im Gegenteil, beide Gesetze beschränken den **Anspruch** des Armen auf den notdürftigen Unterhalt.

Art. 3 des bayerischen Armengesetzes vom 29. April 1869:

„Als hilfsbedürftig sind nur diejenigen zu erachten, welche sich wegen Mangels eigener Mittel und Kräfte oder infolge eines besonderen Notstandes das zur Erhaltung des Lebens oder der Gesundheit Unentbehrliche nicht zu verschaffen vermögen".

Sächsische Armenordnung vom 22. Oktober 1840:

§ 4. „Nur derjenige Arme, welcher seinen notdürftigen Unterhalt ganz oder teilweise nicht von anderen den Rechten nach oder zufolge besonderer Verbindlichkeit dazu verpflichteten Privatpersonen oder Korporationen erlangen kann, auch solche von anderen nicht freiwillig empfängt und sich ebensowenig selbst notdürftig ernähren kann, hat auf öffentliche Unterstützung Anspruch."

Und § 23. „Nicht jeder Arme hat deshalb, weil er arm ist Anspruch, auf öffentliche Versorgung oder Unterstützung, sondern nur derjenige, welcher sich außerstande befindet, durch eigene Kraft und Tätigkeit die zum Leben erforderlichen unentbehrlichen Bedürfnisse sich selbst zu verschaffen und nur soweit als dieses der Fall ist."

Diesen ausdrücklichen, scharf ausgeprägten Bestimmungen gegenüber will es wenig besagen, wenn in Art. 1 des bayerischen Armengesetzes es allgemeinhin als Aufgabe der öffentlichen Armenpflege bezeichnet wird, der Verarmung entgegenzuwirken, oder wenn in der sächsischen Armenordnung sich als § 25 folgende allgemein gehaltene Bestimmung findet:

„Um den Entstehungsursachen der Verarmung soviel wie möglich vorzubeugen, ist denjenigen, welche durch häusliche oder persönliche Unfälle in vorübergehenden Notstand versetzt werden, unter solchen Umständen zeitiger Beistand zu leisten."

sowie wenn in den §§ 27 und 28 derselben Armenordnung Bestimmungen getroffen werden, daß den Armen von den Armenbehörden möglichst Arbeit zu beschaffen sei.

Jedenfalls entspringen aus den vorerwähnten Bestimmungen des bayerischen und sächsischen Gesetzes keine bestimmten Ansprüche für den Armen. Sie haben vielmehr nur den Charakter von Sollvorschriften für die Armenbehörden. Die Grundtendenz beider Gesetze bleibt deshalb doch Beschränkung der Armenpflege auf den Notbedarf. Im übrigen sind augenscheinlich die bayerischen und sächsischen Bestimmungen, betreffend die vorbeugende Fürsorge der Armenbehörden, in der Praxis bisher von sehr geringer Bedeutung gewesen. Bezüglich Bayerns wurde dies von Rechtsrat Fleischmann-Nürnberg, dem Mitberichterstatter für Bayern, auf der Tagung des Vereins 1905 in Mannheim ausdrücklich bestätigt[1].

Auch die neuesten deutschen Armengesetze, nämlich das elsaß-lothringische Gesetz vom 8. November 1909 und die am 1. April 1908 in Kraft getretene hamburgische Gesetzgebung, stehen durchaus auf dem Standpunkt der Beschränkung der Pflichtleistungen der Armenpflege auf den Notbedarf. Für das elsaß-lothringische Gesetz erhellt dies ohne weiteres, da es die Aufgaben der Armenpflege entsprechend dem preußischen Ausführungsgesetz festlegt. Das hamburgische Gesetz über das Armenwesen bestimmt in § 12 ausdrücklich:

„Öffentliche Unterstützung wird nur Hilfsbedürftigen gewährt. Hilfsbedürftig ist, wer seinen notdürftigen Unterhalt weder aus eigenen Mitteln oder Kräften noch aus ihm von anderer Seite zur Verfügung gestellten Mitteln zu bestreiten vermag.

Aber nicht nur in der Gesetzgebung besteht Übereinstimmung bezüglich der Beschränkung der Armenpflege auf das Unentbehrliche.

---

[1] Verhandlungen 1905, S. 106. Mitberichterstatter Fleischmann: „Nun die offizielle vorbeugende Armenpflege. Wie sieht es mit dieser in der Praxis aus? Da möchte ich fast sagen: gar nichts!" und weiter . . . „aber sonst bleibt die vorbeugende Armenpflege eine papierne Sache".

Mehr oder weniger herrscht diese Übereinstimmung auch in den Kreisen aller Sachverständigen[1]. Selbst Buehl und Flemming, von denen im allgemeinen angenommen wird, daß sie die Aufgaben der öffentlichen Armenpflege sehr weit stecken wollen, haben sich in diesem Sinne ausgesprochen[2]. Auch von Hollander und Sperling neigen dieser Ansicht zu[3]. Erwähnt sei auch noch, daß die Nationalökonomie wohl allgemein auf diesem Standpunkte steht[4].

Nach Lage der Sache kann für die Festlegung der Aufgaben der Armenpflege in einem Reichsarmengesetz wohl nur die Beschränkung auf die subsidiäre Gewährung des Notbedarfs in Frage kommen. Da es nun andererseits keinem Zweifel unterliegen kann, daß der Notbedarf — das Existenzminimum — auch das Mindestmaß dessen darstellt, was von der Armenpflege zu gewähren ist, so dürften sich die Aufgaben der Armenpflege ohne weiteres ergeben, wenn erst der Notbedarf festgelegt ist.

In den Verhandlungen von 1905 sowohl wie von 1912 hat nun aber die vorbeugende Armenpflege und ihre Einbeziehung in die gesetzliche Armenpflege eine große Rolle gespielt. Ja, dies ist sogar als die Hauptfrage bezeichnet worden[5]. Es erscheint daher zur Klärung zunächst noch eine Auseinandersetzung mit dem Begriff der vorbeugenden Armenpflege erforderlich.

[1] Zu vgl. u. a. die Ausführungen im Handwörterbuch der Staatswissenschaften II. Bd. 1909 von Aschrott S. 4 ff. und von Uhlhorn-Münsterberg S. 6 ff.

[2] Buehl, Das Armenwesen, Sonderabdruck aus Handbuch der Hygiene, Jena bei Gustav Fischer 1904, S. 59. „Als Armenaufwand im Sinne der Reichsgesetzgebung gilt nur die Gewährung des unbedingt Notwendigen. Diese Grenze, deren Überschreitung leicht zum Ersatz der Selbsthilfe durch Staatshilfe und damit zur Lähmung der Tatkraft weiter Volkskreise führen könnte, ist auch von der Landesgesetzgebung überall innegehalten worden." Buehl-Flemming, Hauptbericht 1905, S. 71: „Gewiß ist es richtig, daß sich die Armenpflege auf die Gewährung des Notwendigen beschränken soll." S. 83 „Armenpflege und Wohltätigkeit müssen ihre beiderseitigen Wirkungssphären nach sachlichen Gesichtspunkten gegeneinander abgrenzen in der Weise, daß jene das Existenzminimum garantiert, diese dagegen — abgesehen von der ihr eigenstes Arbeitsgebiet bildenden reinen Prophylaxe — die zahlreichen zwar jenseits des Notbedarfs liegenden, aber deshalb der Berücksichtigung nicht minder würdigen Bedürfnisse nach Möglichkeit zu befriedigen sucht.

[3] Sperling, Verhandlungen 1912, S. 107. „Die Armenpflege hat sich wie überhaupt so auch dann, wenn ihr die Betätigung auf dem Gebiete der Erziehung gesetzlich eingeräumt ist, auf das Notwendige zu beschränken.

[4] Zu vgl. u. a. von Philippovich, Grundriß der politischen Ökonomie, Bd. II, S. 370 ff.

[5] v. Hollander, Verhandlungen 1905, S. 93: Dieser eine Punkt (Frage der Einbeziehung der Erziehung und Erwerbsbefähigung unter die Aufgaben der Armenpflege) ist maßgebend für die Entscheidung darüber, ob die sogenannte, „vor-

III.

Die vorbeugende Armenpflege.

Der Begriff der vorbeugenden Armenpflege ist kein feststehender. Es wird sogar Grundverschiedenes darunter verstanden, und gerade dieser Umstand dürfte zu großen Mißverständnissen geführt haben. Unter vorbeugender Armenpflege werden zunächst solche Maßnahmen verstanden, in denen es sich streng genommen gar nicht um eine Vorbeugung der Verarmung, sondern um eine gründliche Beseitigung einer schon bestehenden Hilfsbedürftigkeit handelt. Diese Art der Armenpflege würde man vielleicht besser durchgreifende Hilfe nennen. Von Vorbeugung kann man jedenfalls nur in dem Sinne sprechen, daß einer lang andauernden Unterstützung vorgebeugt werden soll. Diese durchgreifende Hilfe kann nicht nur Aufnahme in die öffentliche Armenpflege finden, sondern sie ist sogar heute schon mehr oder weniger darin aufgenommen. Auch die Armenpflege darf selbstverständlich die Gebote der Wirtschaftlichkeit nicht außer acht lassen, und sie muß daher stets darauf Bedacht nehmen, einer bestehenden Hilfsbedürftigkeit auf die wirtschaftlichste Art abzuhelfen. Das Bundesamt für das Heimatwesen steht ebenfalls auf diesem Standpunkt[1]. Eine derartige durchgreifende Hilfe ist nun zweifellos meist die wirtschaftlichste Art der Hilfe und geht nicht über den Rahmen des Notbedarfs hinaus. Am häufigsten tritt die durchgreifende Hilfe auf dem Gebiet der Krankenpflege in die Erscheinung (Heilstättenkur bei Lungenkranken, große Operationen und dergl.). Auf diesem Gebiet ergibt sich die Verpflichtung der Armenpflege zu einer derartigen durchgreifenden Hilfe besonders augenfällig. Zum Notbedarf des Menschen gehört die körperliche Gesundheit. Diese muß die Armenpflege den Armen soweit als möglich erhalten oder wieder verschaffen, und es ergibt sich daraus ihre Pflicht, **alles** zur Erhaltung oder Wiedergewinnung der Gesundheit nach ärztlichem Urteil Erforderliche zu gewähren. Dies ist vom Bundesamt in wiederholten Entscheidungen anerkannt worden. Insoweit es sich um eine derartige durchgreifende Hilfe handelt, wird die Einbeziehung der vorbeugenden Armenpflege in die gesetzliche Armenpflege heute wohl kaum mehr bekämpft werden. Auch Thode, der so energisch für die Beschränkung der Armenpflege auf die Gewährung des Notbedarfs eintritt, hat gegen die Einbeziehung der durchgreifenden Hilfe in die Armenpflege nichts einzuwenden[2]. Die

---

beugende Armenpflege" gesetzlich in den Geschäftskreis der öffentlichen Armenpflege fällt. Diese Entscheidung ist von ganz außerordentlicher Tragweite, ja sie bestimmt geradezu den Gesamtcharakter der öffentlichen Armenpflege.

[1] Zu vgl. Entscheidungen Bd. 27, S. 64, wo die Kosten der Hergabe von Kartoffelland und Saatkartoffeln an eine arme Familie als erstattungsfähig anerkannt werden.

[2] Mitbericht 1912 S. 83. Wenn die Mannheimer Entschließung sagt: „. . . so wird man dem Passus wegen der „der Verarmung vorbeugenden Anforderungen" nur in dem Sinne beipflichten können, daß im Falle des Eintritts der Hilfsbedürftigkeit

durchgreifende Hilfe also, die eine gegenwärtige oder doch unmittelbar bevorstehende[1] Hilfsbedürftigkeit gründlich beseitigt und der Notwendigkeit einer lang dauernden Unterstützung vorbeugt, liegt durchaus im Pflichtenkreis der gesetzlichen Armenpflege.

Unter vorbeugender Armenpflege werden nun aber auch Maßnahmen verstanden, die tatsächlich der Verarmung vorbeugen sollen, sei es, daß es sich um Maßnahmen in einem Einzelfalle handelt (z. B. Darlehnsgewährung an einen Handwerksmeister zur Aufrechterhaltung der wirtschaftlichen Existenz), oder aber um allgemeine Vorbeugungsmaßregeln (Säuglingsfürsorge, Lungenfürsorge, Wohnungsfürsorge und dergl.). Derartiger Vorbeugungsmaßregeln gibt es zahllose der verschiedensten Art. Nicht mit Unrecht hat Thode das ganze große Gebiet sozialer Fürsorge als vorbeugende Pflege bezeichnet[2].

Die vorbeugende Armenpflege in diesem Sinne geht zweifellos meist über die Gewährung des Notbedarfs hinaus. Sie wird im allgemeinen Personen zuteil, deren Notbedarf noch sichergestellt ist. Nicht armenpflegerische Gesichtspunkte und Beweggründe sind für diese Maßnahmen im allgemeinen bestimmend, sondern anderweite Gründe des öffentlichen Wohles, wie z. B. die Sorge für die Bevölkerungsvermehrung bei der Säuglingsfürsorge, die Hebung der Volksgesundheit bei der Lungenfürsorge usw.

Im Einzelfall mögen ja wohl Leistungen einzelner in Betracht kommender Zweige sozialer Fürsorge im Rahmen des Notbedarfs bleiben. So ist es durchaus möglich, daß die Gewährung von einwandfreier Säuglingsmilch, wenn die Verhältnisse dementsprechend sind, sich als eine durchaus zulässige Art der Armenpflege darstellt. Ebenso gehört ja die Aussendung zu einer Kur in eine Lungenheilstätte im geeigneten Einzelfalle, wenn die Kosten auf andere Weise nicht aufzubringen sind, zu den Pflichtleistungen der Armenpflege. Zu großem Teil aber gehen die Maßnahmen auf dem Gebiet der Säuglingsfürsorge, der Lungenfürsorge und aller anderen in Betracht kommenden Arten sozialer Fürsorge, die man zur vorbeugenden Armenpflege rechnet, über die Gewährung des Notbedarfs hinaus, oder aber sie machen wenigstens ihr Eintreten nicht von der Prüfung abhängig, ob und inwieweit es am

---

die Armenpflege sich nicht auf diejenigen Gaben zu beschränken hat, die dem augenblicklich vorliegenden Bedürfnisse abhelfen, sondern daß sie auch darüber hinaus diejenigen Aufwendungen zu machen hat, die erforderlich erscheinen, um der Notwendigkeit lang andauernder Unterstützung vorzubeugen." S. 86 des Berichts erklärt er auch im Gegensatz zu Jakstein die Entscheidung des Bundesamts betr. die Verpflichtung der Armenverbände zur Einweisung in Lungenheilstätten für „sachlich durchaus begründet".

Zu vgl. ferner seine Ausführungen in der Zeitschrift für das Armenwesen 1913, Heft 2, S. 40 ff.

[1] Siehe Bundesamt für das Heimatwesen 43, 26.

[2] Bericht 1912 S. 84 ff.

unentbehrlichen Lebensbedarf fehlt. Wenn es auch richtig ist, daß diese Maßnahmen den Entstehungsursachen der Armut vielfach entgegen wirken, so genügt dies doch nicht, um diese rein vorbeugenden Maßnahmen zu armenpflegerischen zu machen. Es muß vielmehr den schwersten Bedenken begegnen, die vorbeugende Armenpflege in diesem Sinne auch nur zum Teil in die Aufgaben der gesetzlichen Armenpflege einzubeziehen. Wenn man dies tun würde, und also über die Gewährung des Notbedarfs hinausginge, so würde tatsächlich eine Begrenzung der Armenpflege, wenn nicht unmöglich, so doch sehr schwer werden. Man würde allen festen Boden unter den Füßen verlieren. Selbstverständlich steht nichts im Wege, irgendeine Art sozialer Fürsorge ganz allgemein einzuführen, falls dringende Gründe des öffentlichen Interesses dieses wünschenswert erscheinen lassen. So ist ja z. B. an manchen Orten aus sozialen Gründen die unentgeltliche Gewährung der Lernmittel seitens der Gemeinde in den Volksschulen eingeführt. Dies ist also durchaus möglich, aber man sollte sich hüten, die vorbeugende Fürsorge als gesetzliche Pflichtleistung der Armenpflege auferlegen zu wollen. Soweit eine Armenbehörde freiwillig vorbeugend wirken will, mag ihr dies überlassen bleiben. Stets aber sollten derartige Leistungen der Armenpflege freiwillige bleiben, auf die ein gesetzlicher Anspruch nicht eingeräumt wird. Dies erscheint auch schon darum zweckmäßig, weil die vorbeugenden Maßnahmen, die für die Armenpflege in Betracht kommen, meist eine Mitwirkung des zu Bedenkenden und dessen guten Willen voraussetzen. Auf den Geist und die Auffassung des einzelnen kommt bei derartigen Maßnahmen außerordentlich viel an, z. B. in dem oben erwähnten Falle der Darlehnsgewährung an einen in Bedrängnis geratenen Handwerksmeister. Für derartige Fälle und für einen großen Teil der vorbeugenden Pflege lassen sich gar keine bindenden gesetzlichen Regeln aufstellen. Die Maßnahmen der rein vorbeugenden Pflege werden daher im allgemeinen den Charakter freiwilliger Leistungen behalten müssen, auch dann, wenn sie nicht der Privatwohltätigkeit überlassen, sondern von den Gemeinden in die Hand genommen werden. Zweckmäßig werden auch die Kosten in erster Linie aus Stiftungsmitteln oder dergleichen gedeckt. Diese Regelung ist z. B. in Hamburg getroffen, wo in § 23 des Gesetzes über das Armenwesen die vorbeugende Pflege ausdrücklich als vorbeugende Wohltätigkeit bezeichnet ist und nicht etwa aus öffentlichen Mitteln, sondern aus Mitteln eines Stiftungsfonds (Spezialfonds) bestritten wird[1]. Auch in vielen anderen Städten, so z. B. in Cöln,

[1] Da Buehl von der am 1. Januar 1908 in Kraft getretenen Hamburger Armengesetzgebung sagt, „daß sie den neuzeitlichen Erfahrungen und Bedürfnissen **allen Umfanges** Rechnung getragen hat" (Zeitschrift für das Armenwesen 1907, S. 305), so ergibt sich, daß auch er die rein vorbeugende Pflege nicht in die Pflichtleistungen der öffentlichen Armenpflege einbeziehen will. Dasselbe geht übrigens auch aus manchen Äußerungen des Hauptberichts von Buehl-Flemming von 1905 hervor. Zu vgl. z. B. die oben S. 20 wiedergegebene Stelle aus S. 83 des Hauptberichts.

werden die Einkünfte von Stiftungen und eingehende Geschenke in ähnlicher Weise verwandt wie in Hamburg. Gegen eine derartige Verwendung freiwilliger Gaben ist sicher nichts einzuwenden. Etwas ganz anderes aber wäre es, jene vorbeugenden Maßnahmen zur Pflichtleistung der Armenpflege erheben, und allgemein öffentliche Mittel zur Deckung der Kosten heranziehen zu wollen. Dagegen sind, abgesehen von den oben ausgesprochenen schwerwiegenden grundsätzlichen Bedenken, gegen eine Erweiterung der Armenpflege, auch schon wegen der außerordentlich großen Belastung der Armenverbände und der Allgemeinheit, sehr gewichtige Einwendungen zu erheben.

Die rein vorbeugende Fürsorge hat denn auch bisher keine Aufnahme in die gesetzliche Armenpflege Deutschlands gefunden, wenn man von den oben erwähnten allgemeineren Bestimmungen Sachsens und Bayerns absieht. Sollten diese Bundesstaaten auf Beibehaltung derartiger Bestimmungen Wert legen, so würde schließlich nichts im Wege stehen, sie durch die Landesgesetzgebung in Ausführungsgesetzen zu einem Reichsarmengesetz aufrechtzuerhalten.

Das Reichsarmengesetz aber wird die Aufgaben der Armenpflege unter Beschränkung auf die Gewährung des Notbedarfs festsetzen müssen, mit Rücksicht vor allem auf die gewichtigen Gründe, die für diese sichere Begrenzung der Armenpflege sprechen, in Übereinstimmung aber auch mit der Tendenz der bestehenden Armengesetzgebung und der herrschenden Meinung der sachverständigen Kreise.

IV.

Umfang des Notbedarfs.

Der Begriff des Notbedarfs ist also bestimmend für die der gesetzlichen Armenpflege zuzuweisenden Aufgaben. Es erscheint daher nötig, diesen Begriff etwas näher festzulegen.

Allerdings wird es nicht möglich sein, für alle Zeiten und alle Orte ins einzelne gehende Bestimmungen zu treffen, was als Notbedarf von der Armenpflege im Einzelfalle zu gewähren ist. Der Umfang des Notbedarfs wird sich immer nach den örtlichen und zeitlichen Lebensverhältnissen bestimmen. Bei einem auf einer niedrigen Kulturstufe stehenden Volke, wie z. B. einem Negerstamme Afrikas, ist natürlich der Umfang des unentbehrlichen Lebensbedarfs ein anderer und geringerer als in einem hochentwickelten modernen Staate. Die klimatischen Verhältnisse, Volksgewohnheiten, örtlichen Verhältnisse und dergleichen sind mitbestimmend für den Begriff dessen, was als unentbehrlich anzusehen ist. Was heute noch als genügend angesehen wird, wird vielleicht später, wenn sich die sozialen Anschauungen fortentwickelt haben, nicht mehr als ein menschenwürdiges Dasein angesehen werden. So muß zweifellos bei Festlegung dessen, was die Armenpflege gewähren soll, eine Fassung gewählt werden, die eine Anpassung an die örtlichen und zeitlichen Verhältnisse und an die kulturelle und soziale Entwicklung offen läßt. Immerhin wird der Begriff des Notbedarfs etwas näher erläutert werden müssen. Die Lebensgüter, die die Armenpflege garantieren soll, werden wenigstens einigermaßen zu bestimmen sein.

Einigkeit herrscht darüber, daß zum Notbedarf der unentbehrliche Lebensunterhalt, die erforderliche Pflege in Krankheitsfällen und die Gewährung eines angemessenen Begräbnisses gehören. Hierbei ist in den unentbehrlichen Lebensunterhalt auch das Obdach einbegriffen. Es erscheint ebensowenig nötig, die Notwendigkeit der Gewährung des Obdachs besonders hervorzuheben, wie etwa die der Beschaffung von Kleidung.

Der Notbedarf ist aber mit vorstehendem nicht erschöpft. Gedeckt ist dadurch wohl der Notbedarf in körperlicher Beziehung. Der Mensch besteht aber nun einmal aus Körper und Geist, und es ergibt sich daher die Notwendigkeit, auch auf den Notbedarf in geistiger Beziehung Rücksicht zu nehmen. In dieser Hinsicht besteht zweifellos für jeden Menschen das Bedürfnis nach einer ein normales Maß erreichenden Erziehung. Ohne ein gewisses Maß von Erziehung ist der Mensch ein ganz untaugliches, hilfloses Mitglied der menschlichen Gesellschaft. Wenn man den Fall setzen wollte, daß jemand ohne jedwede Erziehung auf einer einsamen Insel mutterseelenallein aufwüchse und nun in unsere heutigen verwickelten Lebensverhältnisse hineingeworfen würde, so wird wohl niemand bestreiten wollen, daß dieser Mensch das hilfloseste und hilfsbedürftigste Geschöpf sein würde. Da nun aber die Erziehung normalerweise allmählich erfolgt und im Kindesalter beginnt, so entbehrt das Kind, welchem die normale Erziehung nicht rechtzeitig zuteil wird, schon dann einer Lebensnotwendigkeit. Gewiß, die Hilfsbedürftigkeit des Kindes wird meist in dem jüngeren Alter noch nicht so in die Erscheinung treten. Sie ist gewissermaßen latent. Nicht zu bestreiten aber ist doch, daß dem Kinde, dem die notwendige Erziehung nicht rechtzeitig zuteil wird, etwas von dem fehlt, was im Leben unentbehrlich ist, und ohne das die Hilfsbedürftigkeit mit Sicherheit eintritt. Einem derartigen Kinde wird nicht der volle Notbedarf zuteil. Ähnliche Fälle latenter Hilfsbedürftigkeit kommen auch auf dem Gebiet der Krankenpflege vor. Häufig sind Leute, die zu Lungenkuren ausgesandt werden, noch erwerbsfähig. Das hindert aber nicht, die Hilfsbedürftigkeit anzuerkennen, wenn der Arzt die Aussendung zu der Kur wegen des vielleicht für Laienaugen noch nicht zutage tretenden Leidens für nötig erklärt. Wie hier das verborgene körperliche Leiden die Hilfsbedürftigkeit begründet, ebenso wird dies bei einem so großen Manko auf geistigem Gebiet der Fall sein müssen, wie es das nicht rechtzeitige Einsetzen der Erziehung zweifellos ist. Ein gewisses Maß von Erziehung ist eines der zum Notbedarf gehörenden Lebensgüter, das die Armenpflege dem Menschen ebenso nach Möglichkeit sicherstellen muß, wie die Gesundheit. Wenn nur ein Körperglied, etwa eine Hand oder gar ein Finger verletzt ist, dann muß die Armenpflege eingreifen. Weshalb nicht Gleiches auf dem mindestens so wichtigen geistigen Gebiet?

Das Bundesamt für das Heimatwesen ist allerdings der Ansicht[1], daß es sich bei der Erziehung nur um ein Mittel zur Vorbeugung künftiger Hilfsbedürftigkeit handele, da sie nicht ein unmittelbares, für jeden Menschen zu jeder Zeit bestehendes Bedürfnis sei. Gewiß ist es nun richtig, daß es sich bei der Erziehung nicht um ein für jeden Menschen zu jeder Zeit bestehendes Bedürfnis handelt. Das Bedürfnis besteht eben nicht mehr, sobald es befriedigt ist, d. h. sobald die Erziehung vollendet ist. In dieser Beziehung unterscheidet es sich aber keineswegs von anderen Bedürfnissen, deren Erfüllung der Armenpflege obliegt. Auch das Bedürfnis nach Krankenpflege besteht nicht mehr, sobald es befriedigt, d. h. die Krankheit gehoben ist, und umgekehrt besteht es noch nicht für den gesunden Menschen. Wohl aber besteht das Bedürfnis nach Erziehung ebenso wie alle anderen im Rahmen des Notbedarfs liegenden Bedürfnisse für jeden Menschen. Der Grund, warum nicht so ohne weiteres in die Augen springt, daß die Erziehung zum Notbedarf gehört, liegt wohl darin, daß wir in Deutschland die Schulpflicht und dieser entsprechend im allgemeinen die unentgeltliche Volksschule haben. Weil infolgedessen normalerweise für die Kindererziehung gesorgt ist, tritt das Bedürfnis nach Gewährung der Erziehung nicht so stark in die Erscheinung wie die anderweitigen zum Notbedarf zu rechnenden Bedürfnisse. Bestände in Deutschland keine Schulgeldfreiheit, so käme man wohl gar nicht daran vorbei, die Erziehung als im Rahmen des Notbedarfs liegend anzuerkennen und in die Armenpflege einzubeziehen.

Schließlich wird wohl auch niemand den Standpunkt vertreten wollen, daß die Armenpflege bei den Kindern, die ihrer Fürsorge vollständig anheimgefallen sind, auf deren Erziehung gar keine Rücksicht zu nehmen brauche, daß sie also z. B. noch nicht schulpflichtige Kinder ohne jede Erziehung lassen könnte. Nicht nur das Bundesamt, sondern auch das Oberverwaltungsgericht halten die Armenverbände in diesem Fall zu der nur einen akzessorischen Charakter tragenden Gewährung der Erziehung für verpflichtet[2]. Wenn man nun aber die Erziehung bei den der Armenpflege aus anderen Gründen anheimgefallenen Kindern als zu den Aufgaben der Armenpflege gehörig, und damit als im Rahmen des Notbedarfs liegend anerkennt, dann ist es nur ein Gebot der Logik, die Erziehung allgemein in den Notbedarf und damit in die Armenpflege einzubeziehen.

---

[1] Entscheidungen 41, 62.

[2] Oberverwaltungsgericht Bd. 57, S. 218. „Soweit ein gewisses Maß von Erziehung mit jeder Unterbringung für ein Kind verbunden ist, kann er (der Armenverband) sich der ersteren als durch die Unterbringung bedingt nicht entziehen.“

Ähnliches wie für die Erziehung gilt auch für die Erwerbsbefähigung, denn derjenige, der der Erwerbsbefähigung entbehrt, ist fast ebenso hilflos wie ein ohne Erziehung gebliebener Mensch. Wo also die normale Erziehung nicht genügt, um ein Kind erwerbsfähig zu machen, wird die nötige Ausbildung zur Erzielung der Erwerbsfähigkeit ebenso als im Rahmen des Notbedarfs liegend anzuerkennen sein wie eine zur Beseitigung vorhandener Erwerbs**un**fähigkeit nötige Operation. Eine besondere Erwerbsbefähigung kommt im allgemeinen nur bei nicht vollsinnigen Kindern — d. h. geistesschwachen, fallsüchtigen, blinden, taubstummen und verkrüppelten Kindern — in Betracht. Durch eine sachgemäße Ausbildung in einem ihrem Leiden angepaßten Berufe können diese Kinder zu einem großen Teil zu nützlichen Mitgliedern der menschlichen Gesellschaft gemacht werden. Bemerkt sei noch, daß eine Erwerbsbefähigung unter Umständen auch für erwachsene Menschen in Frage kommen kann, z. B. für Personen, die als Erwachsene erblinden oder zu Krüppeln werden. Auch hier kann die Ausbildung in einem Blinden- oder Krüppelberuf am Platze sein. Wenn nun durch diese Ausbildung eines Erwachsenen eine bestehende Hilfsbedürftigkeit ganz oder teilweise beseitigt wird, so fällt sie ganz zweifellos unter den oben erörterten Begriff der durchgreifenden Hilfe und geht nicht hinaus über das, was die Armenpflege gewähren soll. Da nun aber wegen der besseren Ausbildungsfähigkeit im jüngeren Alter die Ausbildung eines nicht vollsinnigen Kindes zweckmäßig und normalerweise spätestens gleich nach der Schulentlassung beginnt, so erscheint es doch nicht unlogisch, auch dann die Armenpflege zu verpflichten.

Die **Einbeziehung der Erziehung und Erwerbsbefähigung in den Notbedarf findet aber auch durchaus ihre Stütze in der bisherigen Gesetzgebung.** Man kann sogar sagen, daß alle Armengesetze, die die Erziehung und Erwerbsbefähigung unter die Aufgaben der Armenpflege einreihen, sie auch zum Notbedarf rechnen. Ganz deutlich geht dies aus den Armengesetzen von Baden und Württemberg hervor. § 18 des badischen Gesetzes vom 5. Mai 1870 lautet:

> „Der verpflichtete Armenverband hat dem Unterstützungsbedürftigen den **unentbehrlichen Unterhalt** nach Maßgabe des Bedürfnisses und unter Verwendung der etwa vorhandenen Arbeitskraft zu gewähren, insbesondere Sorge zu tragen für Erziehung, Unterricht und Erwerbsbefähigung der Kinder . . ."

Hier wird also die Erziehung und Erwerbsbefähigung zum unentbehrlichen Unterhalt gerechnet. Das württembergische Gesetz vom 17. April 1873 setzt die Aufgaben der Armenpflege ganz gleichlautend mit dem preußischen Ausführungsgesetz fest. Durch die Instruktion vom 30. Mai 1873 wird dann aber ausgesprochen, daß sich bei Kindern die Verpflichtung der Armenverbände auch auf die Fürsorge für deren Erziehung und für die Gewährung des Volksschulunterrichts erstrecke. Diese Verpflichtung kann aber doch wohl nur aus der Verpflichtung des Gesetzes zur Gewährung des unentbehrlichen Lebensunterhalts hergeleitet werden[1].

Auch das sächsische und das bayerische Gesetz sehen die Kindererziehung als im Rahmen des Notbedarfs liegend an. Die Bestimmungen dieser Gesetze, wodurch die Pflichtleistungen der Armenpflege auf den Notbedarf beschränkt werden, sind oben wiedergegeben. Wenn sich nun diese Gesetze andererseits dahin aussprechen, daß armen Kindern die erforderliche Erziehung und in Bayern auch Ausbildung von der Armenpflege zuteil werden müsse, so ergibt sich, daß die Gesetze die Erziehung und Ausbildung zum Notbedarf rechnen. Für Bayern erhellt dies besonders deutlich, weil in dem Artikel 11, in dem die Erziehung und Ausbildung der Kinder als Aufgabe der Armenpflege erklärt wird, ausdrücklich auf Artikel 3 Bezug genommen wird, der, wie oben ausgeführt, die Leistungen der Armenpflege auf den Notbedarf beschränkt. Es heißt in Artikel 11:

> Unter den Voraussetzungen der Art. 3 und 4 des gegenwärtigen Gesetzes, ist es Aufgabe der Armenpflege . . .
>
> 4. armen Kindern die erforderliche Erziehung und Ausbildung zu verschaffen.

Aber nicht nur die Armengesetze rechnen die Erziehung und Ausbildung der Kinder zum unentbehrlichen Lebensbedarf. Das gleiche tut auch das B.G.B. Nach § 1610 B.G.B. umfaßt der Unterhalt, soweit die gesetzliche Unterhaltspflicht in Frage kommt, den gesamten Lebensbedarf, bei einer der Erziehung bedürftigen Person auch die Kosten der Erziehung und der Vorbildung zu einem Beruf. § 1611 bestimmt nun, daß der durch sein sittliches Verschulen bedürftig gewordene nur den notdürftigen Unterhalt verlangen kann. Da im § 1611 keine weitere Erläuterung des notdürftigen Unterhalts gegeben wird, so ergibt sich, daß auch im § 1611 der Unterhalt den gesamten Lebensbedarf umfaßt und daß er sich von dem standesmäßigen Unterhalt nur durch das Maß unterscheidet[2]. Die Reichsarmengesetzgebung würde also nur der bisherigen Reichsgesetzgebung entsprechen, wenn sie zum unentbehrlichen Lebensbedarf auch die Erziehung und Erwerbsbefähigung hinzurechnen würde.

V.

Einwendungen gegen die Einbeziehung der Erziehung und Erwerbsbefähigung unter die Aufgaben der Armenpflege und Versuch ihrer Widerlegung.

Gegen eine Ausdehnung der Pflichtleistungen der Armenpflege über die Bestimmungen der preußischen Armengesetzgebung hinaus, wird in erster Linie die Befürchtung einer allzu großen Belastung der

[1] Professor Dr. Klumker nimmt vielleicht nicht mit Unrecht an, daß auch die preußische Gesetzgebung ursprünglich in den unentbehrlichen Lebensunterhalt auch die Erziehung eingeschlossen habe und daß das preußische Gesetz fälschlich vom Bundesamt zu einengend ausgelegt worden sei. Verhandlungen Braunschweig S. 127.

[2] Reichsgericht J. W. 1907/711.

Armenpflege und vor allem der einzelnen leistungsschwachen Armenverbände geltend gemacht. Diese Befürchtung geht allerdings meist mehr dahin, daß beim Verlassen der bisherigen Grenzen der Armenpflege deren Lasten schließlich ins Uferlose wachsen könnten. Da nun aber an der festen Begrenzung der Armenpflege auf die Gewährung des Notbedarfs festgehalten wird, so dürften die Einwendungen bezüglich der Kostenlast mehr oder weniger hinfällig werden. Allerdings ist nicht zu verkennen, daß die Einbeziehung der Erziehung und Erwerbsbefähigung in den Bundesstaaten, wo sie bisher nicht Aufgabe der Armenpflege war, den Armenverbänden unter Umständen neue große Lasten aufbürden kann. Aber dieser Umstand darf nicht davon abhalten, die als notwendig erkannte, festumschriebene Erweiterung der Pflichtleistungen der Armenpflege zum Gesetz zu erheben. Es wird Sache der Gesetzgebung (des Reichsarmengesetzes oder auch landesrechtlicher Ausführungsgesetze) sein, dafür zu sorgen, daß die Armenlasten richtig verteilt werden und daß die Schultern, auf denen sie ruhen, stark genug sind. Abgesehen von Bestimmungen in dem Reichsarmengesetze, die das Bestehen zu leistungsschwacher Armenverbände verhindern, kommt die Übertragung von einzelnen Aufgaben der Armenpflege an größere Verbände in Betracht, nach Art der durch das preußische Gesetz vom 11. Juli 1891 getroffenen Regelung für die Versorgung der Geisteskranken usw.

Gegen die Aufnahme der Erziehung unter die Aufgaben der Armenpflege sind aber auch Einwendungen vom Standpunkt der Jugendfürsorge erhoben worden. Diesen Bedenken wurde auf der Braunschweiger Tagung besonders energisch Ausdruck verliehen. Es wurde die Ansicht ausgesprochen, „daß der Jugendfürsorge Gewalt angetan werde, wenn man sie zum wesentlichen Teile in den Rahmen der Armenpflege hineinzwänge"[1]. Dem ist durchaus zuzustimmen. Diese Angriffe gegen die Einbeziehung der Erziehung unter die Aufgaben der Armenpflege gehen aber insoweit von einer falschen Voraussetzung aus, als gar nicht daran gedacht wird, die Jugendfürsorge zum wesentlichen Teil der Armenpflege auferlegen zu wollen. Darüber kann wohl kaum ein Zweifel sein, daß die Jugendfürsorge eine so große Aufgabe ist, daß sie weit über den Rahmen dessen hinausgeht, was die Armenpflege leisten kann. Es kann daher nur durchaus der Ansicht beigepflichtet werden, daß die Einbeziehung der Erziehung unter die Aufgaben der Armenpflege in keiner Weise eine Lösung der Probleme der Jugendfürsorge mit sich bringt. Im Gegenteil die Forderung einer besonderen am besten wohl reichsgesetzlichen Regelung der Jugendfürsorge[2] und die Übertragung dieser im Staatsinteresse so hoch-

[1] Thode, Verhandlungen 1912, S. 113.

[2] Zu vergleichen hierzu vor allem die Verhandlungen des Allgemeinen Fürsorgeerziehungstages in Dresden 1912 und besonders die sehr bemerkenswerten Vorschläge des Direktors der öffentlichen Jugendfürsorge in Hamburg, Dr. Petersen, in seinem Vorbericht sowohl wie in dem auf der Tagung erstatteten Bericht.

wichtigen Aufgabe an geeignete, vielleicht besondere Stellen kann nicht nachdrücklich genug erhoben werden. Nur auf diesem Wege wird etwas wirklich Ersprießliches zu erreichen sein. Insoweit die Jugendfürsorge besonders geregelt und andern Behörden übertragen wird, scheidet die Armenpflege aus, da ihr Eintreten selbstverständlich auch auf dem Gebiete der Erziehung nur ein streng subsidiäres sein soll. Es ist also gar nicht etwa daran gedacht, die Armenpflege in großem Stile mit Erziehungsaufgaben zu betrauen. Nur insoweit als auf andere Weise die Erziehung nicht sichergestellt ist, soll die Armenpflege eintreten. Zu wünschen ist, daß mit der Zeit der Armenpflege auf dem Gebiete der Erziehung möglichst wenig zu tun bleibt. Wenn nun auch nicht daran gedacht ist, der Armenpflege einen wesentlichen Teil der Jugendfürsorge zu übertragen, so ist es doch eine ganze andere Frage, ob nicht auch die Armenpflege in einem gewissen Maße auf die Erfordernisse der Jugendfürsorge Rücksicht nehmen muß. Die absolute Notwendigkeit hierfür dürfte sich ohne weiteres aus der Tatsache ergeben, daß die der Fürsorgeerziehung überwiesenen Minderjährigen zu einem sehr großen Teil aus Familien stammen, die der Armenpflege anheimgefallen sind, oder doch wegen ihres geringen Einkommens für eine etwaige Versorgung durch die Armenpflege sehr in Betracht kommen[1]. Aus dieser Tatsache ist sogar die „Anklage" gegen die Armenpflege erhoben worden, „daß sie es nicht überall verstanden habe, der Not der Eltern, unter welcher die Kinder sittlich und körperlich zugrunde gehen, zu steuern, oder die Kinder rechtzeitig dieser Not zu entnehmen[2]". Diese Anklage enthält zweifellos etwas Wahres. Nur ist sie in erster Linie nicht gegen die ausübenden Verwaltungen, sondern gegen die Armengesetzgebung Preußens zu richten, die die Erziehung nicht unter die Aufgaben der Armenpflege mit einbezogen hat. Es unterliegt keinem Zweifel, daß in vielen Fällen die Verwahrlosung von Kindern vermieden würde, wenn bei Ausübung der Armenpflege auf die Erziehung der Kinder genügende Rücksicht genommen würde. Dabei ist nicht einmal so sehr an die Vernachlässigung solcher Kinder gedacht, die der Armenpflege ganz anheimgefallen sind. Gewiß mag auch bei derartigen Kindern manchmal die Erziehung zu kurz kommen. Aber in der Mehrzahl werden die Armenverbände bei diesen Kindern doch wohl in hinreichender Weise auf die Erfordernisse der Erziehung Bedacht nehmen. Mehr ins Gewicht fallen vielmehr die Fälle, in denen Erziehungsfragen in offener Armenpflege in Betracht kommen. Mit Recht ist von Sachverständigen eindringlich darauf hin-

---

[1] Nach der Statistik über die Fürsorgeerziehung Minderjähriger für das Rechnungsjahr 1911, bearbeitet im Kgl. preußischen Ministerium des Innern, S. 67 stammen von den im Jahre 1911 überwiesenen Fürsorgezöglingen 14,8% aus armenunterstützten Familien, bei 6% waren die Eltern ohne Einkommen und bei 56,6% betrug das Einkommen der Eltern unter 900 Mk. jährlich.

[2] Preuß. Statistik über d. F. E. für das Rechnungsjahr 1905, S. LXIII.

gewiesen worden, daß ein Erziehungsnotstand in Fällen der offenen Armenpflege nicht nur möglich, sondern gar nicht so selten ist[1]. Wenn und wird es vorkommen, daß von einer Mutter seitens der Armenpflege verlangt wird, daß sie unter Vernachlässigung ihrer Erziehungspflichten den ganzen Tag über außer dem Hause dem Erwerbe nachgeht, um auf diese Weise den Unterhalt für sich und ihre Kinder zu erwerben. Daß die unbehüteten Kinder unter diesen Verhältnissen der Verwahrlosung im höchsten Grade ausgesetzt sind, ist wohl nicht zu bezweifeln. Gewiß mag in manchen fortgeschrittenen Armenverbänden, in den Fällen, in denen die Familie schon wegen materieller Not der Armenpflege anheimgefallen ist, eine gewisse Rücksichtnahme bei Festsetzung der Unterstützung geübt werden. Das aber ist sicher, daß auch in fortgeschrittenen Armenverbänden unter der heutigen Gesetzgebung sehr selten eingegriffen wird, wenn das unter Außerachtlassung der Erziehungspflichten erzielte Einkommen zum notdürftigen Unterhalt ausreicht. Nur wo die Erziehung zu den Pflichtaufgaben der Armenpflege gemacht ist, wird die Rücksichtnahme auf die Erziehung in den in Betracht kommenden Fällen sichergestellt sein. Es wird dann möglich sein, einer Mutter Armenunterstützung oder aber eine Erhöhung der gewährten Unterstützung zu bewilligen, um sie dadurch in den Stand zu setzen, zwecks Erziehung und Behütung ihrer Kinder von einer sie dem Hause fernhaltenden Beschäftigung ganz oder teilweise abzusehen. Selbstverständlich soll auch in derartigen Fällen das Eintreten der Armenpflege ein durchaus subsidiäres sein, d. h. ihr Eintreten nur dann erfolgen, wenn nicht auf andere Weise, z. B. durch Unterbringung der Kinder in Kindergärten oder Kinderhorten Abhilfe geschaffen werden kann. Da aber eine derartige anderweitige Fürsorge für die Kinder in vielen in Betracht kommenden Fällen nicht möglich sein wird, so erscheint gerade für die offene Armenpflege die Einbeziehung der Erziehung unter die Aufgaben der Armenpflege außerordentlich wichtig. Sie erscheint für viele Fälle als das einzige Mittel, einer Verwahrlosung der Kinder von Grund aus und mit der geringsten finanziellen Belastung der Allgemeinheit vorzubeugen. Von gesetzlichen Bestimmungen auf dem Gebiete der Jugendfürsorge werden derartige Fälle schwerlich erfaßt werden können. Jedenfalls aber wäre es nicht zweckmäßig, für diese Fälle einen Dualismus in der Weise zu schaffen, daß der Armenpflege die Beseitigung der materiellen Not, den Jugendbehörden dagegen die Beseitigung eines Erziehungsnotstandes auferlegt würde. Der einzig richtige Weg scheint vielmehr, der Armenpflege die Rücksichtnahme auf die Erziehung zur Pflicht zu machen, d. h. die Erziehung unter die Aufgaben der Armenpflege einzureihen.

---

[1] Zu vgl. u. a. die trefflichen Ausführungen des Direktors Dr. Polligkeit-Frankfurt auf dem Allgemeinen Fürsorgeerziehungstag in Straßburg 1908, S. 126 ff. des Verhandlungsberichts sowie von Hollander-Sperling, Hauptbericht S. 51 ff.

Die Einbeziehung der Erziehung unter die Aufgaben der Armenpflege hat auch noch für die Fälle Bedeutung, in denen Eltern ohne ihr Verschulden wegen geistiger Gebrechen oder auch wegen körperlicher Gebrechen oder Krankheit außerstande sind, ihre Kinder richtig zu erziehen. Mangels eines Verschuldens der Eltern kann hier § 1666 B.G.B. nicht angewandt werden, und es ist daher auch nicht möglich, die Kinder in Fürsorgeerziehung unterzubringen. Falls nun die Armenpflege zu Erziehungsleistungen verpflichtet wäre, so würde sich in vielen Fällen, d. h. soweit die Eltern einverstanden sind, eine anderweitige Versorgung der Kinder im Wege der Armenpflege ermöglichen lassen.

So ist also gerade vom Standpunkt der Jugendfürsorge die Ausdehnung des Aufgabenkreises der Armenpflege auf die Erziehung nicht zu bekämpfen, sondern im Gegenteil dringend zu fordern.

Gegen die in Frage stehende Ausdehnung der Pflichten der Armenpflege könnten wenigstens für Preußen noch besondere Einwendungen vom Standpunkt der Fürsorgeerziehung erhoben werden. Man könnte vielleicht nicht mit Unrecht befürchten, daß die von weitesten Kreisen für notwendig erachtete Änderung des preußischen Fürsorgeerziehungsgesetzes durch die Bestrebungen auf Erweiterung des Aufgabenkreises der Armenpflege hintangehalten werden könnte[1]. Die Fürsorgeerziehung ist nach dem heutigen preußischen Gesetz gemäß der Rechtsprechung des Kammergerichts eine durchaus *subsidiäre* Maßregel, d. h. sie darf nur dann angewandt werden, wenn nicht auf andere Weise der Verwahrlosung vorgebeugt werden kann. Aus dieser Subsidiarität der Fürsorgeerziehung haben sich große Mißstände ergeben. Besonders groß sind diese Mißstände geworden infolge des bekannten Widerstreits zwischen den Anschauungen des Kammergerichts und des preußischen Oberverwaltungsgerichts über die Pflichten der Armenverbände.

Das Kammergericht steht auf dem Standpunkt, daß in den Fällen, in denen ein Bedürfnis für besondere erzieherische Maßnahmen nicht vorzuliegen, sondern eine bloße Trennung der Kinder von den Eltern genügend scheint, um die Verwahrlosung abzuwenden, Fürsorgeerziehung nicht angewendet werden dürfe, sondern daß in diesen Fällen lediglich auf Grund des § 1666 B.G.B. die Trennung der Kinder von den Eltern anzuordnen sei. Die anderweitige Unterbringung der Kinder soll dann, in den Fällen, in denen sie nicht aus eigenem Vermögen der

---

[1] Diese Befürchtung liegt um so näher, als von Hollander und Sperling in ihrem Berichte dafür eingetreten sind, daß die Erweiterung der Pflichten der Armenpflege *an Stelle* einer Änderung des Fürsorgeerziehungsgesetzes erfolgen soll. Wenn die Frage auch in erster Linie nur Preußen berührt, so ist sie doch so wichtig, daß eine Erörterung hier erfolgen muß. Im übrigen dürfte die Erörterung mit Rücksicht auf die Gleichheit oder Ähnlichkeit der Gesetzgebung der anderen Bundesstaaten auch für diese nicht ohne Interesse sein.

Kinder bestritten werden kann oder durch die freie Liebestätigkeit erfolgt, der Armenpflege obliegen. Auch das Bundesamt hält in derartigen Fällen die Armenverbände zur Unterbringung der Kinder für verpflichtet, da sie den Trennungsbeschluß des Vormundschaftsgerichts anerkennen müßten, und sich nicht darauf berufen könnten, daß bei den Eltern der Unterhalt der Kinder sichergestellt sei (sogenannte künstliche Hilfsbedürftigkeit)[1]. Demgegenüber hat das Oberverwaltungsgericht, das im Wege der Aufsichtsbeschwerde über die Verweigerung von Armenunterstützung angerufen wurde, den Standpunkt eingenommen, daß die Armenverbände keine Aufwendungen für Erziehung zu machen brauchten und daher auch nicht verpflichtet seien, in Fällen einzutreten, in denen die Entfernung von Kindern aus dem Elternhause aus **Erziehungs**gründen nötig wird. Beide Gerichte, das Kammergericht wie das Oberverwaltungsgericht, haben an ihrer Stellungnahme in bewußtem Gegensatz festgehalten[2]. Die schlimmen Folgen dieses unglückseligen Streites sind so bekannt, daß sie kaum einer besonderen Hervorhebung bedürfen. Das Schlimmste ist, daß in einer ganzen Anzahl von Fällen Beschlüsse der Vormundschaftsrichter auf Trennung der Kinder von ihren Eltern unausgeführt, und infolgedessen die Kinder der Verwahrlosung weiter ausgesetzt bleiben[3]. Daß ein derartiger Zustand im höchsten Grade unbefriedigend ist, bedarf wohl keiner Ausführung. Er ist geeignet, die Autorität der Gerichte zu untergraben. Vor allem ist es aber ein sehr betrübender Gedanke, daß bei einer verhältnismäßig so großen Zahl von Kindern ein rechtzeitiges Eingreifen gegen die drohende Verwahrlosung unterbleibt. Die Allgemeinheit, der Staat erleiden hierdurch zweifellos den größten Schaden. Für diese Kinder werden, wenn sie bei stärkerer Verwahrlosung später doch der Fürsorgeerziehung anheimfallen, meist bedeutend höhere Kosten aufzuwenden sein. Auch werden viele von ihnen, wenn sie auf der Bahn des Verderbens weiter hinabgleiten, als Verbrecher der Allgemeinheit und dem Staate Schaden zufügen. Selbst wenn die Zahl der in Betracht kommenden Kinder kleiner wäre, müßte eine Änderung unbedingt herbeigeführt werden; denn der Staat darf doch nicht ruhig zusehen, daß auch nur wenige Kinder der Verwahrlosung anheimfallen, deren Rettung möglich erscheint. Bekanntlich wird denn auch eine Änderung des Fürsorgeerziehungsgesetzes ernstlich angestrebt, und zwar sind es

[1] Zu vgl. insbesondere B. A. Entscheidungen Heft 36, S. 53, Heft 39, S. 30 und Heft 41, S. 75.

[2] Zu vgl. insbesondere die Entscheidungen des Kammergerichts Johow-Ring Bd. 36, A, S. 16 und vom 8. September 1911 Zentralblatt für Vormundschaftswesen 1911 S. 203 ff., sowie Entscheidung des Oberverwaltungsgerichts vom 28. Juni 1910, Bd. 57, S. 209.

[3] Der Abgeordnete Schmedding hat im preuß. Abgeordnetenhaus am 20. Februar 1912 ausgeführt, daß von den auf Grund der §§ 1666 und 1838 B.G.B. in Preußen ergehenden Gerichtsbeschlüssen jährlich etwa 2—300 nicht zur Ausführung gelangen.

nicht zum wenigsten sachverständige Kreise, die diese Änderung herbeiführen wollen. **Besonders bemerkenswert ist, daß beide Häuser des preußischen Landtages eine entsprechende Gesetzesänderung entschieden gefordert haben**[1]. Die Gesetzesänderung wird ferner vor allem gewünscht von den mit Durchführung der Fürsorgeerziehung betrauten preußischen Provinzialverbänden[2]. Auch aus Richterkreisen und den Kreisen der privaten Liebestätigkeit ist die Änderung des Fürsorgeerziehungsgesetzes lebhaft befürwortet worden[3]. In neuester Zeit hat auch noch der preußische Städtetag die Abänderung des Fürsorgeerziehungsgesetzes im Sinne des Antrages Schmedding dringend gefordert[4].

Gegen die Änderung des Fürsorgeerziehungsgesetzes werden nun aber von manchen Seiten Bedenken erhoben. Vor allem verhält sich

---

[1] Im Herrenhause ist bereits am 31. Mai 1910 ein Antrag des jetzigen Finanzministers, des früheren Oberbürgermeisters Dr. Lentze angenommen worden, der die Staatsregierung ersuchte, einen Gesetzentwurf vorzulegen, welcher es ermöglicht, alle noch nicht verwahrlosten Kinder, welche der Verwahrlosung anheimzufallen drohen, zur F. E. zu überweisen. Das Abgeordnetenhaus aber hat am 6. Dezember 1912 einstimmig den von der verstärkten Gemeindekommission gutgeheißenen Antrag Schmedding angenommen, durch den die Staatsregierung ersucht wird, in authentischer Auslegung des § 1 Nr. 1 des Fürsorgeerziehungsgesetzes vom 2. Juli 1900 demselben folgende Fassung zu geben: „Daß ein Minderjähriger, welcher das 18. Lebensjahr noch nicht vollendet hat, der Fürsorgeerziehung überwiesen werden kann, wenn die Voraussetzungen der §§ 1666 oder 1838 des B.G.B. vorliegen und die anderweitige Unterbringung zur Verhütung der Verwahrlosung erforderlich ist, aber nicht ohne Inanspruchnahme öffentlicher Mittel erfolgen kann."

[2] Der Landtagsabgeordnete Geheimrat Schmedding gehört selbst als Landesrat der westfälischen Provinzialverwaltung an. Der Antrag Lentze ist seinerzeit von dem Landeshauptmann Dr. v. Dziembowski-Posen im Herrenhause warm befürwortet worden. Auch hat eine am 13. August 1910 in Berlin zusammengetretene von der preußischen Landesdirektoren-Konferenz erwählte Kommission sich einstimmig für die in Rede stehende Änderung des Fürsorgeerziehungsgesetzes ausgesprochen. Siehe Zentralblatt für Vormundschaftswesen 1910, S. 145.

[3] So z. B. von dem bekannten Vormundschaftsrichter Amtsgerichtsrat Landsberg in der Kölnischen Zeitung vom 15. Mai 1913, erste Morgenausgabe, zweites Blatt Nr. 557. Der Abgeordnete Amtsgerichtsrat Lieber führte unter Befürwortung des Antrages Schmedding am 20. Februar 1912 im Abgeordnetenhause aus: „Ich habe in meiner Praxis als Vormundschaftsrichter die Erfahrung gemacht, daß in den Kreisen der Beteiligten, die zunächst berufen sind, die Anregung zur Fürsorgeerziehung zu geben, bei den Pfarrern, Lehrern usw. eine gewisse Verdrossenheit eingetreten ist, weil selbst gut begründete Anträge vermöge der Rechtsprechung des Kammergerichts ohne Erfolg bleiben. Ich glaube, daß auch gerade in diesen Kreisen und vor allem auch von den Vormundschaftsrichtern es mit Freude begrüßt werden wird, wenn schnell eine Anordnung getroffen wird, die es ermöglicht, daß die Fürsorgeerziehung rechtzeitig da ansetzen kann, wo sie ansetzen muß, wenn wir gedeihlichere und bessere Resultate erzielen wollen."

[4] Besondere, eingehend begründete Denkschrift des Vorstandes vom April 1913.

die preußische Staatsregierung leider noch zurückhaltend. Statt einer Änderung des Fürsorgeerziehungsgesetzes wird die Erweiterung der Pflichten der Armenpflege auf die Erziehung angeregt und für genügend erachtet, um allen Mißständen abzuhelfen. Tatsächlich würde aber die auch oben befürwortete Ausdehnung der Aufgaben der Armenpflege für sich allein keinen guten Zustand schaffen. Dann würde sich vielmehr die Subsidiarität der Fürsorgeerziehung in mancher Hinsicht noch viel bedenklicher geltend machen. Zunächst ist zu beachten, daß die Armenpflege, auch wenn sie auf die Erziehung erstreckt wird, doch stets eine durchaus subsidiäre Maßregel bleibt. Für die der Verwahrlosung ausgesetzten Kinder würden also zwei subsidiäre Maßregeln, d. h. entweder die Unterbringung in Armenpflege oder die Fürsorgeerziehung in Frage kommen. Es ist gar nicht zu bezweifeln, daß sich aus der beiderseitigen Subsidiarität fortwährende Streitigkeiten ergeben müßten, besonders nach den geradezu erbitterten Kämpfen, die während der jetzigen Gesetzeslage gewissermaßen zwischen Armenpflege und Fürsorgeerziehung ausgefochten worden sind. Es ist sonnenklar, daß die meisten Armenbehörden, die ja meist auch Antragsbehörden für die Fürsorgeerziehung sind, im finanziellen Interesse versuchen würden, möglichst viele Fälle der Fürsorgeerziehung zuzuschieben. Dies würde natürlich zu fortwährenden Streitigkeiten, Beschwerden usw. führen. Man darf wohl ruhig sagen, daß es ein geradezu unwürdiger Zustand wäre, wenn für die durch die staatlichen Gerichte anzuordnende anderweitige Unterbringung von Kindern fernerhin nur zwei derartig subsidiäre Maßregeln zu Gebote ständen. Wohin dies führt, zeigt doch der jetzige Zustand zur Genüge. Es sei nur an den bekannten Frankfurter Fall erinnert, in dem nicht weniger als 13 zivil- und verwaltungsgerichtliche Entscheidungen, darunter zwei des Kammergerichts, herbeigeführt werden mußten, und ein Zeitraum von über $2^1/_3$ Jahr verstrichen ist, bis es gelang, ein Kind endlich im Wege der Fürsorgeerziehung unterzubringen[1]. Ähnliches erscheint keineswegs ausgeschlossen, solange nicht ganz klare Bestimmungen darüber getroffen werden, daß eine Maßregel vor der anderen eintreten muß, mithin also die Subsidiarität einer, und das kann wohl nur die Fürsorgeerziehung sein, aufgehoben wird[2]. Nur durch die Beseitigung der absoluten Subsidiarität der Fürsorgeerziehung kann es erreicht werden, daß der vorbeugende Zweck des Fürsorgeerziehungsgesetzes tatsächlich zur Geltung kommt. Bei der Auslegung, die das Fürsorgeerziehungsgesetz durch das Kammergericht gefunden hat, ist der vorbeugende Zweck

---

[1] Zu vgl. Kommunalblatt für Ehrenbeamte, III. Jahrgang Nr. 1, S. 10.

[2] In neuern Fürsorgeerziehungsgesetzen anderer Bundesstaaten ist die Subsidiarität der Fürsorgeerziehung mehr oder weniger aufgehoben worden. Am weitesten ist man hierin in Sachsen gegangen. Nach dem sächsischen Gesetz vom 1. Februar 1909 ist die Fürsorgeerziehung anzuordnen, wenn die Voraussetzungen der §§ 1666 oder 1838 B.G.B. vorliegen. Andere Maßnahmen kommen in diesem Falle für den Vormundschaftsrichter nicht in Betracht.

stark in den Hintergrund getreten. Dies beweist deutlich die ministerielle Statistik für die Fürsorgeerziehung Minderjähriger. Wenn auch in den letzten Jahren infolge der Stellungnahme des Oberverwaltungsgerichts eine kleine Wendung zum Bessern eingetreten ist, so übersteigt doch heute noch die Zahl der auf Grund des § 1, Ziffer 3 des Fürsorgeerziehungsgesetzes — d. h. auf Grund bereits eingetretener, mehr oder weniger großer Verwahrlosung — überwiesener Minderjähriger ganz außerordentlich die Zahl der auf Grund § 1, Ziffer 1 überwiesenen, noch unverdorbenen, nur gefährdeten Minderjährigen. Nach Ziffer 1 waren z. B. im Rechnungsjahre 1911 nur 20,3 % überwiesen, dagegen nach Ziffer 3 nicht weniger als 67,1 % sämtlicher überwiesener Zöglinge. Es muß hieraus der Schluß gezogen werden, und dies tut auch das preußische Ministerium des Innern selbst, daß bei sehr vielen Minderjährigen die Überweisung zur Fürsorgeerziehung zu spät erfolgt[1]. Das Mißverhältnis zwischen den angeführten Prozentziffern wird aber sofort wieder viel größer werden und der vorbeugende Zweck des Fürsorgeerziehungsgesetzes noch viel mehr zurücktreten, wenn die Armenpflege auf die Erziehung ausgedehnt wird, ohne daß gleichzeitig eine Änderung des Fürsorgeerziehungsgesetzes erfolgt. Es ist ganz zweifellos, daß dann die Neigung der Vormundschaftsrichter von der Fürsorgeerziehung abzusehen, noch viel größer werden würde. Man kann wohl sagen, daß es dann überhaupt nicht mehr gelingen würde, einen Minderjährigen in Fürsorgeerziehung zu bringen, wenn nicht schon ganz deutliche Zeichen der beginnenden Verwahrlosung vorliegen. Sehr zu beachten ist auch, daß die Antragsbehörden meist mit den Armenbehörden zusammenfallen. Es wäre daher zu erwarten, daß in vielen Fällen von rechtzeitiger Anregung der Fürsorgeerziehung abgesehen würde, aus Furcht bei anderweitiger Entscheidung des Gerichts, d. h. Beschlußfassung auf Grund § 1666, den Armenverband zu belasten. Die Fürsorgeerziehung würde also ihren vorbeugenden Charakter geradezu vollständig verlieren.

Wenn hie und da gegen die Aufhebung der Subsidiarität der Fürsorgeerziehung eingewandt wird, man dürfe doch nicht völlig unverdorbene Kinder mit dem Makel oder gar der Strafe der Fürsorgeerziehung belegen, so ist darauf zu erwidern, daß die Fürsorgeerziehung nach der Absicht des Gesetzes keinen Makel mit sich bringen und noch viel weniger eine Strafe bedeuten soll. Dem Hinweis auf das tatsächlich bestehende Vorurteil weiter Volkskreise gegen die Fürsorgeerziehung und gegen ehemalige Fürsorgezöglinge ist entgegenzuhalten, daß dies Vorurteil durch anderweite zweckentsprechende Ausgestaltung der Fürsorgeerziehung[2], niemals aber durch möglichsten Ausschluß der unverdorbe-

[1] Zu vgl. hierzu: Statistik über die Fürsorgeerziehung Minderjähriger für das Rechnungsjahr 1911, bearbeitet im Kgl. preußischen Ministerium des Innern, S. 48.

[2] Landsberg schlägt in der Kölnischen Zeitung vom 15. Mai 1913, erste Morgenausgabe, 2. Blatt, Nr. 557 vor, der Zwangserziehung schon verdorbener

nen Kinder beseitigt werden kann. Dadurch würde das Schuldmoment erst recht in den Vordergrund gerückt, und infolgedessen das Vorurteil gegen die Fürsorgezöglinge nur gesteigert. Mehr oder weniger würde dann die Fürsorgeerziehung auf die alte Zwangserziehung hinaus-

---

Jugendlicher einen anderen Namen zu geben, um so die Fürsorgeerziehung von dem Makel einer Verwahrlostenerziehung zu befreien. Dieser sehr beachtenswerte Vorschlag ließe sich vielleicht in der Weise durchführen, daß im Gesetz zwei Arten von Fürsorgeerziehung unterschieden würden,

A. Zwangserziehung für bereits mehr verwahrloste Minderjährige zum Verhüten des völligen sittlichen Verderbens.

B. Ersatzerziehung für unverdorbene oder erst Zeichen beginnender Verwahrlosung zeigende Minderjährige.

Die Überweisung zu A oder B würde vom Vormundschaftsrichter auszusprechen, den Fürsorgeerziehungsbehörden würde die Versetzung eines zu A überwiesenen Zöglings zur Ersatzerziehung B zu gestatten, die Versetzung von B zu A dagegen den Vormundschaftsgerichten vorzubehalten sein. Eventuell könnten noch Bestimmungen über die Trennung beider Arten von Fürsorgezöglingen im Gesetz getroffen werden. Neben einer derartigen Änderung des Gesetzes käme ferner noch die Schaffung eines lokalen Unterbaues für die Fürsorgeerziehung in Frage. Zweifellos ist das Fehlen einer Lokalinstanz der Fürsorgeerziehung mit ein Grund für die große Abneigung vieler Vormundschaftsrichter gegen die Einrichtung. Si e haben mit der Provinzialverwaltung keine Fühlung und können diese auch gar nicht haben. Nur dieser mangelnden Fühlung, der mangelnden Kenntnis der Art des Arbeitens der Fürsorgeerziehungsbehörde wird vielfach die ungerechtfertigte Abneigung der Richter gegen die Fürsorgeerziehung zuzuschreiben sein. Anders wäre dies bei Vorhandensein einer Lokalinstanz, der wenigstens für die Ersatzerziehung B die Bestimmung über die Unterbringung der Zöglinge, vielleicht unter Oberaufsicht der Provinzialverwaltung, zu übertragen wäre. Eine derartige Lokalinstanz, als welche in erster Linie die Kreisbehörde (gleichzeitig Antragsbehörde) in Frage käme, würde mit den Gerichten in viel engerer Fühlung stehen. Sie würde aber auch sonst von großem Wert sein. Vor allem würde sie den Verhältnissen näher stehen und nicht nur auf den Akteninhalt angewiesen sein. Sie würde daher den Bedürfnissen des Einzelfalles viel besser Rechnung tragen können. Ihr wäre es vielleicht möglich, in geeigneten Fällen eine vollständige Aufhebung der Familienbande zu vermeiden. In manchen Fällen der Anordnung der Fürsorgeerziehung dürfte eine Besserung der Eltern und Rückgabe der Kinder durchaus möglich sein. Die Lokalinstanz könnte auf eine derartige Besserung der Verhältnisse hinwirken, während sich heute niemand darum kümmert, da für die Antragsbehörde der Fall mit der Anordnung der Fürsorgeerziehung erledigt ist. Die Erfahrungen der Stadt Cöln in der Armenwaisenpflege sprechen dafür, daß sich manchmal durch geeignete länger dauernde Einwirkung eine Besserung selbst trostloser Familienverhältnisse erzielen und die Rückgabe der Kinder an die Eltern sich ermöglichen läßt. Auch würde die Lokalinstanz als Aufsichtsorgan für die in ihrem Bezirk untergebrachten Fürsorgezöglinge von größtem Wert sein. Endlich könnte sie noch bei Einziehung der Kosten der Fürsorgeerziehung von den Eltern gute Dienste leisten. In anderen Bundesstaaten ist die Fürsorgeerziehung mehr lokal organisiert als in Preußen. In Baden z. B. ist die Durchführung der Fürsorgeerziehung den Bezirksämtern übertragen, die die Ortsarmenverbände mit laufen[1], und auf Erfolge würde man bei einer derartigen, den Betroffenen einen großen Makel aufdrückenden Einrichtung, sicher nicht mehr rechnen können.

Die Änderung der Armengesetzgebung allein ohne die Änderung des Fürsorgeerziehungsgesetzes muß hiernach jedem Freunde der Jugend äußerst bedenklich erscheinen. Nicht an Stelle, sondern **neben** der Änderung des Fürsorgeerziehungsgesetzes ist daher die Ausdehnung der Pflichtleistungen der Armenpflege auf die Erziehung und Erwerbsbefähigung zu fordern. Dann, aber auch nur dann, fallen die vom Standpunkt der Fürsorgeerziehung zu erhebenden Bedenken fort.

VI.

Die Erziehung und Erwerbsbefähigung als Aufgabe der Armenpflege.

Die Frage, inwieweit die Erziehung und Erwerbsbefähigung der Armenpflege als Pflicht aufzuerlegen sei, wird dahin zu beantworten sein, daß auch hier wie auf allen übrigen Gebieten die Leistungen der Armenpflege auf den Notbedarf zu beschränken sind[2]. Andererseits muß aber die Armenpflege soviel an Erziehung Jedem gewährleisten, als nach den modernen Anschauungen der Pädagogik im allgemeinen erforderlich scheint, analog dem, was die Armenpflege nach den Anschauungen der medizinischen Wissenschaft zur Wiederherstellung oder Erhaltung der Gesundheit leisten muß. Diese Sorge für die Erziehung soll der Armenpflege bzgl. jedes Kindes obliegen, soweit nicht eben von anderer Seite hierfür gesorgt ist. Es soll sich nicht etwa diese Sorge beschränken auf die der Armenpflege ganz anheimgefallenen Kinder.

Ähnliches wie für die Erziehung gilt auch für die Erwerbsbefähigung. Hier muß die Armenpflege darnach trachten, jeden möglichst dahin zu bringen, daß er sich selbst durchs Leben bringen kann. Im allgemeinen wird hierzu eine besondere Ausbildung für einen Beruf

---

den erforderlichen Maßnahmen beauftragen können. Darauf wird es zurückzuführen sein, wenn in Baden die Abneigung der Vormundschaftsrichter gegen die Fürsorgeerziehung nicht sehr groß ist (Sperling Verhandlungen 1912, S. 105) und jedenfalls viel weniger groß ist wie in Preußen.

[1] Die preußische und auch die Gesetzgebung mancher anderer Bundesstaaten ließ vor 1900 eine Zwangserziehung nur für solche Minderjährige zu, die nach Vollendung des sechsten und vor Vollendung des zwölften Lebensjahres eine strafbare Handlung begangen hatten. Die augenscheinliche Erfolglosigkeit der früheren Gesetzgebung hat die allgemeine Erkenntnis reifen lassen, daß man nicht erst so spät eingreifen dürfe, sondern möglichst frühzeitig vorbeugen muß, wenn man Erfolge erzielen will.

[2] Zu vgl. hierzu und zum folgenden: Polligkeit, Verhandlungen des Allgemeinen Fürsorgeerziehungstages 1908 S. 197 und von Hollander-Sperling, Hauptbericht 1912, S. 44 ff.

nicht nötig sein, denn über den Notbedarf soll auch hier die Armenpflege nicht hinausgehen.

Zu beachten ist aber, daß die Armenpflege nach Möglichkeit jedem ein gewisses Maß von Erziehung und Erwerbsbefähigung gewährleisten soll. Sie kann sich also keineswegs etwa darauf beschränken, ohne Rücksicht auf die Besonderheiten des Falles, die notdürftigste Form der Erziehung oder der Erwerbsbefähigung zur Verfügung zu stellen. Je nach Lage der Sache muß vielmehr das erforderliche Maß der Erziehung und Erwerbsbefähigung durch besondere Maßnahmen herbeigeführt werden, ebenso wie z. B. für die Wiederverschaffung der Gesundheit die Aussendung zu besonderen teuren Kuren oder die Vornahme großer Operationen und dergl. auf Kosten der Armenpflege erfolgen muß. Die Armenpflege muß also hiernach für Idioten, Blinde, Taubstumme, Krüppel usw. besondere, ihrem Zustande entsprechende Vorsorge treffen.

Im übrigen erscheint es nicht nötig, im Reichsarmengesetz näher zu bestimmen, was die Armenpflege an Erziehung und Erwerbsbefähigung zu leisten hat, falls allgemein zum Ausdruck gebracht wird, daß die Armenpflege sich im Rahmen des Notbedarfs zu halten hat. Eine nähere Bestimmung ist z. B. auch in den jetzigen Gesetzen Badens und Bayerns nicht erfolgt. Wenn auch in dieser Hinsicht lediglich der Rahmen des Notbedarfs für die Pflichtleistung der Armenpflege festgelegt wird, so ist damit die Möglichkeit gegeben, den fortschreitenden, sozialen Anschauungen Rechnung zu tragen.

Zu erörtern bleibt noch, ob die Durchführung der Erziehung und Erwerbsbefähigung oder die Sorge hierfür den Armenbehörden aufzuerlegen oder aber ob nur die Bereitstellung der Mittel für die Erziehung und Erwerbsbefähigung den Armenbehörden zur Pflicht zu machen ist. Ersteres würde zweifellos den Armenbehörden viel weitergehende Pflichten auferlegen, aber auch weitergehende Rechte gewähren. Nun ist die Befürchtung ausgesprochen worden, daß die Übertragung der Sorge für die Erziehung und Erwerbsbefähigung an die Armenbehörden die Rechte und Pflichten der nach dem B.G.B. Erziehungsberechtigten, d. h. der Eltern oder des Vormundes, in einer unzulässigen Weise berühren oder sogar beseitigen würde[1]. Dies kann natürlich nicht beabsichtigt sein. Die Armenbehörden sollen nicht etwa an Stelle der Eltern und Vormünder treten. Diesen verbleiben vielmehr ihre Rechte und Pflichten. Es werden also auch die Armenbehörden nicht etwa ohne weiteres gegen den Willen der Eltern einschreiten können. Wie in jedem anderen Unterstützungsfalle werden die Leistungen der Armenpflege an und für sich nicht aufgezwungen. Die Eltern oder der Vormund können also auf die von der Armenverwaltung etwa angebotene Anstaltserziehung eines Kindes verzichten. Allerdings wird dann in manchen Fällen ein Einschreiten

[1] Petersen-Hamburg. Verhandlungen Braunschweig 1912, S. 119.

auf Grund des § 1666 B.G.B. gerechtfertigt sein und erfolgen müssen. Die Verpflichtung der Armenbehörde gegenüber den Kindern ist nämlich mit der Weigerung der Eltern, sich auf die Trennung einzulassen, keineswegs erschöpft; denn die Armenpflege hat ihre Verpflichtungen gegenüber jedem Menschen, also auch gegenüber den Kindern und nicht nur gegenüber deren Eltern. Wenn also in der Familie nicht genügend für die Kinder gesorgt ist, so muß die Armenbehörde, nachdem ihr der Notstand bekannt geworden ist, pflichtgemäß für dessen Abstellung Sorge tragen. Zu diesem Zweck muß sie nötigenfalls die Entziehung des Sorgerechts beim Vormundschaftsgericht beantragen. Ein Eingriff in die Elternrechte und analog auch in die Rechte des Vormundes bedarf also immer des vorgeschriebenen vormundschaftsgerichtlichen Verfahrens. Die Pflichten der Eltern und Vormünder aber werden schon aus dem Grunde nicht aufgehoben, weil die Armenpflege wie stets, so auch hier, nur subsidiär eintritt.

Den bisherigen Grundsätzen der Armenpflege würde es andererseits nicht entsprechen, wenn man nur die Bereitstellung der Mittel der Armenpflege auferlegen wollte. Im allgemeinen steht der Armenpflege stets das Bestimmungsrecht darüber zu, in welcher Form sie Unterstützung eintreten lassen will. Es wird nicht möglich sein, bei der Erziehung und Erwerbsbefähigung hiervon abzugehen. Ebensowenig, wie man es den Unterstützten vollständig frei stellen kann, ob sie in einer Anstalt oder in offener Armenpflege unterstützt, ob sie Bar- oder Naturalunterstützungen haben wollen, ebensowenig erscheint es möglich, den Eltern oder Vormündern die Bestimmung der Art der Unterstützung der Kinder zu überlassen. Dies müßte unbedingt zu fortwährenden Konflikten und den größten Unzuträglichkeiten führen. Immerhin ist zu beachten, daß das absolute Bestimmungsrecht der Armenbehörde über die Art der Unterstützung zu Härten führen kann, und daß diese auf dem Gebiete der Kinderpflege und Erziehung besonders groß sein können. Ebenso wie es denkbar ist und zweifellos auch manchmal vorkommt, daß ein Armenverband ohne berechtigten Grund Anstaltspflege einem Unterstützten nur deshalb anbietet, weil er weiß, daß die hiermit verbundene Beschränkung der persönlichen Freiheit den Unterstützten zum Verzicht auf jedwede Unterstützung veranlassen wird, ebenso ist es denkbar, daß ein Armenverband ohne genügenden Grund die Durchführung der Pflege und Erziehung von Kindern bei den Eltern verweigern, und die Trennung der Kinder von den Eltern, z. B. deren Aufnahme in eine Anstalt, fordern oder vielmehr anbieten wird. Zu beachten ist, daß ein derartiger Mißbrauch — denn ein solcher ist es zweifellos — auch heute schon denkbar ist, und zwar auch in den Bundesstaaten, wo die Erziehung nicht zu den Aufgaben der Armenpflege gehört. Die Trennung der Kinder von den Eltern kann ja auch in Fällen in Frage kommen, wo es sich lediglich um die Unterhaltsgewährung, die Pflege der Kinder, nicht aber um deren Erziehung handelt. Zweifellos wird die Möglichkeit derartiger Konflikte zwischen der Armenpflege und der Familiengemeinschaft größer, wenn die Erziehung und Erwerbsbefähigung der Kinder allgemein unter die Aufgaben der Armenpflege eingereiht wird. Daher wird ernstlich zu erwägen sein, ob nicht durch entsprechende Vorschriften in dem Reichsarmengesetz derartige Mißbräuche ausgeschlossen werden können. Zunächst dürfte sich wohl eine allgemeine Bestimmung empfehlen, „daß das Bestimmungsrecht der Armenbehörden über die Art der Armenpflege nicht zu unnötigen Härten führen darf.“ Eine derartige Bestimmung würde den Aufsichtsbehörden die Möglichkeit geben, auf Grund von Beschwerden etwaige Mißstände abzustellen. Bezüglich der etwaigen Trennung der Kinder von ihren Eltern dürfte aber noch eine weitergehende Bestimmung am Platze sein. Die Trennung der Kinder von den Eltern ist eine so einschneidende Maßregel und die Aufrechterhaltung der Familienbande erscheint im Interesse des Staatswohls so wichtig, daß gerade bzgl. dieses Punktes die größte Vorsicht geboten ist. Zu beachten ist auch, daß es unter Umständen sehr leicht zu unerquicklichen Kontroversen zwischen den armenrechtlichen Instanzen und den Vormundschaftsinstanzen kommen könnte. So ist der Fall denkbar, daß eine Armenbehörde Eltern die Hergabe von Unterstützungen zum Unterhalt oder auch zur Erziehung der Kinder in der Familie verweigert und statt dessen Anstaltspflege der Kinder anbietet und daß dann auf Beschwerde der Eltern die armenrechtlichen Aufsichtsinstanzen der Armenbehörde recht geben. Wenn nun die vormundschaftsgerichtlichen Instanzen sich auf den Standpunkt stellen, daß eine Trennung der Kinder von den Eltern nicht gerechtfertigt ist, so ergibt sich ein Widerstreit zwischen ihnen und den armenrechtlichen Instanzen, und es erhebt sich die Frage, welche Entscheidung für die Erledigung des Falles maßgebend sein soll[1]. Um einen ähnlichen unerquicklichen Zustand zu vermeiden, wie er sich aus dem Widerstreit zwischen dem Kammergericht und dem Oberverwaltungsgericht wegen der Fürsorgeerziehung ergeben hat, erscheint es unbedingt angebracht, eine klare Bestimmung im Gesetz zu treffen. Diese wird nach Lage der Sache nur dahin lauten können, daß in dieser Frage die Entscheidungen der Vormundschaftsgerichte maßgebend sein müssen. Die Bestimmung würde etwa dahin lauten müssen, „daß die Entscheidung über die Frage der Trennung der Kinder von ihren Eltern lediglich den vormundschaftsgerichtlichen

[1] Ein ähnlicher Fall ist tatsächlich vor einiger Zeit in einer Großstadt vorgekommen. Die Armenverwaltung hatte einer alleinstehenden hilfsbedürftigen Mutter, die nach der pflichtgemäßen Überzeugung der Verwaltung zur Pflege und Erziehung der Kinder nicht geeignet war, die Unterbringung in Anstaltspflege angeboten. Die Mutter verweigerte diese, die Armenverwaltung beantragte dann die Entziehung des Sorgerechts. Diese wurde aber von den vormundschaftsgerichtlichen Instanzen abgelehnt. Es erhob sich nun die Frage, ob die Armenverwaltung die Entscheidung der Gerichte als für sie bindend anerkennen und demgemäß in offener Armenpflege unterstützen müsse.

Instanzen obliegt und daß ihre Entscheidung für die armenrechtlichen Instanzen bindend ist." Hiernach würde in einem Beschwerdefalle über verweigerte Armenpflege, für dessen Entscheidung die Frage der Trennung der Kinder von den Eltern maßgebend ist, eine Entscheidung der armenrechtlichen Instanzen nicht erfolgen dürfen, ohne daß vorher eine Entscheidung der vormundschaftsgerichtlichen Instanzen herbeigeführt ist. Diese Lösung erscheint unbedingt geboten, um nicht die Autorität der Gerichte in Frage zu stellen. Sie erscheint aber auch durchaus mit den Anforderungen der Praxis vereinbar. Eine wesentliche Erschwerung des Geschäftsganges für die Armenbehörden ist nicht zu befürchten, da derartige Fälle doch sehr selten sind und sein werden. Dies ergibt sich aus dem Umstande, daß man trotz der bisher schon bestehenden Möglichkeit ihres Vorkommens so gut wie gar nichts darüber gehört hat. Im übrigen wird es aber auch im einzelnen Fall der Armenbehörde, falls sie mit ihrer Auffassung im Recht ist, doch sehr bald gelingen, mit ihrer Auffassung durchzudringen. Sie kann einen derartigen Fall besonders genau beobachten, und wenn auch nach Gewährung der Unterstützung die Verhältnisse sich nicht bessern, so wird es ihr unschwer möglich sein, die Gerichte von der Notwendigkeit der Trennungsmaßregel zu überzeugen.

VII.

Richtlinien für die Festlegung der Aufgaben der Armenpflege in einem Reichsarmengesetz.

Die Richtlinien für die gesetzliche Regelung der Aufgaben der Armenpflege werden nunmehr wie folgt zusammenzufassen sein:

I. Die Leistungen der öffentlichen Armenpflege sind auf die subsidiäre Gewährung des Notbedarfs zu beschränken.

II. Außer dem unentbehrlichen Lebensunterhalt, der erforderlichen Pflege in Krankheitsfällen und einem angemessenen Begräbnis ist auch die Erziehung und Erwerbsbefähigung als im Rahmen des Notbedarfs liegend anzuerkennen.

III. Es ist wünschenswert, daß in einem künftigen Gesetz die Bestimmung über die Aufgaben der öffentlichen Armenpflege sich im Wortlaut möglichst dem § 1 des jetzigen preußischen Ausführungsgesetzes anschließt.

Zu Leitsatz III ist noch zu bemerken, daß jedenfalls eine mehr kasuistische Fassung abzulehnen ist. Die bisherige mehr allgemeine Fassung des preußischen und der meisten anderen Gesetze trägt nicht nur den tatsächlichen Bedürfnissen, insbesondere der ständigen Fortentwicklung unserer Lebensverhältnisse besser Rechnung, sondern sie dürfte auch wohl den Beifall der Gesetzgebungsfaktoren leichter finden. Auch ist von nicht zu unterschätzendem Wert, daß die Rechtsprechung des

Bundesamts für das Heimatwesen in diesem Falle ihre Geltung mehr oder weniger behalten würde[1].

Die Subsidiarität der Armenpflege könnte unbedenklich in der Weise zum Ausdruck gebracht werden, wie es im preußischen Gesetz geschehen ist, nämlich dadurch, daß nur jeder hilfsbedürftige Deutsche für unterstützungsberechtigt erklärt wird. Da der Begriff der Hilfsbedürftigkeit heute durch die Rechtsprechung festgelegt ist, so würden sich Schwierigkeiten nicht ergeben. Selbstverständlich steht aber auch nichts im Wege, unter Umschreibung des Ausdrucks Hilfsbedürftigkeit, im Gesetz zu sagen, daß nur derjenige Anspruch auf Armenunterstützung hat, der das, was die Armenpflege zu leisten verpflichtet ist, für sich oder seine Familie weder aus eigenen Mitteln oder Kräften zu beschaffen vermag, noch von anderer Seite erhält.

---

[1] Thode, Mitbericht 1912, S. 97.

Dritter Abschnitt.

Organe der öffentlichen Armenpflege.

Berichterstatter: Schatzrat Dr. W. Drechsler-Hannover.

Das Gesetz über den Unterstützungswohnsitz hat zwei Organe der Armenpflege geschaffen, die Ortsarmenverbände (O.A.V.), die grundsätzlich mit den politischen Gemeinden zusammenfallen, aber auch aus mehreren Gemeinden bestehen können, und die Landarmenverbände (L.A.V.), deren Aufgaben von größeren Kommunalverbänden oder von dem Bundesstaat selbst ausgeübt werden (§§ 2 bis 5 U.W.G.).

Zwischen den beiden Organen sind die Aufgaben in der Weise geteilt, daß die Ortsarmenverbände die gesamte Armenpflege ausüben, während die Landarmenverbände nur bestimmte Kosten, welche den Ortsarmenverbänden durch die Landarmen entstehen, ersetzen müssen, also nur einen Geldausgleich herbeiführen (§§ 28—30 U.W.G.).

Das Gesetz über den Unterstützungswohnsitz ging von dem Gedanken aus, daß durch diese Regelung die Erfüllung der armenrechtlichen Vorschriften gewährleistet sei. Nach einer doppelten Richtung hat sich aber diese Annahme nicht bestätigt.

I. Die Vorschrift, daß die O.A.V. mindestens aus einer Gemeinde bestehen müssen, hat das Bestehen leistungsunfähiger O.A.V. nicht verhindert.

II. Die Erfahrung hat gelehrt, daß bestimmte Zweige der modernen Armenpflege, insbesondere die Pflege geistig oder körperlich Gebrechlicher, wie der Geisteskranken, Epileptischen, Taubstummen usw., nicht von dem Ortsarmenverband, sondern nur von einem größeren Verband geleistet werden kann.

I.

Das Bestehen zahlreicher überbürdeter Ortsarmenverbände ist seit Jahrzehnten beklagt und bringt schwere Nachteile für die Armenpflege mit sich.

Die Frage hat den Deutschen Verein für Armenpflege und Wohltätigkeit mehrfach beschäftigt. Es war dies in den Jahren 1882—1885[1],

[1] Die ländliche Armenpflege und ihre Reform. Verhandlungen des Deutschen Vereins für Armenpfl. u. Wohlt. Hrsg. von Freiherrn v. Reitzenstein, Freiburg 1887. Allgemeiner Teil.

1890[1] und 1909[2], als die ländliche Armenpflege und ihre Reform im Vordergrunde des Interesses stand. Auf der Versammlung in Darmstadt 1882 schilderte Beigeordneter Seyffardt (Crefeld) die Leistungsschwäche vieler Ortsarmenverbände und erzielte einen Beschluß, wonach die Bildung größerer leistungsfähiger Ortsarmenverbände gefordert wurde. Besonders überzeugend wirkte eine Berechnung, wonach bei 7 preußischen Provinzen nur 359 Seelen auf eine Gemeinde durchschnittlich fielen[3]. Als im Jahre 1884 der Landrat Ziller-Meiningen auf dem Kongreß in Weimar in ähnlicher Weise das Unvermögen ländlicher Armenverbände nachwies, beschloß man durch eine gründliche wissenschaftliche Untersuchung der Frage näher nachzugehen[4]. Den Bericht hierüber erstattete der Bezirkspräsident Freiherr v. Reitzenstein im Herbst 1885 zu Bremen. Er legte dar[5], daß auf dem Lande die enge Verbindung der privaten und öffentlichen Finanzen und die geringe Leistungsunfähigkeit der Gemeinden dazu führe, die Ansprüche an die Armenpflege zu unterdrücken, Hilfsbedürftige abzuschieben und den Erwerb des Unterstützungswohnsitzes zu verhindern. Er warnte jedoch vor einer Schaffung von Gesamtverbänden, da die Gemeinden Träger der Selbstverwaltung bleiben müßten und nichts von ihrer Zuständigkeit einbüßen dürften. Andernfalls triebe man englischen Zuständen mit ihrem unübersichtlichen Auseinandergehen zu[6]. Eine Abhilfe erreiche man nur durch Übertragung bestimmter Zweige der Armenpflege an größere Verbände. Der Verein betraute nun eine größere Kommission mit der Ausarbeitung bestimmter Vorschläge. Auf Grund sorgfältiger Einzelbearbeitungen aus allen Teilen des Reiches stellte die Kommission bestimmte Vorschläge auf, die auf der Versammlung in Stuttgart im Jahre 1886 in den Grundzügen angenommen wurden. Fast sämtliche Berichterstatter stimmten darin überein, daß zuviel kleine leistungsunfähige Ortsarmenverbände vorhanden seien. Es fehle daher an einer geregelten Armenverwaltung in den kleinen Gemeinden. Es sei für eine genügende Pflege der Kranken, der Siechen, der Irren, der Kinder und der arbeitslosen Personen nicht gesorgt. Als Mittel zur Abhilfe wurden empfohlen: die Schaffung von Gesamtarmenverbänden, eine bessere Unterstützung der Ortsarmenverbände durch den Landarmenverband und die Übertragung der Anstaltspflege für Nichtvollsinnige auf den Landarmenverband[7]. Freilich wünschten nicht alle Berichterstatter die Bildung von Gesamtarmenverbänden. Einige wiesen auf

---

[1] Das Landarmenwesen von Münsterberg, Heft 10 d. Schriften d. D. V. f. A. u. W. und Verhandlungen in Frankfurt a. M. 1890, Heft 13, insbesondere S. 53

[2] Verhandlungen d. D. V. f. A. u. W. in München 1909, Heft 90.

[3] v. Reitzenstein, S. 7.

[4] v. Reitzenstein, S. 35 ff.

[5] v. Reitzenstein, S. 52 ff.

[6] v. Reitzenstein, S. 74.

[7] v. Reitzenstein, S. 136.

die Abneigung der Gemeinde hin, die gewohnte Selbständigkeit aufzugeben, andere fürchteten eine unbillige Verschiebung der Armenlasten. Die Kommission aber und die Versammlung stellten diese Bedenken zurück gegenüber den großen Vorzügen, die mit einer geregelten, nicht zu engherzigen Armenpflege leistungsfähiger Armenverbände verbunden sei[1]. Immerhin hielt man grundsätzlich daran fest, daß die Ortsgemeinde Trägerin der Armenlast bleibe, und daß bei mangelnder Leistungsfähigkeit eine Abhilfe im Wege allgemeiner kommunaler Organisation zu suchen sei. Erst wenn diese Organisation nicht stattfände, seien zwangsweise Gesamtarmenverbände zu bilden[2]. Diese Forderungen wiederholte Münsterberg in einem gründlichen Aufsatz über das Landarmenwesen[3], und sie wurden in der Jahresversammlung zu Frankfurt 1890 erneut angenommen[4].

Die Wünsche des Vereins sind in dieser Richtung bislang ergebnislos gewesen. Man darf diese Ergebnislosigkeit wohl darauf mitzurückführen, daß der andere Beschluß des Vereins, der die Übertragung der Anstaltspflege auf die Landarmenverbände wünschte, erfolgreicher war. Man durfte hoffen, daß damit ein Hauptangriffspunkt gegen die kleinen leistungsschwachen Ortsarmenverbände gefallen sei. Dazu kam die soziale Gesetzgebung, welche durch ihre Krankenfürsorge, durch Alters-, Invaliden- und Unfallrenten die Arbeitsunfähigkeit und die Armut verhinderten. Als daher der Deutsche Verein für Armenpflege und Wohltätigkeit im Jahre 1909 noch einmal die Armenpflege auf dem Lande und ihre Reform behandelte, konnte ein erfreulicher Fortschritt gegenüber dem Jahre 1886 anerkannt werden[5]. In der Tat sind fast durchweg die Armenlasten gesunken, vielfach auf ein Drittel der früheren Ausgaben[6].

Gleichwohl zeigten auch die Berichte des Jahres 1909, daß die Klagen über leistungsunfähige Armenverbände keineswegs verstummt waren. Aus Ostpreußen schilderte der Generallandschaftsdirektor Kapp die mangelnde Fürsorge für kranke und sieche Personen in den kleinen ländlichen Ortsarmenverbänden. Er zeigte, wie viel besser in der Stadt für die unteren Volksschichten gesorgt sei durch Kleinkinder- und Fortbildungsschulen, durch Schwestern, Ärzte und Krankenhäuser, durch Wohnungswesen und Wohlfahrtseinrichtungen aller Art. Die Folgen zeigten sich in einer erschreckenden Abwanderung in die Städte und im erneuten Rückgang der Leistungsfähigkeit der Gemeinden[7]. Eine

---

[1] v. Reitzenstein, S. 153.

[2] v. Reitzenstein, Anhang S. 38.

[3] Heft 10 der Schriften, insbesondere S. 242.

[4] Heft 13 der Schriften, S. 53.

[5] Verhandlungen d. D. V. f. A. u. W. 1909, Heft 91, S. 59 ff.

[6] Die Armenlasten betragen z. B. in der Provinz Hannover durchschnittlich nur 6% der staatlich veranlagten Steuern, während sie früher 15—20% betragen hatten.

[7] Kapp in den Verhandlungen 1909, Heft 91, S. 38 ff.

durchgreifende Verbesserung erhoffte er nur durch planmäßige Ansiedelung von Bauern und Arbeitern. Für Hannover konnte der Berichterstatter[1] zwar infolge der gleichmäßigen bäuerlichen Besitzverteilung günstigere Verhältnisse feststellen, da fast zwei Fünftel der Gemeinden gar keine Armenlasten haben. Aber es waren auch hier zahlreiche leistungsunfähige Gemeinden ermittelt, die ein Steuersoll von 33—52 Mk. aufwiesen, so daß jeder größere Armenpflegefall ihre Finanzen vollständig erschütterte[2]. Andere Gemeinden mit größerem Steuersoll waren ständige Kostgänger der Provinz und hatten jedes Interesse an einer sparsamen Wirtschaft verloren. Ähnliche, aber noch ungünstigere Schilderungen entwarf der Bezirksamtsassessor Decker[3] von den bayerischen kleinen Gemeinden, die vielfach so schwach seien, daß ein einziger Unterstützungsfall ihren Haushalt über den Haufen werfe. Infolgedessen seien die Unterstützungen unzulänglich, die Zustände der Armenhäuser mangelhaft und die Fürsorge für die Kinder unzureichend. Endlich wußte auch der Berichterstatter für Württemberg, P. Lechler[4], von zahlreichen Fällen zu erzählen, wo die Ortsarmenverbände ihre Pflicht versäumten, so daß der württembergische Notstandsverein eintreten mußte.

Daraus erkennen wir, daß auch heute noch überall im Reich, im Osten und Westen, Süden und Norden, leistungsunfähige Ortsarmenverbände bestehen. Die geschilderten Folgen dieses Zustandes bedürfen durchaus der Abhilfe. Vor allem treibt die Leistungsunfähigkeit notgedrungen zu den vielfach beklagten Abschiebungen. Jeder Landarmenverband und jeder größere Ortsarmenverband leidet darunter, vor allem aber der Abgeschobene selbst.

Zwei Beispiele der letzten Zeit aus dem Bereich des L.A.V. Hannover mögen dies erläutern: Ein polnischer Arbeiter wurde auf der Wanderschaft in der Lüneburger Heide von einer Kreuzotter gebissen. Er schleppte sich bis zum nächsten Bauern, der ihn mit einer kleinen Zehrung wieder auf die Straße setzte, damit seine kleine Gemeinde nicht die Kosten der Krankenpflege zu tragen habe. Unterwegs blieb aber der Arbeiter auf der Straße liegen, bis ein mitleidiger Radfahrer sich seiner annahm und in das Krankenhaus nach Uelzen brachte. Ein anderes Beispiel: Ein Mädchen war durch die Geburt eines Kindes hilfsbedürftig geworden. Nach ihrer Wiederherstellung wurde ihr eine Dienststelle bei einem Hofbesitzer in Altenhagen verschafft. Kurz vor Ablauf eines Jahres fürchtete aber der Gemeindevorsteher, daß das Mädchen in A. ihren Unterstützungswohnsitz erwerbe und setzte dem Hofbesitzer so lange zu, bis dieser das Mädchen aus

[1] Drechsler in den Verhandlungen 1909, Heft 91, S. 59 ff.

[2] Vor einigen Monaten mußte der Landarmenverband Hannover eine Gemeinde unterstützen, die durch eine geringe Armenunterstützung leistungsunfähig geworden war, da ihre Einkommensteuerkraft nur 8,40 Mk. betrug.

[3] Heft 91, S. 6 ff.

[4] Heft 91, S. 47 ff.

dem Dienst entließ. Das Mädchen langte hilfsbedürftig in dem nächsten größeren Ort an. Wir nahmen sie in unserem Landarmenhause auf und vermittelten ihr schließlich eine Dienststelle in einer Stadt.

Solche Abschiebungen, zu denen der kleine leistungsfähige Ortsarmenverband genötigt wird, haben auch für das Land selber ungünstige Folgen, denn das Dienstpersonal, das solche Erfahrungen gemacht hat, vermeidet natürlich möglichst die ländlichen Dienststellen. Bei Erlaß des Gesetzes über den Unterstützungswohnsitz hat man offenbar angenommen, daß mit der Zuweisung der armenrechtlichen Aufgaben an die politische Gemeinde die Erfüllung der Vorschriften gewährleistet sei. Indessen hat sich diese Bestimmung nicht als genügend erwiesen, teilweise hat sie sogar sehr nachteilig gewirkt.

In Ostfriesland z. B. waren die Armenlasten der kleinen schwachen Moorgemeinden auf die benachbarten Bauernschaften verteilt. Die ehemalige hannoversche Verwaltung hatte dies angeordnet, weil die Arbeitskräfte der Moorkolonisten den benachbarten Bauern zugute kamen. Als nun infolge des Gesetzes über den Unterstützungswohnsitz die Armenpflege der politischen Gemeinde der Moorkolonisten zugewiesen wurde, zeigte sich sofort, daß die Moorgemeinde der Aufgabe in keiner Weise gewachsen war, und alsbald mußte der Landarmenverband eintreten. Seitdem zahlt der Landarmenverband jährlich nicht nur große Summen an die Moorgemeinden anstelle der umliegenden Bauernschaften, sondern er hat auch die Armenverwaltung teilweise übernehmen müssen, da die Gemeindevorsteher oft nur einfache Moorarbeiter sind und mit der Feder nicht gewandt umgehen können. Dieser Zustand ist äußerst ungesund und beschwerlich, da der Landarmenverband zu weit entfernt ist, und die Verhältnisse nicht so klar zu übersehen vermag, wie früher die benachbarte Bauernschaft.

In welcher Weise können wir die geschilderten Mißstände beseitigen?

Wir haben bereits gesehen, daß die Übertragung bestimmter Zweige der Armenpflege an größere Verbände wohl eine Besserung in dieser Beziehung gebracht hat, aber nicht imstande gewesen ist, die Mißstände auf ein erträgliches Maß zurückzuführen.

1. Als ein Mittel zur Beseitigung leistungsunfähiger O.A.V. ist vielfach eine ausgiebige Unterstützung durch die Landarmenverbände gefordert[1]. Eine solche Unterstützungspflicht finden wir bereits in den meisten Ausführungsgesetzen zum U.W.G.[2]. Ähnliches gilt für Bayern. Es ist die Aufgabe der Distriktgemeinden, die überbürdeten Heimatgemeinden zu unterstützen, und die Aufgabe der Kreise, den über-

[1] Zuletzt Kapp. Siehe Verhandlungen v. 1909, Heft 91, S. 45.

[2] Preußen § 36 des Ges. v. 8. März 1871. Württemberg Art. 25 des Ges. v. 2. Juli 1889, Hessen Art. 7 d. Ges. v. 14. Juli 1871. Oldenburg § 2 Art. 82 des Ges. vom 15. April 1873, Elsaß-Lothringen § 28 d. Ges. v. 8. Dezember 1908.

bürdeten Distriktgemeinden zu helfen[1]. Gerade für Bayern beklagte aber der Berichterstatter Decker auf dem Kongreß 1909 die geringe Anwendung dieser Vorschriften[2]. Dabei leisteten im Jahre 1907 die Distriktsgemeinden an überbürdete Heimatgemeinden 600 000 Mk. an Zuschüssen[3]. Dieser Zustand zeigt deutlich, daß man auf eine solche Vorschrift nicht zu große Hoffnungen setzen darf, denn sie verbürgt keineswegs eine geregelte ausreichende Armenpflege. Auch die Erfahrungen der Landarmenverbände, die derartige Beihilfen geben, beweisen dies. Schon Ziller wies in seinem Referat 1884 darauf hin[4]. Der Landarmenverband muß solche Anträge auf Beihilfen streng prüfen, um sich nicht in ungemessene Geldopfer zu stürzen. Es sind keineswegs immer dieselben ihm bekannten Gemeinden, die mit Anträgen kommen. Die ländliche Armenpflege leidet gerade unter dem ungleichmäßigen Vorkommen der Armenpflege. Es dauert lange, bis ein Armenverband im einzelnen Fall sein Unvermögen nachgewiesen hat. Bis dahin müssen die Armen darben. In allen Fällen aber wird der Landarmenverband fordern, daß die Leistungsfähigkeit der Gemeinde durch Armenlasten stark in Anspruch genommen sei. Eine solche belastete Gemeinde wird schon vorher, ehe sie mit Anträgen hervortritt, darauf bedacht sein, Unterstützungsfälle von sich fernzuhalten. Wenn anderseits ein Armenverband ständig überbürdet ist und jährlich bedeutende Beihilfen vom Landarmenverband erhält, so erlischt das Interesse an einer sparsamen Wirtschaft. Denn alles, was eine gewisse Grenze der Leistungsfähigkeit übersteigt, muß ihm ersetzt werden. Wir haben in Hannover erlebt, daß solche Gemeinden überreichlich Unterstützung gaben, ja überhaupt nicht prüften, ob der Unterstützte ortsangehörig war, nur um einen möglichst großen Geldstrom vom Landarmenverband in die Gemeinde zu leiten. Eine gewisse Schranke kann man dadurch schaffen, daß die Gemeinde an der Ausgabe verhältnismäßig beteiligt wird[5]. Dies Verfahren hat auch z. B. die Provinz Hannover mit ganz gutem Erfolg angewandt. Man wird daher fordern müssen, daß das Gesetz die regelmäßige Beihilfe des Landarmenverbandes nur in Form einer Quotenbeteiligung an der Ausgabe festsetzt. Indessen darf man sich darüber nicht täuschen, daß auch mit einer solchen Quotenbeteiligung nur eine Besserung erzielt, aber das Übel nicht an der Wurzel gefaßt wird. In der Provinz Hannover haben wir z. B. Gemeinden, die so leistungsschwach sind, daß ihr Anteil nur auf einige Prozent der Aus-

---

[1] Gesetze v. 16. April 1868. 29. April 1869. 28. Mai 1882. v. Reitzenstein, Spezieller Teil. S. 298 ff.

[2] Heft 91, S. 20–21.

[3] Denkschrift über die Abänderung der bayer. Heimat und Armengesetzgebung. Beil. 100, V. f. d. K. d. Abg. 1912, Bd. 1, S. 464, Denkschrift S. 480—488.

[4] v. Reitzenstein S. 30.

[5] Zu vgl. Kapp in den Verhandlungen d. D. V. f. A. u. W. Heft 91 S. 45 und Drechsler ebenda S. 69.

gabe bemessen werden konnte. Diese Beteiligung genügte aber nicht, um ein wirklich dauerndes lebhaftes Interesse an sparsamer Wirtschaft zu entfachen. Erst als der Landarmenverband jährlich mehrmals einen Kontrollbeamten entsandte und die ganze Armenverwaltung wesentlich selbst besorgte, wurde ein ständiges Maßhalten in den Armenausgaben erzielt.

2. Dies führt uns auf den schwächsten Punkt bei den kleinen, leistungsschwachen Ortsarmenverbänden, nämlich das Fehlen jeder geregelten Verwaltung. Der Vorsteher unterstützt nach Gutdünken, das heißt möglichst niedrig, wenn die Gemeinde zahlen muß und möglichst hoch, wenn sie Ersatz bekommt. Es fehlt ganz an der vorbeugenden, ja an der rechtzeitigen Armenpflege, und der Arzt wird oft erst geholt, wenn es zu spät ist.

Deshalb war es erfreulich, daß der § 3 des Gesetzes über den U.W. die bisherigen Gesamtarmenverbände bestehen ließ und Neugründungen zuließ. Die meisten Ausführungsgesetze der Bundesstaaten sind dem gefolgt[1].

Die Gesamtarmenverbände haben sich dort, wo sie bestehen, sehr bewährt. In der Provinz Hannover haben wir die besten Erfahrungen damit gemacht. Ein Gesamtarmenverband umfaßt Gemeinden, die viele Stunden weit voneinander liegen und politisch nicht zu einer Gemeinde vereinigt werden könnten. Ihre Organisation erinnert an das Elberfelder System und ist durch ein Statut geregelt. Jeder Gemeindevorsteher sorgt zunächst für die Armen seiner Gemeinde und ist berechtigt, unaufschiebbare Hilfe sofort zu gewähren. Allmonatlich treten dann die Vorstandsmitglieder in dem gemeinsamen Armenhaus zusammen und beschließen endgültig. Da eine Unterstützung auf die einzelne Gemeinde nicht besonders drückt, so fehlt die sonst vorhandene finanzielle Engherzigkeit und Härte. Andererseits ist doch jede Gemeinde soviel an der Ausgabe interessiert, daß sie auf Sparsamkeit bedacht ist. Endgültig entscheidet ja auch nie der Vorsteher der einzelnen Gemeinde, sondern der Gesamtvorstand. Abschiebungen finden sich in den Gesamtgemeinden selbst gar nicht, da ja die Nachbargemeinde meist zum Verband gehört. Freilich ist die Wirtschaft teurer, aber sie ist gerecht und

[1] Preußen §§ 9 ff. d. Ges. v. 8. März 1871. Sachsen § 30 der Armenordnung v. 22. Oktober 1840, §§ 20 Nr. 1, 21 des Ges. v. 21. April 1873, §§ 1 u. 8 d. Ges. v. 18 Juni 1910 (über Gemeindeverbände) Württemberg, Art. 8 Abs. 3 d. Ges. v. 2. Juli 1889, Hessen Art. 3 d. Ges. v. 14. Juli 1871, Sachsen-Weimar § 1 d. Ges. v. 23. Februar 1872, Oldenburg Art. 78, § 1 Ges. v. 15. April 1873, Braunschweig § 4 des Ges. v. 5. Juni 1871, Elsaß-Lothringen § 3 d. Ges. v. 8. November 1908, Sachsen-Meiningen Art. 3 d. Ges. v. 24. Februar 1872, Sachsen-Altenburg § 2 d. Ausf. V. v. 3. Juni 1871, Koburg-Gotha § 2 d. Ausf. Ges. v. 31 Mai 1871, Anhalt § 9 d. Ausf. Ges. v. 29. Juni 1871, Schwarzburg-Sondershausen § 1 Ausf. Ges. v. 25. Januar 1892, Schwarzburg-Rudolstadt § 2 Ausf. Ges. v. 23. Juni 1871, Reuß ä. L. § 8 Ges. v. 1. Juni 1878, Reuß j. L. § 8 Ges. v. 21. Juni 1871, Schaumburg-Lippe § 3 Ges. v. 7. März 1872.

gut. Die Gemeinden fühlen sich auch meist durchaus wohl dabei, ja sind stolz auf ihre gute Armenpflege und sehen mit einer gewissen Geringschätzung auf andere kleine Gemeinden, die nicht angeschlossen sind und die Armen hart behandeln.

Abgesehen von Hannover bestehen solche Gesamtverbände seit alters in Schlesien, in Schleswig-Holstein, in Neuvorpommern und Rügen, in Hessen-Kassel, in der Provinz Sachsen, der Rheinprovinz, in Oldenburg und im Königreich Sachsen[1], in Lippe-Detmold und Hamburg[1]. Neue Gesamtarmenverbände haben sich seit Einführung des Gesetzes über den Unterstützungswohnsitz fast gar nicht gebildet[2]. Das ist durchaus natürlich und begreiflich; denn selten pflegen zwei benachbarte Gemeinden völlig gleich an Armenlasten und Leistungsfähigkeit zu sein. Die Gemeinde, welche sich bei einem Zusammenschluß schlechter steht, wird sich stets dagegen sträuben. Früher kannte man eine zwangsweise Zusammenlegung[3]. Dieser Zwang aber ist durch die Ausführungsgesetze aufgehoben[4]. Zwar enthalten die Gemeindeordnungen verschiedener Bundesstaaten die Vorschrift, daß Landgemeinden und Gutsbezirke nötigenfalls zwangsweise zur Wahrnehmung einzelner kommunaler Angelegenheiten zusammengeschlossen werden können[5]. Es mag dahingestellt sein bleiben, ob z. B. in Preußen diese Bestimmung sich trotz des ausdrücklichen Verbots in § 32 des Preuß. A.G. auch auf zwangsweise Zusammenlegung in Armenangelegenheiten bezieht. Jedenfalls ist bislang von diesem Zwang meines Wissens niemals Gebrauch gemacht, wenn es sich um Bildung eines Gesamtarmenverbandes handelte.

Gegen die zwangsweise Zusammenlegung von Armenverbänden sind häufig ernste Bedenken erhoben[6].

Man hat darauf hingewiesen, daß aus dem Zusammenschluß zweier leistungsunfähiger Gemeinden noch kein leistungsfähiger Verband herausspringe[7]. Das ist gewiß richtig, aber man muß eben leistungsstarke Gemeinden mit hineinnehmen. Außerdem werden größere Verbände, auch wenn sie nicht sehr leistungsfähig sind, durch eine einmalige größere Ausgabe bei weitem nicht so erschüttert, wie ganz kleine Gemeinden. Die Ausgaben verteilen sich im größeren Verbande gleichmäßiger und sind daher leichter zu tragen.

Man hat ferner Gesamtarmenverbände darum bekämpft, weil man

---

[1] Zu vgl. Krech, U.W. Textausgabe bei Guttentag 1913, S. 99. v. Reitzenstein, Allg. T. S. 12.

[2] v. Reitzenstein, Allg. T., S. 153. Dieselben Klagen werden in Bayern geführt. Denkschrift v. 1912. S. 481.

[3] z. B. in Hannover § 83 der Landgemeinde-Ordnung v. 28. April 1859.

[4] z. B. § 32 Pr. A. G.

[5] z. B. Preuß. Landgemeinde-Ordnung v. 24. Juni 1891, § 128. Königreich Sachsen § 8 d. Ges. v. 18. Juni 1910.

[6] Zu vgl. die Verhandlungen d. D. V. f. A. u. W. v. 1882. 1885. 1886. 1890. 1909 v. Reitzenstein, Allgem. Teil. S. 21—74, 153 f.

[7] Insbes. z. B. Kapp, Heft 91, S. 44.

eine Abneigung der Gemeinden fürchtete und es grundsätzlich nicht für richtig hielt, der politischen Gemeinde, als dem Rückgrat unserer Verwaltung, etwas von ihrer Selbständigkeit zu nehmen[1]. Solche anfängliche Abneigungen darf man nicht zu schwer nehmen. Kleine ländliche Gemeinden sind überhaupt gegen Neuerungen und bedürfen dazu vieler Überredungen und eines leisen Zwanges. Zudem ist die Abneigung gar nicht so groß. In der Provinz Hannover haben wir im Jahre 1909 eine Umfrage veranstaltet in denjenigen Teilen der Provinz, wo keine Gesamtarmenverbände bestehen. Dabei hat sich etwa ein Fünftel der Gemeinden freiwillig für Gesamtarmenverbände ausgesprochen. Daß man in den Gegenden, wo Gesamtarmenverbände bestehen, mit ihnen sehr zufrieden ist, erwähnte ich schon. Auch ist dort der Gedanke nie gekommen, daß man damit den Rechten der politischen Gemeinde Abbruch tue. Gleiche Vorgänge findet man ja heutzutage auf allen Gebieten des kommunalen Lebens, so in Kirchenverbänden und Wegeverbänden. Hier scheut man auch vor dem Zwange nicht zurück. Sogar die Haupt- und Residenzstadt Berlin hat sich in einen Zweckverband eingliedern müssen. Die modernen Aufgaben verlangen breiten lokalen Unterbau. Die Entwicklung des Zweckverbandes hat auch dem Gedanken der Gesamtarmenverbände weiter vorgearbeitet. Es ist keineswegs erforderlich, wie man früher so gern betonte, daß ein Armenverband mit der Organisation der politischen Gemeinde übereinstimmen müsse[2]. Die Mehrheit in den Versammlungen des Deutschen Vereins f. A. u. W. hat dann auch stets nur betont, daß grundsätzlich die Ortsgemeinde Trägerin der Armenlast sein solle, daß aber bei Leistungsunfähigkeit die obligatorische Einrichtung von Gesamtarmenverbänden empfohlen werde[3]. Auch in den Reichstagsverhandlungen gelegentlich der letzten Änderung des Gesetzes über den Unterstützungswohnsitz im Jahre 1908 wurde von den verschiedensten Parteien die zwangsweise Bildung von Gesamtarmenverbänden gefordert und durch eine Resolution unterstützt[4]. Ein solcher Zwang besteht bereits in Anhalt[5] und mit gewissen Einschränkungen (z. B. Antrag von mindestens einem Drittel der Beteiligten) in Preußen durch das Zweckverbandsgesetz vom 13. Juli 1911. Ebenfalls ist für das bayerische Ausführungsgesetz der Zwang in Aussicht genommen[6].

Ist daher eine zwangsweise Bildung von Gesamtarmenverbänden geboten und mit der Entwicklung unseres kommunalen Lebens sehr

---

[1] So Landesdirektor v. d. Goltz bei Reitzenstein, Anhang S. 29, dagegen Schatzrat Müller-Hannover ebenda S. 28 und Landesdirektor Graf Wintzingerode ebenda S. 11.

[2] v. Reitzenstein, S. 21—27.

[3] v. Reitzenstein, Anhang, S. 38.

[4] Aktenstücke 1908, Nr. 841, S. 5077.

[5] Anh. Ausf. Ges. § 10 Abs. 11.

[6] Bayer. Kammer d. Abg. 1912, I. Beilage 168, S. 28.

wohl vereinbar, so fragt es sich, nach welchen Grundsätzen sie zu erfolgen hat und durch welche Behörden sie herbeigeführt wird. Man fühlt bei dieser Frage sogleich heraus, daß zwar ein Reichsgesetz die leitenden Gesichtspunkte festsetzen kann, die Ausübung im einzelnen aber den Bundesstaaten überlassen muß. Auch erscheint es nicht angängig, den Begriff der Leistungsunfähigkeit oder Leistungsschwäche genauer festzulegen etwa durch Aufstellen bestimmter Normen über Größe oder Steuerkraft der Ortsarmenverbände, wie dies in Birkenfeld (Art. 9 Abs. 2 f. des Gesetzes vom 28. März 1876 und in Elsaß-Lothringen § 28 Ausf.Ges.) vorgeschrieben ist. Davor hat schon Münsterberg im Jahre 1890 gewarnt[1]. Die Einwohnerzahl kann z. B. in einer steuerkräftigen Gutsgemeinde sehr klein sein, ohne daß irgendein Bedürfnis zur Zusammenlegung besteht, die sogar schädlich wirken könnte. Aber auch die Festsetzung einer Mindeststeuerkraft ist bedenklich; sie würde zur Schablone führen und für die Verwaltungsgerichte eine lästige Fessel bedeuten. So viel Zutrauen muß man zu unseren Verwaltungsgerichten haben, daß sie in jedem einzelnen Fall gerecht beurteilen können, ob ein Ortsarmenverband leistungsschwach sei. Das ist nach den örtlichen Verhältnissen durchaus verschieden. Der beste Beurteiler dafür wird der Landarmenverband sein[2], der im Fall der Überbürdung einspringen muß. Dieser ist auch lebhaft an einer Beseitigung solcher Zustände interessiert. So hat z. B. der Landarmenverband Hannover schon erhebliche Kapitalien aufgewendet, um durch eine Ausstattung die freiwillige Aufnahme eines leistungsunfähigen Armenverbandes in einen größeren Verband zu erreichen. Da aber der leistungsfähige Verband gewöhnlich ein Geschäft aus der Sache machen will, so ist regelmäßig ohne Zwang nichts auszurichten. Der Landarmenverband müßte daher berechtigt sein, bei der armenrechtlichen Spruchbehörde erster Instanz den Antrag auf Zusammenlegung zu stellen, auch gegen eine Auflösung Widerspruch erheben zu können. Diese armenrechtliche Spruchbehörde ist für die Entscheidung besonders geeignet, weil sie die armenrechtlichen Verhältnisse kennt und daher die näheren Formen des Anschlusses festsetzen kann. Als zweite Instanz dürfte jedoch nicht das Bundesamt für Heimatwesen in Frage kommen, weil dieses eine so genaue Kenntnis der einzelstaatlichen Gemeindeverfassung und ihrer Verhältnisse nicht besitzt. Es wird also der höchste Verwaltungsgerichtshof oder, wenn ein solcher nicht besteht, das Ministerium des Bundesstaates zu entscheiden haben.

Wir kommen darnach zu folgenden Richtlinien für ein Reichsarmengesetz:

1. Die Landarmenverbände müssen verpflichtet werden, den überbürdeten Ortsarmenverbänden ihres Bezirks eine nach Prozenten der Aus-

---

[1] Heft 10 der Schriften d. D. V. f. A. u. W. S. 243.

[2] So auch Bayern Landtag 1912, Beilage 168, S. 42. I. Session.

gabebemessene Beihilfe zu gewähren. Streitigkeiten darüber unterliegen der Entscheidung der armenrechtlichen Spruchbehörden.

2. Überbürdete Ortsarmenverbände können mit benachbarten Ortsarmenverbänden desselben Bundesstaates zwangsweise vereinigt werden. Antragsberechtigt muß außer dem überbürdeten Ortsarmenverband derjenige Landarmenverband sein, der im Falle der Überbürdung beihilfepflichtig wäre. Die Entscheidung und die Festsetzung der Anschlußbedingungen wird in erster Instanz der armenrechtlichen Spruchbehörde, in zweiter Instanz dem höchsten Verwaltungsgerichtshof oder dem Gesamtministerium des Bundesstaates zu überweisen sein.

Die Notwendigkeit, eine solche Regelung auf dem Wege der Reichsgesetzgebung zu suchen, ergibt sich aus den vorangegangenen Darlegungen. Die Landesgesetzgebung hat es trotz einzelner guter Ansätze nicht vermocht, die Mißstände, welche mit dem Bestehen überbürdeter O.A.V. insbesondere für den Hilfsbedürftigen selbst verbunden sind, zu beseitigen. Es bedarf daher eines starken Antriebs durch die Reichsgesetzgebung. Dazu kommt, daß die Leistungsfähigkeit von Armenverbänden nicht nur den Bundesstaat trifft, dem der Armenverband angehört, sondern die Gesamtheit. Mangelnde Kinderfürsorge z. B. begünstigt das Heranwachsen kranker oder verwahrloster Menschen, die sich keineswegs stets in dem überbürdeten Ortsarmenverband aufhalten, sondern später anderen Verbänden zur Last fallen, oder durch strafbare Handlungen die Gesamtheit schädigen. Die Abschiebungen ferner, zu denen die leistungsunfähigen Ortsarmenverbände geradezu gezwungen sind, werden eine starke Plage und ungerechte Belastung der Armenverbände mit geregelter Fürsorge und drängen auch diese Verbände dazu, gegen zuwandernde Arme hart zu werden. Diese Zustände kann nur die Reichsgesetzgebung durch einheitliche befriedigende Vorschriften in der vorgeschlagenen Richtung beseitigen.

II.

Die Anstaltspflege für geistig oder körperlich Gebrechliche kann nicht von den Ortsarmenverbänden, sondern nur von den Landarmenverbänden sachgemäß ausgeführt werden.

Bei den früheren Verhandlungen des Deutschen Vereins für Armenpflege und Wohltätigkeit über die Leistungsschwäche der Ortsarmenverbände spielte, wie wir sahen, nicht nur die Abgrenzung der Ortsarmenverbände zueinander, sondern auch die Frage eine besondere Rolle, ob bestimmte Zweige der Armenpflege auf größere Verbände zu übernehmen seien. Der immer stärker werdende Gesichtspunkt umfassender sozialer Fürsorge brachte den Organen der Armenpflege zum Bewußtsein, wie viel geistig und körperlich Gebrechliche noch einer guten Pflege entbehrten. Man war sich gleichzeitig darüber klar, daß die Ortsarmenverbände allein dem Übel nicht steuern könnten, sondern der Hilfe größerer Verbände bedurften. Die Pflegeanstalten für die Geisteskranken befanden sich fast nirgends in den Händen der Ortsarmenverbände, sondern in denen des Staates oder größerer Kommunalverbände (Provinzen), die gleichzeitig Träger des Landarmenverbandes waren. Wenn somit fast überall die Ortsarmenverbände die Armenpflege an den Geisteskranken nicht selber ausüben konnten, sondern sie gegen Entgelt an die Landarmenverbände übertragen mußten, so waren die Bestrebungen natürlich und begreiflich, die die Landarmenverbände überhaupt zu Trägern der Anstaltspflege für Nichtvollsinnige machen wollten. Auf dem Kongresse des Vereins in Stuttgart 1886 wurde auf Grund eines umfassenden Materials der Grundsatz aufgestellt, daß diejenigen Zweige der Armenpflege, welche in höherem Maße die Aufwendungen von Kapitalanlagen oder fortlaufenden Kosten, sowie eine planmäßige und sachverständige Leitung und Veranstaltungen technischer Art erfordern, den größeren Verbänden vorzubehalten seien. Doch müsse ein hinreichendes finanzielles Interesse der Gemeinden an sparsamer Wirtschaft erhalten bleiben[1]. Die Wünsche des Vereins, die im Jahre 1890 noch einmal eindringlich und einstimmig wiederholt wurden[2], haben bekanntlich sehr bald eine teilweise gesetzliche Anerkennung gefunden. Preußen übertrug durch das Gesetz vom 11. Juli 1891 die Fürsorge für hilfsbedürftige Geisteskranke, Idioten, Epileptische, Taubstumme und Blinde, soweit sie der Anstaltspflege bedurften, den Landarmenverbänden der Provinzen. Die Landarmenverbände müssen danach die allgemeinen Verwaltungskosten und die Beerdigungskosten tragen, während die eigentlichen Pflegekosten von den Ortsarmenverbänden mit Beihilfe des Kreises nach bestimmten Tarifen aufgebracht werden. Die Zustände in den übrigen Bundesstaaten sind in einem Aufsatz von Zimmermann[3] 1897 eingehend geschildert. Zimmermann kam damals zu dem Ergebnis, daß sich in zahlreichen Bundesstaaten die Erkenntnis Bahn gebrochen habe, die größeren Verbände an der Armenpflege zu beteiligen, und daß man im Begriff stehe, diese Erkenntnis teilweise in die Tat umzusetzen[4]. Seitdem haben fast sämtliche Bundesstaaten ganz erhebliche Fortschritte gemacht und sich rechtlich oder wenigstens tatsächlich der preußischen Regelung genähert, ja sie teilweise übertroffen.

So hat Oldenburg nicht nur die Kosten der Anstaltspflege für Geisteskranke den Landarmenverbänden auferlegt, sondern neuerdings auch die Ausbildung von Idioten, Blinden, Krüppeln (Nr. 6 des Gesetzes

---

[1] v. Reitzenstein, Anhang, S. 38, 39.
[2] Heft 10 der Schriften d. D. V. f. A. u. W., S. 244 ff.; Heft 13 S. 53.
[3] Heft 32 der Schriften S 17 ff.
[4] Zimmermann, a. a. O. S. 88—89.

vom 28. April 1911 (G.Bl. S. 951) einbezogen. Sachsen-Meiningen hat durch Gesetz vom 14. Dezember 1889 die Pflege der Geisteskranken usw. den Landarmenverbänden übertragen; Sachsen-Altenburg durch Gesetz vom 8. Januar 1906 einen Staatszuschuß für die Anstaltspflege festgesetzt; ebenso Sachsen-Koburg-Gotha durch Gesetz vom 20. März 1906 und Sachsen-Weimar bereits im § 7 Abs. 2 des Ausführungsgesetzes vom 23. Februar 1872. In Anhalt ist schon durch § 23 des Gesetzes vom 29. Juni 1871 die Anstaltspflege dem Landarmenverband übertragen. Elsaß-Lothringen hat sich im Ausführungsgesetz vom 8. Mai 1908 im Grundsatz den preußischen Bestimmungen angeschlossen, aber die Fürsorge auf eine bestimmte Gruppe von Siechen ausgedehnt, namentlich dem Landarmenverband die Möglichkeit gegeben, die Fürsorge auf alle Siechen und Krüppel zu erstrecken (§ 19). In Bayern sind die Irrenanstalten in der Verwaltung der Kreise. Diese erheben von den Heimatgemeinden Verpflegungssätze, deren Höhe von täglich 1,30 Mk. die Kosten nicht decken, so daß die Kreise erhebliche Zuschüsse zahlen müssen, zurzeit etwa 75 Pf. für den Kopf und Verpflegungstag[1]. Blinde und Taubstumme nimmt der Staat in seine Institute auf. Die Kreise gewähren Zuschüsse zur Dotierung von Freiplätzen[1]. In Braunschweig, Württemberg und Hessen besteht zwar keine Verpflichtung des Landarmenverbandes zur Fürsorge für Geisteskranke, doch ist in Braunschweig durch § 9 des Ausführungsgesetzes vom 5. Juni 1871 den Kreisen die Befugnis zur unmittelbaren Fürsorge erteilt, in Württemberg durch Art. 21 des Ausführungsgesetzes vom 17. April 1873 und in Hessen durch Art. 215 des Gesetzes vom 14. Juli 1871 den Landarmenverbänden das gleiche Recht gegeben. Tatsächlich werden in den genannten drei Staaten von den Armenverbänden für die Verpflegung in den staatlichen Anstalten geringere Kosten erhoben[2], als die Selbstkosten betragen, in Braunschweig jährlich 325 Mk., in Württemberg und Hessen jährlich 450 Mk. Baden hat grundsätzlich daran festgehalten, die Sorge für die Geisteskranken den Ortsarmenverbänden zu überlassen. Indessen sind auch hier die Anstalten nicht im Besitz der Ortsarmenverbände, sondern in denen des Staats, der für leistungsschwache Gemeinden Ermäßigungen vorsieht[3]. In Sachsen ist durch das Gesetz vom 12. November 1912 (Ges. u.V.O.Bl. 1912 Nr. 9 S. 143) die Anstaltsfürsorge für Geisteskranke und Epileptische auf den Staat übernommen, der gleichzeitig Landarmenverband ist. Die Armenverbände müssen die Hälfte der entstandenen Pflegekosten (zurzeit 1,25 Mk. täglich) ersetzen.

Der bisherige Überblick zeigt uns, daß, soweit erkennbar, in keinem deutschen Bundesstaate die Armenpflege bei Nichtvollsinnigen von dem

[1] Die Angaben beruhen auf schriftlichen Auskünften der beteiligten Behörden. In Braunschweig zahlen die Kreise erhebliche Zuschüsse namentlich für die Ausbildung Nichtvollsinniger.

[2] v. Reitzenstein, Abt. II, S. 309. Zimmermann Bd. 32 der Schriften S. 72 ff.

[3] Verordnungen v. 21. Dezember 1907 und 3. Oktober 1911.

Ortsarmenverband ausgeübt, sondern daß durchweg die Heil- und Pflegeanstalten in der Verwaltung größerer Verbände sind, die von den Armenverbänden lediglich Pflegesätze fordern. In dem überwiegenden Teil Deutschlands beruht diese Regelung auf gesetzlicher Verpflichtung der Landarmenverbände, im übrigen Teile Deutschlands besteht meist ein ähnlicher tatsächlicher Zustand, wenn auch ohne gesetzliche Gewähr für die Ortsarmenverbände. Schon die Novelle zum Gesetz über den U.W. vom 12. März 1894 trug durch § 32a diesen Veränderungen Rechnung, indem sie bestimmte, daß die Landarmenverbände, denen einzelne Zweige der öffentlichen Armenpflege übertragen sind, die Rechte und Pflichten von Ortsarmenverbänden haben. Man sieht daraus, wie sich die Aufgaben der Armenpflege in Wirklichkeit ganz anders auf die Organe verteilt hatten, als der Gesetzgeber bei Erlaß des U.W.G. es sich gedacht hatte. Es gilt nunmehr diese Wirklichkeit auch gesetzlich einheitlich zu gestalten. Dabei wird das bewährte Preußische Gesetz im großen und ganzen als Muster dienen können, um so mehr, als man auch in Bayern dieselben Wege einschlagen will[1]. Vor allem ist es wichtig, den Ortsarmenverbänden nicht die ganze Last abzunehmen. Denn damit verlieren sie das Interesse, die Angehörigen zu Beiträgen heranzuziehen. Der Landarmenverband ist zu fern, um die Verhältnisse genau zu übersehen. Aus diesem Grunde ist es auch unpraktisch, die Beiträge von Angehörigen zunächst lediglich dem Landarmenverband zur Deckung seiner Kosten zuzusprechen, wie es durch eine Entscheidung des Bundesamts (Bd. 28, 138) geschehen ist. Vielmehr erscheint eine Teilung zur Hälfte angemessen. Auch noch ein anderer Grund spricht dagegen, den Ortsarmenverbänden die ganze Last abzunehmen. Sie sind dann zu leicht bestrebt, Kranke auf den Landarmenverband abzuschieben, die sonst sehr gut von Angehörigen oder Bekannten in der Familie zu geringen Sätzen unter Aufsicht verpflegt werden könnten. Vor allem stößt eine Entlassung des Kranken auf Schwierigkeiten in der Gemeinde, die fürchtet, nur Kosten von dem vielleicht etwas unbequemen Mitbürger zu haben, den sie auf bequeme Art losgeworden war. Solche Widerstände verhindern aber die Entlassung eines Kranken, der nicht mehr durchaus anstaltspflegebedürftig ist und ganz gut einmal versuchsweise wieder in seiner Heimat leben könnte. Wir haben in der Provinz Hannover solche Erfahrungen gemacht in Gegenden, wo die Kreise den Gemeinden die ganze sog. außerordentliche Armenlast abgenommen hatten.

Das Reichsarmengesetz würde daher zweckmäßig den Landarmenverbänden die Verwaltungskosten der Anstalten übertragen, die sonstigen Kosten aber den Ortsarmenverbänden lassen und Beiträge Dritter oder aus eigenen Einkünften des Kranken unter die Armenverbände teilen. Dagegen wird es den einzelnen Bundesstaaten zu

---

[1] Richtpunkte zum bayer. A. G. Kammer d. Abg. I. Session 1912, Beilage 168, S. 41.

überlassen sein, ob sie die Fürsorge auf größere Verbände (den Staat) übertragen und andere Verbände (den Kreis) an der Aufbringung der Kosten beteiligen wollen.

Die Höhe der Pflegesätze kann durchaus einheitlich festgesetzt werden, wenn sie jetzt auch in jedem Staat und jeder Provinz verschieden ist. Denn die Schwankungen halten sich in mäßigen Grenzen; im allgemeinen stellen sich die Sätze auf etwa 1 Mk. bis 1,30 Mk. täglich. Sobald man einheitliche Tarife für die Erstattungsforderungen der Armenverbände festsetzt, kann man sie unbedenklich auch auf die Forderungen der Landarmenverbände wegen Verpflegungskosten für Geisteskranke usw. anwenden. Denn für beide Erstattungen kommt der in § 30 U.W.G. aufgestellte Grundsatz zur Anwendung, daß die allgemeinen Verwaltungskosten nicht in Ansatz gebracht werden.

Dieser Vorschlag erscheint für alle Staaten durchführbar. Für Preußen und diejenigen Staaten, die ihm gefolgt sind, bedeutet er keine wesentlichen Änderungen; aber auch die anderen Bundesstaaten werden das System ohne Schwierigkeiten durchführen können. Bayern wird die Fürsorge den Landarmenverbänden der Kreise übertragen, die bereits jetzt die Anstalten verwalten. Baden wird sie dem Staat auferlegen, Württemberg und Hessen werden die bisherige Befugnis der Landarmenverbände in eine Verpflichtung umwandeln, oder auch den Staat zum Träger der Anstaltspflege machen. Tatsächlich würden also tief einschneidende Umwälzungen aus einer einheitlichen Vorschrift für den einzelnen Bundesstaat nicht entspringen.

Es muß nunmehr geprüft werden, auf welche Zweige der Armenpflege sich die Übertragung erstrecken soll.

1. Als Mindestmaß wird das Preußische Gesetz vom 11. Juli 1891 zu gelten haben. Es begreift Geisteskranke, Epileptische, Geistesschwache, Taubstumme, Blinde. Nach den Entscheidungen des Bundesamts für Heimatwesen (Bd. 28 145, 30 134, 136) bezieht sich die Verpflichtung bei den letzten drei Gruppen nicht auf solche Personen, die zu ihrer Ausbildung und Erziehung in der Anstalt sind. Gerade bei diesen aber ist die Anstaltspflege besonders wichtig. Deshalb hat das Preußische Gesetz vom 7. August 1911 die Verpflichtung wenigstens für Taubstumme und Blinde auf die Landarmenverbände der Provinzen nach Analogie des Gesetzes vom 11. Juli 1891 übertragen. Diese Verpflichtung erscheint aber nicht als eine eigentliche armenrechtliche. Anders z. B. in Braunschweig nach dem Gesetz vom 30. April 1894 und in Oldenburg nach Nr. 6 des Gesetzes vom 28. April 1911, wo die Verpflichtung als armenrechtliche behandelt wird[1]. Aus dieser verschiedenen Regelung erwachsen Schwierigkeiten, die sich zum Nachteil des Kindes bei einem Wohnsitzwechsel der Eltern geltend machen. Deshalb

---

[1] Auch in Bayern beabsichtigt man die Erziehung und Ausbildung von bildungsfähigen, blöden, blinden und taubstummen Kindern den Landarmenverbänden zu übertragen. Zu vgl. Richtpunkte, Ldtg. I. Session 1912, Beilage 168, S. 41.

ist es notwendig, reichsgesetzlich die Verpflichtung zur Ausbildung von Taubstummen und Blinden einheitlich als armenrechtliche festzulegen.

2. Oldenburg hat die Fürsorge des Landarmenverbandes noch auf eine andere Gruppe von Personen ausgedehnt, nämlich auf ausbildungsfähige Krüppel. Es ist eine seit Jahren erhobene Forderung der Freunde einer durchgreifenden Ausbildung und orthopädischen Behandlung der Krüppel, die Fürsorge für sie auf die Landarmenverbände zu übertragen. Bislang ruht die Pflege fast überall noch in den Händen privater Vereine und Stiftungen, die auf hohe Pflegegelder angewiesen sind. Die meisten Armenverbände scheuen sich, die Krüppel rechtzeitig unterzubringen, weil sie an keinen rechten Erfolg glauben. Und doch ist gerade hier eine frühzeitige Behandlung von viel größerem Erfolge begleitet als bei den Geisteskranken. Eine große Zahl kann als arbeitsfähig später aus der Anstalt entlassen werden, die sonst ihr Leben lang der Gemeinde zur Last fallen. Auch findet erfreulicherweise eine Vererbung der Krüppelhaftigkeit regelmäßig nicht statt[1]. Nach einer 1908 aufgestellten Statistik gab es in Deutschland ohne Bayern, Baden und Hessen 75 000 Krüppel in schulpflichtigem Alter, bei denen die Hälfte als heimbedürftig bezeichnet wurden. Vorhanden sind in Deutschland nur 3000 Betten für Krüppel (Zeitschrift für Krüppelfürsorge Bd. I Heft 1).

Eine energische Fürsorge erscheint daher für die Gesundheit des Volkes erwünscht. In einigen Landesteilen ist man damit auch vorgegangen. In Preußen sind die Landräte und Kreisärzte durch den Oberpräsidenten darauf hingewiesen, die Krüppelkinder zu ermitteln und die Familien oder Gemeinden zur Unterbringung in einer orthopädischen Anstalt zu veranlassen. Manche Kreise haben freiwillig einen Teil der Krüppelfürsorge übernommen. Die Staatsregierung hat auch bei den Provinzen eine Übernahme nach dem Gesetz von 1891 angeregt. Zwar haben sich die meisten Provinzen grundsätzlich zu einer Gesetzesänderung zustimmend ausgesprochen, ohne gesetzliche Vorschrift aber die Fürsorge abgelehnt und sich auf eine Beihilfe an die Krüppelheime und -stiftungen beschränkt. Die geschilderten Zustände zeigen, daß ein Reichsarmengesetz an den Krüppeln nicht vorübergehen darf. Ihre Einbeziehung ist durch die Menschlichkeit und durch das wirtschaftliche Interesse gleichmäßig geboten und wird sich glänzend lohnen[2].

Soweit in einzelnen Staaten die Landarmenverbände nicht im Besitz der Anstalten für Taubstumme, Blinde oder Krüppel sind, läßt sich mit den bestehenden Anstalten ein Vertrag schließen. So zahlen schon jetzt in Bayern die Kreisarmenverbände Zuschüsse an die staatlichen Blinden- und Taubstummeninstitute; ebenso besitzen andere Ver-

---

[1] Dr. Bade i. d. Zeitschr. f. Krüppelfürsorge 1912. (Bericht über die zweite Krüppelfürsorge-Konferenz).

[2] Auch für das Bayerische Ausführungsgesetz ist dies beabsichtigt. Richtpunkte, Beilage 168, S. 41.

bände keine eigenen Anstalten für Epileptische, sondern benutzen die bestehenden Privatanstalten. Dieser Umstand dürfte daher der Ausdehnung der Fürsorge des Landarmenverbandes auf bildungsfähige Blinde, Idiote, Taubstumme und Krüppel nicht entgegenstehen.

3. Ferner würden die Wanderarmen in die Regelung einzubegreifen sein. Da hierüber besonders berichtet wird, will ich mich auf eine kurze Bemerkung beschränken.

Wenn das erhoffte Reichsgesetz über die Einrichtung von Wanderarbeitsstätten für arbeitsfähige Wanderer zustande kommt, so verbleiben doch die eigentlichen Wanderarmen, nämlich die Arbeitsunfähigen und Kranken, nach wie vor der unzureichenden Fürsorge desjenigen Ortsarmenverbandes, wo sie zufällig hilfsbedürftig werden. Sie laufen daher Gefahr, durch Abschiebung und unzureichende Unterstützung auf die Bettlerlaufbahn zu geraten. Eine ausreichende Hilfe kann man hier nur bringen, wenn man den Landarmenverbänden die Fürsorge für diese Personen überträgt. Dann können die Ortsarmenverbände auf Ersatz ihrer Kosten rechnen und haben kein Interesse an der Abschiebung[1].

4. Eine Ausdehnung der Fürsorge auf die körperlich Kranken empfiehlt sich nicht. Fast nirgends ist die Krankenpflege in den Händen des Landarmenverbandes. Entweder haben die Gemeinden eigene Krankenhäuser oder die Kreise (Distriktgemeinden) sind den Gemeinden zu Hilfe gekommen. Im Laufe der letzten Jahre hat eine geregelte Krankenpflege auch in den kleinen Gemeinden einen gewaltigen Aufschwung genommen. Überall macht sich das Bedürfnis geltend, eine Gemeindeschwester als Krankenpflegerin anzustellen, zu deren Kosten in Preußen die Kreise, die landwirtschaftliche Berufsgenossenschaft und die vaterländischen Frauenvereine Beihilfen geben. Auch sind die meisten Kreise dazu gelangt, eigene Krankenhäuser für den Kreis zu errichten. Ebenso sind in Bayern die Distrikte meist Träger der Krankenpflege geworden. Diese Entwicklung wird im ganzen Reich einen noch lebhafteren Gang annehmen, sobald die Krankenversicherung für landwirtschaftliche Arbeiter, welche durch die Reichsversicherungsordnung vorgeschrieben ist, zur Durchführung gelangt sein wird. Durch diese Maßnahmen, nötigenfalls unterstützt durch zwangsweise Zusammenlegung von Armenverbänden wird eine genügende Krankenpflege durch die O.A.V. gewährleistet sein.

5. Ebensowenig würde ich befürworten, die Kinderfürsorge auf die Landarmenverbände zu übertragen. Freilich läßt sich nicht leugnen, daß hier in manchem O.A.V. viel im argen liegt. Andere Gemeinden haben aber eine sehr gute Kinderpflege. Es wäre unzweckmäßig, sie ihnen zu nehmen. Im Gegenteil erscheint es wünschens-

---

[1] Zu vgl. Drechsler, Die reichsgesetzliche Regelung der Wanderarmenfürsorge im Preuß. Verw. Blatt v. 6. Januar 1912, Bd. XXXIII S. 225.

wert, das lokale Interesse durch Schaffung von Kinderbewahranstalten, Kinderhorten, Säuglingsheimen usw. möglichst zu wecken und gleichzeitig durch scharfe polizeiliche Überwachung der Ausnutzung von Pflegekindern vorzubeugen. Hier bietet sich bei den kleineren Gemeinden, wo die Kinderfürsorge vernachlässigt wird, ein dankbares Feld der Betätigung für die staatlichen Aufsichtsbeamten, in Preußen dem Landrat. Sobald er die Geistlichen und Lehrer für die Sache interessiert, wird er genügend Fälle von Vernachlässigung erfahren. Er kann dann die Gemeinde zur Fürsorge anhalten oder beim Amtsgericht Maßregeln aus § 1666 B.G.B. oder Fürsorgeerziehung beantragen. Ebenso wie die Kreise sich in den letzten Jahren der Krankenpflege so hervorragend angenommen haben, ist zu hoffen, daß sie sich auch diesem Zweige der Wohlfahrtspflege widmen. Der Landarmenverband, der sich vielfach über große Gebiete erstreckt, steht hier den lokalen Verhältnissen zu fern. Vor allem aber erscheint die zwangsweise Zusammenlegung von leistungsschwachen O.A.V. besonders dringend und wohltätig, um eine geregelte Kinderfürsorge zu erreichen. In einer kleinen Gemeinde kommen oft so wenig Fälle von Kinderfürsorge vor, daß es an der nötigen Erfahrung fehlt, die richtigen Maßregeln zu treffen oder gar uneheliche Väter zum Unterhalt heranzuziehen. Bei den größeren Gemeinden und den Gesamtarmenverbänden liegt die Sache anders. Hier ist oft ein Sekretär vorhanden, der die Arbeit besorgt. Gerade bei den Gesamtarmenverbänden wird die Kinderfürsorge durch sorgsame Auswahl von Pflegestellen und Anordnung von ärztlichen Besuchen oder Kuren über Erwarten gut gehandhabt.

6. Endlich käme noch in Frage, ob die Unterbringung von Siechen (unheilbar körperlich Kranken) den Landarmenverbänden übertragen werden soll. In Elsaß-Lothringen besteht eine derartige Vorschrift für solche Sieche, die mit einer abschreckenden oder ansteckenden Krankheit versehen sind (§ 19 A.G. v. 8. Nov. 1908). Für Bayern scheint man die Übertragung an die Landarmenverbände zu planen[1]. In Preußen findet sich dagegen nur die Vorschrift, daß die Landarmenverbände verpflichtet sind, in ihren Landarmenhäusern, soweit es der Raum gestattet, ortsarme Personen aufzunehmen. Die gleiche Vorschrift befindet sich z. B. auch in Württemberg (Art. 22 Ges. v. 21. April 1873). Diese Vorschrift hat sich durchaus bewährt. Die Landarmenverbände sind fast durchweg den wachsenden Bedürfnissen der Ortsarmenverbände gefolgt, haben ihre Anstalten erweitert, mit guten Lazaretten versehen, ja teilweise ganz neue modern eingerichtete Pflegehäuser gebaut, deren Insassen zum größten Teil Ortsarme sind. Als Muster nenne ich das Brandenburgsche Alters- und Pflegeheim Eilanghof bei Reppen, dessen freundliche und hygienische Einrichtungen vielen alten Leuten einen schönen Lebensabend verschaffen und gleichzeitig die kleinen Gemeinden von solchen Gebrechlichen befreien, für die sie keine Pflege be-

[1] Richtpunkte, S. 41.

schaffen können. Die Landarmenanstalten einiger Provinzen, wie Hannover, Westfalen, Rheinprovinz dienen gleichzeitig zur Unterbringung entmündigter Trinker, die hier zur Arbeit angehalten werden. Nach diesen Erfahrungen erscheint es ausreichend, den Landarmenverbänden die Verpflichtung zur Aufnahme von Siechen und sonstigen Hilfsbedürftigen nur insoweit aufzuerlegen, als es der Raum der Anstalt gestattet. Diese Beschränkung erscheint um so wünschenswerter, als andernfalls eine bedenkliche Anhäufung großer Anstalten die Folge sein würde. Viele Gemeinden haben bereits jetzt ausreichende Alters- und Pflegeheime, in denen die Armen lieber sind als in der weitentfernten großen Landarmenanstalt. Es würde unnötig und verkehrt sein, diese Entwicklung zu stören. Für die Höhe der Pflegesätze wird wiederum der Tarif maßgebend sein müssen.

7. Gewissermaßen als Ausgleich für die letztgenannte Verpflichtung haben die Landarmenverbände nach den meisten Ausführungsgesetzen die Befugnis, die ihnen gesetzlich anheimfallenden Personen demjenigen Ortsarmenverband gegen Entschädigung zu überweisen, in dessen Bezirk die Hilfsbedürftigkeit hervorgetreten ist.

(Preußen § 34 Abs. 1 A.G.; Sachsen § 2 d. Ver. v. 15. Juni 1871, Württemberg Art. 22 A.G.; Baden § 16 Abs. 3 d. Ges. v. 5. Mai 1870; Hessen Art. 5 A.G.; Mecklenburg-Schwerin § 3 Nr. 2 A.Verf.; Oldenburg Art. 78 § 1 der GemeindeO. v. 15. April 1873; Braunschweig § 6 A.G. u. a. mehr.)

Diese Bestimmung wird auch in das Reichsgesetz aufzunehmen, aber dahin zu erweitern sein, daß das Überweisungsrecht nicht nur gegenüber dem Ortsarmenverband des eigenen Bezirks gilt, sondern auch gegenüber jedem anderen Armenverband, in dessen Bezirk die Hilfsbedürftigkeit hervorgetreten ist. Aus der früheren Beschränkung der Vorschrift haben sich mancherlei Unzuträglichkeiten ergeben. Denn der Landarmenverband war verpflichtet, vielfach Personen aus fremden Bezirken in eigene Pflege zu nehmen, obwohl ihm durchaus die Organe für eine örtliche Armenpflege fehlen und er vielfach auf ein Entgegenkommen oder die Hilfe des einen oder anderen O.A.V. angewiesen war. Die Befugnis wäre natürlich auszuschließen für solche Zweige der Armenpflege, die den Landarmenverbänden unmittelbar übertragen sind.

Die vorstehenden Darlegungen des zweiten Abschnittes führen zu folgenden weiteren Richtlinien für ein Reichsarmengesetz:

Den Landarmenverbänden wird die Fürsorge für Geisteskranke, Blöde, Epileptische, Taubstumme und Blinde zu übertragen sein, soweit diese der Pflege oder der Ausbildung in einer Anstalt bedürfen. Ebenso sind die Landarmenverbände zur Fürsorge für bildungsfähige Krüppel und für Wanderarme zu verpflichten. Sieche oder sonst anstaltspflegebedürftige Personen sind von den Landarmenverbänden zu übernehmen, soweit der Raum in ihren Anstalten es gestattet.

Die Pflegesätze werden nach Maßgabe eines Tarifs vom Ortsarmenverband ersetzt.

Den Landesgesetzen bleibt es vorbehalten, die Fürsorge für die genannten Personen auf größere Verbände zu übertragen, sowie andere Verbände an den Kosten zu beteiligen.

Die Landarmenverbände erhalten die Befugnis, die ihnen gesetzlich anheimfallenden, aber nicht anstaltspflegebedürftigen Personen demjenigen O.A.V. des Deutschen Reichs zur Pflege zu überweisen, in dessen Bezirk die Hilfsbedürftigkeit hervortrat.

Auf dem Wege der Landesgesetzgebung würde sich das erstrebte Ziel nur sehr unvollkommen erreichen lassen. Denn trotz gleichen Bestrebungen hat jeder Bundesstaat seinen eigenen Weg eingeschlagen, der von dem der anderen Staaten vielfach erheblich abweicht. Die Folge ist eine unerwünschte Ungleichheit gewesen, sowohl in der Behandlung der Nicht-Vollsinnigen, wie in der Pflege und den Pflegesätzen. Gewisse Zweige der Anstaltspflege werden in dem einen Bundesstaat als Armensache behandelt, in dem anderen auf Grund besonderer Gesetze ausgeübt. Das führt schließlich zu bedenklichen Schwierigkeiten, sobald die Armenverbände verschiedener Bundesstaaten miteinander in Berührung kommen und schädigt die Pflege der davon Betroffenen. Zudem liegt eine gleichartige, sachgemäße und schnelle Fürsorge für die genannten Gebrechlichen nicht nur in dem Interesse des Bundesstaates, in dem der Betreffende sich zufällig aufhält, sondern im Interesse der Allgemeinheit. Denn der Wechsel der Bevölkerung vollzieht sich heutzutage durch das ganze Reich.

So wird ein einheitliches Reichsgesetz, das gleichzeitig den Landesgesetzen den erforderlichen Spielraum läßt, nicht nur die Beziehungen der Armenverbände zueinander vereinfachen, und eine Menge unnötig verschiedener Vorschriften beseitigen, sondern gleichzeitig zu einer allgemeinen rechtzeitigen Anstaltspflege der Bedürftigen und damit zur wahrhaften Sparsamkeit führen.

III.

Schlußbetrachtung.

Wenn die Aufgaben der Armenpflege in der geschilderten Weise auf die Orts- und Landarmenverbände verteilt werden, so erhebt sich die Frage, ob nicht überhaupt die vom Unterstützungswohnsitzgesetz vorgeschriebene Lastenverteilung veraltet ist und vollständig durch die geschilderte Art ersetzt werden muß. Bereits im Jahre 1886 wurde diese

Frage in dem Hauptreferat des Landesdirektors Grafen v. Wintzingerode und des Oberamtmann Huzel angeschnitten. Auf Grund der Einzelreferate, die sich über diesen Punkt ausgelassen hatten, kamen die Referenten zu einem sehr abfälligen Urteil über das Landarmenwesen überhaupt. Um aber das Thema der Reform der ländlichen Armenpflege nicht zu überlasten, sah man davon ab, Thesen aufzustellen. Man beschränkte sich auf die Hoffnung, daß nach Durchführung der Reformen (Bildung von Gesamtarmenverbänden, Übertragung bestimmter Zweige der Armenpflege auf die L.A.V.) die Beseitigung des Landarmentums erleichtert werde[1]. Seitdem ist die Frage öfters behandelt worden, insbesondere eingehend von Münsterberg[2] und in den Verhandlungen des Kongresses von 1890[3]. Damals wurden auch viele Stimmen laut, die sich für die Beseitigung des Landarmenwesens in der offenen Armenpflege aussprachen. Die Mehrheit schloß sich aber dem nicht an. Man glaubte mit den Forderungen des Kongresses von 1886 auszukommen[4]. Inzwischen hat aber die Entwicklung des Unterstützungswohnsitzgesetzes einen anderen Gang genommen und sich immer mehr dem Gedanken genähert, die Aufenthaltsgemeinde für endgültig verpflichtet zu erklären. Das Alter, bis zu dem der Abstammungsunterstützungswohnsitz Geltung hat, ist vom 24. Jahr auf das 18. und dann auf das 16. herabgesetzt. Die Verpflichtung der Arbeitsgemeinde, für die Kosten der Erkrankung aufzukommen, hat eine wesentliche Erweiterung erfahren. Endlich ist die Frist zum Erwerb und Verlust des Unterstützungswohnsitzes auf ein Jahr herabgesetzt. Auch im Reichstage ist bei den Verhandlungen über die Abänderung des Gesetzes über den Unterstützungswohnsitz im Jahre 1908 von sachverständiger Seite die endgültige Verpflichtung der Wohnsitzgemeinde zur Tragung der Lasten der offenen Armenpflege als Zukunftsziel bezeichnet[5]. In der Tat, wer das umständliche und teure Erstattungsverfahren zwischen Landarmenverband und Ortsarmenverband durchgemacht hat, wer die Klagen der Landarmenverbände über die gewaltige Steigerung ihrer Lasten durch die Landarmen kennt, wird dieser Auffassung nur beitreten können. Unsummen an Arbeit und Mühe könnten hüben und drüben gespart werden. Es ist allemal verkehrt, wenn ein Verband Geld ausgeben kann auf Kosten eines anderen Verbandes, ohne an der Sparsamkeit ein Interesse zu haben. Hier sündigen kleine und große Gemeinden, sei es, daß sie durch zu frühe Unterstützungen den Erwerb des Unter-

[1] v. Reitzenstein, Bd. 1, S. 163—172.

[2] Schriften d. D. V. f. A. u. W. 1890, Heft 10, insbes. S. 246, wo gefordert wird, daß zum mindesten die vorübergehenden Unterstützungen der Aufenthaltsgemeinde verbleiben.

[3] Heft 13 der Schriften d. D. V. f. A. u. W., S. 54 ff.

[4] Die endgültige Unterstützung für die ersten 13 Wochen durch den Ortsarmenverband des Aufenthaltsortes verlangt Mehrlein 1902 (Heft 75 der Schriften S. 32).

[5] Abg. Cuno Aktenst. 1908, S. 4879 ff.

stützungswohnsitzes verhindern, oder nicht darauf Bedacht nehmen, die Unterstützung rechtzeitig einzustellen, oder endlich die private Wohltätigkeit von dem Landarmen abzulenken suchen. Die Provinz Hannover hat reichliche Erfahrungen zur Seite. Sie werden am besten durch die Tatsache gekennzeichnet, daß es durch Anstellung eines eigenen stets unterwegs befindlichen Landarmenkontrolleurs gelungen ist, die Kosten für die offene Landarmenpflege um über ein Drittel, um 100 000 Mk. jährlich zu ermäßigen. Wenn daher durch ein Reichsarmengesetz den Landarmenverbänden fast die gesamte geschlossene Armenpflege einschließlich der Sorge für die Wanderarmen auferlegt werden soll, so wäre es gerecht und billig, gleichzeitig mit dem veralteten, bureaukratischen Landarmentum aufzuräumen.

Gleichwohl will ich bei dieser Gelegenheit davon absehen, die bestimmte Forderung auf Abschaffung zu stellen. Es würde das weniger Aufgabe des Reichsarmengesetzes sein, sondern eine wichtige Änderung des Unterstützungswohnsitzgesetzes selber darstellen. Nachdem erst vor kurzem Elsaß-Lothringen das Gesetz eingeführt hat und in Bayern die Einführung bevorsteht, erscheint es nicht ratsam, sogleich eine so einschneidende Änderung des Unterstützungswohnsitzgesetzes vorzunehmen. Es wird genügen, hier dem Wunsche Ausdruck zu geben und die Änderung für die Zukunft im Auge zu behalten.

Bei allen Organisationsfragen des Armenrechts aber dürfen wir auf eine glückliche Lösung nur hoffen, wenn einerseits die auf örtlichen Eigentümlichkeiten ruhenden Sonderwünsche gegenüber dem großen Ziel der Einheit zurückgestellt werden und wenn anderseits die armenrechtlichen Maßnahmen unterstützt werden durch wirtschaftspolitische Bestrebungen, die den einzelnen Landesteilen angepaßt sind. Das gilt ganz besonders für die hier behandelte Frage der Beseitigung leistungsunfähiger Ortsarmenverbände, eine Frage, die namentlich im Osten Preußens brennend ist. Wer einmal beobachtet, wie gering die Armenlasten in ländlichen Gegenden mit einer glücklichen Besitzverteilung sind [1], wer den außerordentlichen Aufschwung betrachtet hat, den in Posen die von der Ansiedlungskommission besetzten Gegenden genommen haben, wo sich allein die Einkommensteuer um 80 Proz. vermehrt hat, der kann darüber nicht im Zweifel sein, welche wirtschaftlichen Maßnahmen not tun. Die Ansiedlung von Bauern und Arbeitern, verbunden mit verständiger ländlicher Heimatpflege und Wohlfahrtspflege wird die armenrechtlichen Zustände auf eine dauernd gute und gesunde Grundlage stellen [2].

---

[1] In der Provinz Hannover z. B. haben etwa 2/5 der ländlichen Gemeinden fast gar keine Armenlast. Die durchschnittliche Belastung sämtlicher Gemeinden beträgt nur 6 Proz. der staatlich veranlagten Steuern.

[2] Zu vgl. Kapp, Heft 91 der Schriften, S. 34 ff. und Drechsler, ebenda S. 61.

Vierter Abschnitt.

Der polizeiliche Arbeitszwang.

Berichterstatter: Stadtrechtsrat Dr. **Sperling**, Mannheim.

Die Frage des polizeilichen Arbeitszwangs wurde zuletzt auf dem Armenpflege-Kongreß in München im Jahre 1909 auf Grund der Referate von Lohse-Hamburg und Samter-Charlottenburg[1] außerordentlich eingehend erörtert, nachdem sie schon bei einer Reihe früherer Tagungen des Deutschen Vereins für Armenpflege und Wohltätigkeit den Gegenstand der Verhandlungen gebildet und zur Aufstellung von Leitsätzen geführt hatte[2]. Während Lohse die Einführung des polizeilichen Arbeitszwangs gegenüber Arbeitsscheuen und säumigen Nährpflichtigen dringend empfahl, verwarf ihn Samter aus rechtlichen und sittlichen Gründen, und weil er sich von dieser Maßregel einen wesentlichen Erfolg nicht versprach. Eine einmütige Stellungnahme des Kongresses konnte nicht erreicht werden; die überwiegende Mehrheit stellte sich jedoch auf den Standpunkt Lohses und nahm eine Resolution an, die in ihrem ersten Teil folgendes besagt:

„Der Deutsche Verein erachtet die Überweisung in eine geschlossene Anstalt mit Arbeitszwang im Wege eines gegen Mißbrauch zu schützenden Verwaltungsverfahrens als das geeignete Zwangsmittel gegen Arbeitsscheue und Versäumnis der Nährpflicht von Eltern gegenüber ihren Kindern unter 16 Jahren und von Ehemännern gegenüber ihren Ehefrauen und empfiehlt deshalb dringend, daß reichsgesetzlich, jedenfalls aber durch Landesgesetze der armenpolizeiliche Arbeitszwang in allen Bundesstaaten, in denen er noch nicht besteht, zur Einführung gelange."

Es kann nun nicht der Zweck dieses Referats sein, noch einmal in extenso alle die Gründe, die für und gegen die Einführung des polizeilichen Arbeitszwangs sprechen, darzulegen; wenn irgendein Thema, das jemals den Gegenstand der Verhandlungen des Deutschen Vereins bildete, nach allen Richtungen erschöpfend erörtert wurde, so ist es das vorliegende, so daß es auch kaum möglich wäre, nach so kurzer

---

[1] Heft 88, Seite 1—80 und Heft 90, Seite 8—61 der Vereinsschriften.

[2] Vgl. die Angaben bei Lohse Heft 88, Seite 3—7 der Vereinsschriften.

Zeit neue Gesichtspunkte zur Diskussion zu stellen und neue Anregungen zu geben. Aufgabe dieses Referats soll lediglich sein, zu untersuchen, ob es erforderlich erscheint, in ein künftiges Reichsarmengesetz in irgendeiner Weise die Materie des polizeilichen Arbeitszwangs aufzunehmen, und hierfür allgemeine Richtlinien aufzustellen.

Was die Stellungnahme der Reichsarmengesetzkommission zu der für das vorliegende Referat durch die obenerwähnte Münchener Resolution unseres Vereins entschiedenen Streitfrage selbst anbelangt, so soll von vornherein betont werden, daß dieselbe auch jetzt noch von der Notwendigkeit der Einführung eines mit den erforderlichen Rechtsgarantien versehenen Verwaltungszwangsverfahrens gegenüber Arbeitsscheuen und säumigen Nährpflichtigen überzeugt ist, wenn sie auch nicht verkennt, daß die rechtlichen Bedenken, die von den Gegnern dieser Maßnahme im Hinblick auf das Reichsstrafgesetzbuch gegen eine landesgesetzliche Regelung ins Feld geführt werden, nicht völlig von der Hand zu weisen sind. Aber gerade diese Bedenken sollen ja, wie unter Ziffer I gezeigt werden wird, durch die vorgeschlagene reichsgesetzliche Regelung beseitigt werden.

Vor dem September 1909 bestand der polizeiliche Arbeitszwang auf Grund landesgesetzlicher Bestimmungen im Königreich Sachsen, in Württemberg, Mecklenburg-Schwerin, Oldenburg, Anhalt und Hamburg; seither ist er in vier weiteren Bundesstaaten, nämlich durch Gesetz vom 8. November 1909 in Elsaß-Lothringen, vom 21. Januar 1911 in Bremen, vom 9. Dezember 1911 in Lübeck und vom 23. Juli 1912 in Preußen eingeführt worden; in Baden ist ein solches Gesetz in der Vorbereitung begriffen[1].

Wenn somit auch der in dem obenangeführten Leitsatz des Deutschen Vereins zum Ausdruck gebrachte Gedanke bei den Regierungen und Parlamenten mehrerer Bundesstaaten in der kurzen Zwischenzeit erfreulicherweise in weitgehendstem Maße Anerkennung gefunden hat, und wenn auch anzunehmen ist, daß in der Folgezeit noch weitere Bundesstaaten dazu übergehen werden, ihre Armenverwaltungen mit der im Kampfe gegen Arbeitsscheue und säumige Nährpflichtige unentbehrlichen Waffe des Arbeitszwangs auszurüsten, so ist damit eine reichsgesetzliche Regelung dieser Frage doch nicht überflüssig geworden.

I. Gründe für die Regelung des polizeilichen Arbeitszwangs auf reichsgesetzlichem Wege.

1. Von den Gegnern des Arbeitszwangs wird als Hauptargument immer wieder geltend gemacht, daß dessen Einführung im Wege der

[1] Die in Betracht kommenden gesetzlichen Bestimmungen für Elsaß-Lothringen, Bremen, Lübeck und Preußen sind im Anhang des Referats wiedergegeben; die Vorschriften der übrigen Landesgesetze sind bei Lohse, Heft 88, Seite 44—58 der Vereinsschriften abgedruckt.

Landesgesetzgebung im Hinblick auf die reichsgesetzliche Regelung der Materie im Reichsstrafgesetzbuch nicht zulässig erscheine. Man sagt, daß derjenige, der unfreiwillig in einer Arbeitsanstalt untergebracht werde, das, was mit einer solchen Maßnahme von ihm erzwungen werden soll, in der Regel nicht eher leisten könne, als bis die gedachte Maßregel wieder aufgehoben worden sei. In der Praxis stelle sich die Sache unvermeidlicherweise so, daß die Exekutionsmaßregel so lange zur Anwendung gebracht werde, bis der Betreffende durch sein Verhalten die Hoffnung einer stattgehabten Besserung gewähre. Der polizeiliche Arbeitszwang nehme dadurch wesentlich den Charakter der reichsgesetzlich, nämlich in § 362 des Reichsstrafgesetzbuches ausschließlich geregelten Korrektionsnachhaft an. Weiter wird geltend gemacht, einem landesgesetzlichen Arbeitszwang, der eben durch zwangsweise Unterbringung einer Person die schuldige Leistung erzwingen will, stehe das Reichsgesetz vom 29. Mai 1868 über die Aufhebung der Schuldhaft entgegen.

Während die Widerlegung des letzteren Einwands als geglückt betrachtet werden kann, muß es meines Erachtens als fraglich bezeichnet werden, ob die von juristischer Seite neuerdings wieder anläßlich der Verhandlungen über das preußische Arbeitszwangsgesetz im preußischen Abgeordnetenhaus und Herrenhaus mit großem Nachdruck erhobenen Bedenken der Kollision des landesgesetzlichen Arbeitszwangs mit dem Reichsstrafgesetzbuch als völlig unbegründet von der Hand gewiesen werden können[1]. Aber gleichviel, welche Stellung man hierzu einnimmt: Durch eine reichsgesetzliche Regelung des polizeilichen Arbeitszwangs würde zweifellos das Hauptbedenken, das bisher gegen dessen Einführung erhoben wurde, aus dem Wege geräumt werden, und es würde damit der großen Zahl derjenigen, die von der praktischen Notwendigkeit des Verwaltungszwangsverfahrens zwar überzeugt sind, aus rechtlichen Gründen sich mit dessen Einführung jedoch nicht befreunden zu können glauben, die Möglichkeit eröffnet werden, nunmehr mit voller Überzeugung für dasselbe einzutreten[2].

2. Wenn man die neueren Landesgesetze über die Einführung des Arbeitszwangs durchgeht, so muß es auffallen, daß in keinem dieser Gesetze im Gesetzestext der Grundgedanke zum

---

[1] Vgl. insbesondere die Ausführungen von Kirschner und Bender in der Sitzung des preußischen Herrenhauses vom 7. März 1912 sowie von Boisly und von v. Liszt in der Sitzung des preußischen Abgeordnetenhauses vom 21. Mai 1912.

[2] Die Anregung einer reichsgesetzlichen Regelung ist anläßlich der Verhandlungen über das preußische Gesetz vom 23. Juli 1912 wiederholt gegeben worden. Vgl. z. B. Bender in der Sitzung des Herrenhauses vom 7. März 1912: „Wenn hier, wie ich vollständig anerkenne, ein neues Zwangsgesetz wünschenswert ist, dann muß dies auf dem Boden gegeben werden, der rechtsbeständig ist, d. h. auf dem Boden der Reichsgesetzgebung."

Ausdruck gebracht ist, der für deren Erlassung bestimmend war, daß nämlich das Verwaltungszwangsverfahren denjenigen gegenüber zur Anwendung kommen soll, die schuldhafterweise der Arbeit aus dem Wege gehen, oder die schuldhafterweise es unterlassen, ihrer Alimentationspflicht gegenüber ihren Angehörigen nachzukommen. Der Grund dafür ist der: Die Landesgesetze müssen zur Vermeidung der obenerwähnten Kollision mit dem Reichsstrafrecht eine allgemeine Fassung wählen und dürfen die Schuldfrage nicht einmal streifen![1] Außerordentlich interessant ist in dieser Beziehung die Entstehungsgeschichte des preußischen Arbeitszwangsgesetzes. In der Regierungsvorlage hatte der Entwurf zwar die Überschrift „Gesetzentwurf über die Ausübung der Armenpflege bei Arbeitsscheuen und säumigen Nährpflichtigen", in dem Gesetzestext war jedoch mit keinem Wort die Rede davon, daß das Gesetz gerade die in der Überschrift genannten Personen treffen solle. Der Berichterstatter der Kommunalkommission des Herrenhauses hatte vorgeschlagen, dem Entwurf diejenige Überschrift zu geben, unter der er auch später Gesetzeskraft erlangt hat, nämlich: „Gesetz über die Abänderung und Ergänzung der Ausführungsgesetze zum Reichsgesetz über den Unterstützungswohnsitz", im Gesetzestext selbst aber eine Festlegung der Fälle vorzusehen, in denen der Arbeitszwang, insbesondere mangels eines schuldhaften Verhaltens des Betreffenden, ausgeschlossen sein sollte. Demgegenüber betonte der Vertreter des Justizministers, „daß bei der Wahl dieser Fassung die Gefahr, daß die Gerichte eine Kollision mit dem Reichsstrafgesetzbuche annehmen würden, nicht völlig ausgeschlossen sei; um diese Gefahr zu verringern, sei man bei der Aufstellung des Entwurfs darauf bedacht gewesen, aus dem Tatbestande der von dem Gesetze betroffenen Fälle das Moment des schuldhaften Verhaltens auszuschalten; durch die Ausschaltung dieses Moments habe der Ansicht, daß es sich um eine Art Strafe handle, jeder Boden entzogen und klargestellt werden sollen, daß es sich darum handle, eine öffentlich-rechtliche Verpflichtung unmittelbar zur Vollstreckung zu bringen; es sei deshalb die vom Berichterstatter vorgeschlagene Fassung des § 1a nicht unbedenklich, da sie das Moment der Fahrlässigkeit oder des Vorsatzes enthalte." Mit Rücksicht auf diese rechtlichen Bedenken ist denn auch vermieden worden, in dem endgültigen Gesetz es klar auszusprechen, daß der Arbeitszwang lediglich gegenüber Arbeitsscheuen und säumigen Nährpflichtigen zur Anwendung kommen soll, man hat sich vielmehr ängstlich gehütet, eine dementsprechende positive Fassung zu wählen und sich darauf beschränkt, eine Reihe Ausnahmen von dem Regelfall aufzustellen, in denen die Unterbringung nicht zulässig sein soll, und so auf indirektem Wege das Moment des Verschuldens, wenn auch möglichst verklausuliert, wieder in das Gesetz hineinzubringen.

Bei einer Regelung der Materie auf reichsgesetzlichem Wege

[1] Vgl. Lohse a. a. O. Seite 38.

wäre man in der Lage, ohne weiteres in positiver Form auszusprechen, unter welchen Voraussetzungen und gegenüber welchen Personen der Arbeitszwang zulässig ist; es würde bei einer derartigen Fassung manches Vorurteil beseitigt werden können, das zurzeit noch, vielleicht nicht mit Unrecht, einem Gesetze gegenüber besteht, dessen Grundgedanke — möglicherweise aus übertriebener Ängstlichkeit — nicht im Gesetzestext, sondern lediglich in den Motiven ohne Verschleierung zum Ausdruck kommt.

3. Der Machtbereich jedes Landesgesetzes findet seine Schranken an der Grenze des betreffenden Bundesstaates. Begibt sich der Alimentationspflichtige, gegen den das Verwaltungszwangsverfahren eingeleitet worden ist, aus einem Bundesstaat, in welchem dieses Verfahren landesgesetzlich vorgesehen ist, unter Zurücklassung seiner alimentationsberechtigten Familienangehörigen in einen anderen Bundesstaat, der dieses Verfahren nicht kennt, so sind zwei Möglichkeiten zu unterscheiden: Wird der Alimentationspflichtige bei Anwendung des Begriffs der armenrechtlichen Familieneinheit nach armenrechtlichen Grundsätzen als Familienhaupt der seinen Unterstützungswohnsitz teilenden Angehörigen am Sitze des endgültig fürsorgepflichtigen Armenverbands dauernd unterstützt, so kann der letztere gemäß § 32 U.W.G. dessen Übernahme verlangen, auch wenn das Familienhaupt an seinem Aufenthaltsort für seine Person keine Unterstützung in Anspruch nimmt. (Bundesamt 24[163], 31[117].) Anders liegt die Sache, wenn der Grundsatz der armenrechtlichen Familieneinheit auf den Alimentationspflichtigen nicht zur Anwendung kommen kann, z. B. dann, wenn die Ehefrau im Falle des § 17 U.W.G. als selbständig gilt und die Kinder ihr gefolgt sind, oder wenn bei der Scheidung der Ehe nicht dem für schuldig erklärten Ehemann, sondern der Ehefrau das Erziehungsrecht der Kinder zusteht[1]. In diesen Fällen, in denen sich die Einleitung des Zwangsverfahrens häufig rechtfertigen lassen wird, ist zurzeit weder gegen den auswärts wohnhaften, noch gegen den erst infolge der Einleitung des Zwangsverfahrens nach auswärts gezogenen Alimentationspflichtigen die Vollstreckung des Zwangserkenntnisses möglich, da eine Pflicht zur Auslieferung im Wege der Rechtshilfe zwischen den einzelnen Bundesstaaten in dieser Hinsicht nicht besteht. Lohse[2], der diesen Mangel ausdrücklich hervorhebt, hofft, daß sich nach weiterer Ausdehnung des Arbeitszwangs im Wege des Staatsvertrags Abkommen zwischen den einzelnen Bundesstaaten über gegenseitige Rechtshilfe durch Auslieferung treffen lassen werden. Dieser Weg erscheint zu umständlich und weitläufig; selbst wenn er von einzelnen Staaten beschritten würde, so ist es doch fraglich, ob die Notwendigkeit derartiger Abkommen von allen Bundesregierungen anerkannt und so eine einheitliche Regelung für das gesamte Reichsgebiet

---

[1] Vgl. die nähere Besprechung hierüber im dritten Abschnitt.

[2] a. a. O. Seite 42.

erreicht werden würde. Dagegen könnte bei einer reichsgesetzlichen Regelung der Materie ohne schwerwiegende Bedenken in einem künftigen Reichsarmengesetz eine Rechtshilfepflicht zwischen den dem Geltungsbereich des Unterstützungswohnsitzgesetzes angehörigen Bundesstaaten festgelegt werden, etwa in der Weise, daß auf Antrag eines nach Landesgesetz zur Vollstreckung des auf Arbeitszwang lautenden Erkenntnisses zuständigen Armenverbands beim Vorliegen einer vollstreckbaren Entscheidung die Auslieferung eines säumigen Nährpflichtigen mittels polizeilichen Zwangs aus jedem Bundesstaat auf Kosten des ersuchenden Armenverbands zu bewirken wäre. Schon mit Rücksicht auf die durch den Transport entstehenden Kosten würde wohl von dieser Befugnis seitens der Armenverbände nur in besonders schwer gelagerten Fällen Gebrauch gemacht werden.

II. Der Umfang der reichsgesetzlichen Regelung und der gesetzgeberische Grundgedanke.

Es erscheint nicht zweckmäßig, eine Regelung der Materie in einem künftigen Reichsarmengesetz in der Weise eintreten zu lassen, daß auf Grund dieses Reichsgesetzes nunmehr ohne weiteres der polizeiliche Arbeitszwang im ganzen Reichsgebiet in einer bestimmten Form und nach einer bestimmten Ordnung des Verfahrens in Kraft treten soll. Denn einerseits ist das Bedürfnis nach dessen Einführung nicht in allen Bundesstaaten das gleiche. Es ist sehr wohl möglich, daß einzelne kleinere Bundesstaaten mit vorwiegend ländlicher Bevölkerung und ohne große Industriezentren vorläufig ohne ein polizeiliches Exekutionsverfahren notdürftig auskommen werden, während in anderen eine geordnete Armenpflege ohne ein derartiges Verfahren auf die Dauer nicht denkbar scheint. Reichsgesetzlich wäre deshalb lediglich eine unanfechtbare Grundlage für die landesgesetzliche Einführung des Arbeitszwangs zu geben, während es den einzelnen Bundesstaaten überlassen bleiben könnte, ob und wann sie hiervon tatsächlich Gebrauch machen wollen.

Andererseits kann es nicht Aufgabe eines Reichsarmengesetzes sein, alle Einzelheiten des Verfahrens bindend festzulegen. Dazu ist die Verwaltungsorganisation, die Behördengliederung und der Instanzenzug in den Einzelstaaten zu vielgestaltig. In der Begründung zum zweiten Entwurf des die Einfügung des § 361 [10] in das Reichsstrafgesetzbuch bezweckenden Reichsgesetzes vom 12. März 1894 wurde gegen eine reichsgesetzliche Einführung des Arbeitszwangs eingewendet, „daß es bei der Verschiedenheit des Landesverwaltungsrechts ungemein schwierig sein würde, von Reichs wegen eine einheitliche Handhabung des Verfahrens zu sichern und die erforderlichen Bürgschaften gegen Willkür zu gewähren". Hieran ist jedenfalls so viel richtig, daß einer gleichmäßigen Regelung der Einzelheiten, insbesondere des Verfahrens durch ein Reichsgesetz außerordentliche Schwierigkeiten entgegenstehen würden. Diese Schwierigkeiten können aber vermieden werden, wenn das Reichsgesetz den Grundgedanken klar zum Ausdruck bringt, von dem die Landesgesetze bei einer Regelung der Frage auszugehen haben, den Kreis der Personen, gegen die der Arbeitszwang statthaft ist, und dessen Voraussetzung bestimmt und die nötigen Garantien vorschreibt, damit eine mißbräuchliche Anwendung des Arbeitszwangs ausgeschlossen bleibt. Da an eine Abänderung der erst in den letzten Jahren erlassenen Landesgesetze, vor allem des am 1. Oktober 1912 in Kraft getretenen preußischen Gesetzes zunächst nicht zu denken sein wird, empfiehlt es sich, bei der Fassung des Reichsgesetzes auf die in der Hauptsache ja miteinander übereinstimmenden grundlegenden Bestimmungen dieser Gesetze Rücksicht zu nehmen. Über die Fälle der Zulässigkeit des Arbeitszwangs und die Rechtsgarantien wird im dritten und vierten Abschnitt Näheres ausgeführt werden; hier soll noch kurz auf die legislatorischen Grundgedanken eingegangen werden, die insbesondere für das in dem Lohseschen Referat noch nicht behandelte preußische Gesetz maßgebend waren.

Der polizeiliche Arbeitszwang ist eine armenrechtliche Maßnahme zum Schutze der Armenverbände gegen mißbräuchliche Inanspruchnahme öffentlicher Mittel seitens bestimmter Personen. Von diesem Gedanken ist schon das württembergische Gesetz vom 2. Juli 1889 ausgegangen. In der Begründung zu diesem Gesetz heißt es: „Die Verpflichtung zur Arbeitsleistung erscheint lediglich als Korrelat des Genusses öffentlicher Unterstützung, als eine im Polizeirecht begründete Folge des Eintritts der öffentlichen Fürsorge für eine Person oder deren Angehörige. Hieran ändert auch der Umstand nichts, daß die Verpflichtung zur Arbeit nicht in allen Fällen, sondern nur auf jedesmaliges Erkenntnis der Armenbehörde eintritt. Denn dieses Erkenntnis hat nicht eine bestimmte Straftat zur Voraussetzung und die Verhängung eines Übels behufs deren Ahndung zum Zweck, sondern soll nur konstatieren, daß nach den Verhältnissen des besonderen Falles zur Realisierung der an sich begründeten Arbeitsverpflichtung Grund gegeben sei. Die Erwägungen, welche für die Entscheidungen hierfür bestimmend sein müssen, liegen durchaus auf dem Gebiete der Armenpolizei, sofern es sich eben darum handelt, ungerechtfertigter Belastung des Armenverbands wirksam entgegenzutreten." Ebenso sieht die Begründung des hamburgischen Gesetzes vom 11. September 1907 den Arbeitszwang als eine auf armenrechtlichem Gebiet liegende Maßregel an; scharf wird hier der Gedanke hervorgehoben, daß den Armenverbänden die Aufgabe der Beseitigung der Hilfsbedürftigkeit nicht nur im Interesse des Hilfsbedürftigen selbst, sondern zugleich im Interesse der öffentlichen Ordnung obliege. Die Begründung des preußischen Gesetzes vom 23. Juli 1912 geht formell von der in § 8 des Unterstützungswohnsitzgesetzes enthaltenen Ermächtigung, über die Art der Armenunterstützung Bestimmung zu treffen, aus, sie konstruiert aber ein weiteres Fundament zur rechtsphilosophischen Rechtfertigung des Arbeitszwangs[1]: Der Arbeitszwang erscheint ihr als ein auf armenrechtlichem Gebiet liegendes Zwangsmittel zur Herbeiführung der Erfüllung der dem Unterstützten gegen den Armenverband obliegenden Arbeitspflicht. Es wird dargelegt, daß die dem Familienhaupt gesetzlich auferlegte Pflicht zur Unterhaltung seiner Angehörigen nicht nur eine privatrechtliche Grundlage habe, sondern als Korrelat der obligatorischen Armenpflege zugleich eine der Allgemeinheit gegenüber bestehende öffentlich-rechtliche Verpflichtung darstelle, auf deren Erfüllung im Wege des unmittelbaren Zwangs hingewirkt werden müsse.

Im Laufe der Verhandlungen wurde wiederholt als allgemeinrechtliche Grundlage des Gesetzes der Gedanke von dem öffentlich-rechtlichen Inhalt der Unterhaltspflicht mit aller Schärfe hervorgehoben. In der Kommunalkommission des Herrenhauses z. B. wurde seitens der Regierung ausgeführt, daß es rechtlich zulässig sei, alle Alimentationspflichtigen, die infolge Nichterfüllung ihrer Pflicht das Eintreten der Armenpflege bei ihren alimentationsberechtigten Angehörigen notwendig machen, dem Arbeitszwang zu unterwerfen, und auch der Berichterstatter des Herrenhauses schloß sich in der Sitzung vom 7. März 1912 der Auffassung an, daß neben der privatrechtlichen Verpflichtung zum Unterhalt der Familienangehörigen die öffentlich-rechtliche Pflicht des den Unterhalt Versäumenden einhergehe, dafür zu sorgen, daß der Allgemeinheit nicht ungerechtfertigte Lasten erwachsen.

Da das Verhältnis des Unterstützten zum unterstützenden Gemeinwesen in jeder Beziehung ein öffentlich-rechtliches ist, so erscheint es durchaus berechtigt, bei der Regelung des polizeilichen Arbeitszwangs in einem Reichsgesetz von dem auch in den Motiven des hamburgischen Gesetzes vom 11. Juli 1907 hervorgehobenen und auf begründeten sozialen Erwägungen beruhenden Gedanken auszugehen, daß der öffentlich-rechtlichen Unterstützungspflicht des Gemeinwesens die öffentlich-rechtliche Arbeitspflicht des einzelnen sowie dessen öffentlich-rechtliche Verpflichtung zur ausreichenden Alimentierung seiner Angehörigen gegenübersteht, auf deren Erfüllung unter Umständen mit den Mitteln des polizeilichen Arbeitszwangs hingewirkt werden kann.

---

[1] Vgl. Schlosser, Kommentar zum preußischen Gesetz vom 23. Juli 1912, Seite 2, 48 und 49.

III. Die Personen, gegen welche der polizeiliche Arbeitszwang zugelassen werden soll.

Der diesem Bericht als Ausgangspunkt dienende Leitsatz des Deutschen Vereins für Armenpflege und Wohltätigkeit vom Jahre 1909 empfiehlt den Arbeitszwang gegen Arbeitsscheue und Versäumnis der Nährpflicht von Eltern gegen ihre Kinder unter 16 Jahren und von Ehemännern gegenüber ihren Ehefrauen[1]. Daß der Arbeitszwang gegenüber Arbeitsscheuen, d. h. Personen, die durch Müßiggang und Trunksucht sich selbst in einen Zustand von Hilfsbedürftigkeit gebracht haben, uneingeschränkt zulässig sein muß, bedarf keiner näheren Ausführung. Was die säumigen Nährpflichtigen, d. h. die Personen, welche diejenigen, zu deren Ernährung sie verpflichtet sind, der öffentlichen Armenpflege anheimfallen lassen, anbelangt, so ist neuerdings anläßlich der Verhandlungen über das preußische Gesetz vom 23. Juli 1912 wiederholt angeregt worden, hier die Grenze erheblich weiter zu ziehen, als es in jenem Leitsatz zum Ausdruck kommt, insbesondere hat man betont, daß es durchaus angebracht sei, die Möglichkeit von Zwangsmaßregeln auch gegen Kinder, die ihre Unterhaltspflicht gegenüber ihren Eltern vernachlässigen und gegen außereheliche Väter vorzusehen. Dementsprechend hatte auch das preußische Herrenhaus bei der ersten Beratung über den Gesetzentwurf am 7. März 1912 eine Zusatzbestimmung beschlossen, die lauten sollte: „Diese Vorschriften (nämlich über die zwangsweise Unterbringung) finden auch bei Kindern, deren Vater oder Mutter aus öffentlichen Armenmitteln unterstützt werden, sinngemäße Anwendung"; und bei der Beratung des Gesetzentwurfes in der Sitzung des preußischen Abgeordnetenhauses vom 21. Mai 1912 war eine Zusatzbestimmung angenommen worden, folgenden Wortlautes: „Diese Vorschriften finden ferner auf den Vater eines unehelichen Kindes, solange er keine Familie begründet hat, sinngemäße Anwendung, wenn er seine Vaterschaft nach § 1718 B.G.B. anerkannt hat, oder seine Unterhaltungspflicht in einem vollstreckbaren Titel festgestellt ist[2]." Der hauptsächlichste Grund, weshalb man von der Aufnahme beider Bestimmungen in das endgültige Gesetz schließlich doch Abstand genommen hat, war, abgesehen von gewissen materiellen Bedenken, der, daß man sich mit dem im Unterstützungswohnsitzgesetz aufgestellten Grundsatz von der armenrechtlichen Familieneinheit nicht allzusehr in Widerspruch setzen wollte, — den man übrigens z. B. im Falle des befugten Getrenntlebens der Ehefrau (§ 17 U.W.G.) ausdrücklich verlassen hat—; denn nach diesem für die Feststellung des Unterstützungswohnsitzes maßgebenden Grundsatz kann

---

[1] Über die Abgrenzung der Arbeitsscheuen von den säumigen Nährpflichtigen, Vgl. Lohse, a. a. O. Seite 7.

[2] Vgl. Haus der Abgeordneten, 21. Legislaturperiode, 5. Session 1912, Drucksache Nr. 512.

allerdings ein Kind nicht in der Person seiner Eltern und der außereheliche Vater nicht in der Person seines Kindes armenrechtlich unterstützt werden. Indem man sich von dieser Rücksichtnahme leiten ließ, hat man den in der Begründung des Gesetzentwurfes und in der Verhandlung immer wieder betonten Gedanken von dem öffentlich-rechtlichen Charakter der Nährpflicht, die durch den Arbeitszwang sichergestellt werden soll, nicht restlos erschöpft. Wenn man jedoch von dieser am Schlusse des zweiten Abschnittes dargelegten Theorie ausgeht, so läßt es sich grundsätzlich ohne weiteres rechtfertigen, auch die obenerwähnten beiden Personengruppen dem Arbeitszwang zu unterstellen, da in beiden Fällen eine durch das Bürgerliche Gesetzbuch festgelegte Alimentationspflicht besteht; es wird lediglich näher zu erörtern sein, ob es sich aus Zweckmäßigkeits- und Nützlichkeitserwägungen empfiehlt, in dieser Beziehung eine Einschränkung zu machen.

Man wird wohl unbedenklich zugeben können, daß ein Abkömmling, der nach seinen finanziellen und Familienverhältnissen in der Lage wäre, seine Eltern zu unterstützen, sich aber dieser Pflicht grundlos entzieht, so daß jene der öffentlichen Armenpflege anheimfallen, ebenso verwerflich handelt, wie ein Vater, der sich ohne Rechtfertigung weigert, einen angemessenen Teil seines Verdienstes für seine Kinder zu verwenden. Wenn auch unanfechtbare statistische Unterlagen für die zahlenmäßige Erfassung der Fälle von Nährpflichtverletzungen von Kindern gegenüber den Eltern nicht vorhanden sind, so wird doch jeder, der in einer großstädtischen Armenverwaltung tätig ist, die Erfahrung bestätigen können, daß die Vernachlässigung dieser Pflichten durch Kinder in erschreckendem Maße zunimmt. Die Einbeziehung der nährpflichtvergessenen Kinder in das Arbeitszwangsgesetz würde eine wirksame Handhabe bieten, um diesen immer mehr erkennbar werdenden Übelstand einzudämmen. Wenn auch der Arbeitszwang in diesen Fällen in der Praxis wohl eine Maßnahme bleiben würde, der mehr präventive Bedeutung zukäme, und die nur in besonders schwer gelagerten Fällen hartnäckiger und böswilliger Versäumnis der Nährpflicht zur Anwendung kommen sollte, so wäre auch der Wert einer solchen nicht zu verkennen, indem sie dazu beitragen könnte, allgemein das Zusammengehörigkeitsgefühl der Familie und das soziale Gewissen zu stärken. Es wird allerdings eine Einschränkung in bezug auf das Alter der Kinder nötig fallen: Minderjährige Abkömmlinge sollten dem Arbeitszwang nicht unterworfen werden. Von seiten der Regierung wurde anläßlich der Verhandlungen über das preußische Gesetz hervorgehoben, daß einem Minderjährigen, der sich nach bürgerlichem Recht durch Vertrag nicht verpflichten könne, und dem also das Recht die volle Einsicht und das volle Verantwortlichkeitsgefühl abspreche, auch nicht das volle Verständnis für seine gesetzliche Nährpflicht zugemutet werden könne, deren Voraussetzungen und Umfang gerade in diesen Fällen nicht immer leicht zu bestimmen seien. Es wird dieser Erwägung nur beigetreten werden können; gegenüber minderjährigen Abkömmlingen wird, wenn die gesetzlichen Voraussetzungen vorliegen, die Einleitung des Fürsorge-(Zwangs-)erziehungsverfahrens eher am Platze sein, als das Arbeitszwangsverfahren, und wo dieses versagt oder wegen der Altersbestimmungen nicht mehr zulässig ist, wird ihnen gegenüber von den Bestimmungen des Reichsstrafgesetzbuches Gebrauch gemacht werden können. Durch diese Beschränkung auf volljährige Abkömmlinge würden die wesentlichsten Bedenken, die anläßlich der Verhandlungen im preußischen Landtag gegen die Einbeziehung der Kinder geäußert wurden. gegenstandslos werden.

Nach § 1708 ff. des B.G.B. ist der Vater eines unehelichen Kindes verpflichtet, dem Kinde bis zur Vollendung des 16. Lebensjahres (und unter Umständen darüber hinaus), den der Lebensstellung der Mutter entsprechenden Unterhalt durch Entrichtung einer Geldrente zu gewähren. Auch seine Unterhaltspflicht wird eine öffentlichrechtliche, wenn infolge Nichterfüllung derselben der Armenverband zur Aufwendung öffentlicher Mittel für das Kind genötigt wird. Grundsätzlich wird man also auch gegen den unehelichen Vater das Arbeitszwangsverfahren zur Anwendung bringen können, sofern dessen Unterhaltspflicht nur durch vollstreckbares Urteil oder durch vollstreckbare öffentliche Urkunde festgestellt ist.

Die Gründe, die für eine möglichst schonende Behandlung der unehelichen Väter ins Feld geführt werden, mögen eine gewisse Berechtigung insofern haben, als derjenige, der sich verheiratet und eine eigene Familie begründet hat, nicht auf die Gefahr einer Zerrüttung seiner Familienverhältnisse hin rücksichtslos in Anspruch genommen werden sollte; in ihrem eigenen Interesse werden naturgemäß die Armenverwaltungen, die sich des unehelichen Kindes annehmen müssen, in diesem Falle die weitgehendsten Rücksichten üben. Eine grundsätzliche Sonderstellung aber gegenüber anderen säumigen Nährpflichtigen kann der uneheliche Vater, der sich frivol der Unterhaltspflicht seinem Kinde gegenüber entzieht, nicht beanspruchen. Eine Reihe von Einrichtungen, welche die Allgemeinheit belasten, sind im letzten Jahrzehnt gerade zugunsten der unehelichen Kinder ins Leben gerufen worden: Es soll nur auf die Berufsvormundschaft, die Sammelvormundschaft und die Ziehkinderfürsorge mit ihren Ausgaben für Verwaltungszwecke, für ärztliche und pflegerische Überwachung hingewiesen werden, und in dem Etatsposten „Armenkinderpflege" der Armenverwaltungen stecken trotz der nicht zu bezweifelnden finanziellen Erfolge der Berufsvormundschaft auch heute noch außerordentlich hohe Beträge, die für Pflege- und Erziehungskosten der unehelichen Kinder aufgewendet werden müssen. Es ist nicht einzusehen, warum in immer steigendem Maße die Allgemeinheit Kosten für die Versorgung der unehelichen Kinder aufwenden soll, zu deren Aufbringung die Kindesväter in vielen Fällen in der Lage sein müßten, wenn nur dem Gemeinwesen die nötigen Machtmittel ihnen gegenüber zu Gebote stünden. Aber an diesen Mitteln fehlt es bis jetzt. Abgesehen von der zivilrechtlichen Betreibung, welcher sich der uneheliche Vater durch eine Reihe von Manipulationen erfahrungsgemäß häufig zu entziehen weiß, gibt es zurzeit in einem großen Teil Deutschlands keine Mittel, um ihn zur Erfüllung seiner Verpflichtung anzuhalten, nachdem das Kammergericht und mit ihm mehrere andere Oberlandesgerichte nicht einmal die stumpfe Waffe des § 361[10] R.Str.G.B. gegen ihn als anwendbar erklärt haben. Schon das Vorhandensein eines Gesetzes, das auch die unehelichen Väter dem Arbeitszwang unterwirft, würde auf deren Bereitwilligkeit zur Erfüllung ihrer Verpflichtung einen vorteilhaften Einfluß haben und sozial im Interesse eines vermehrten Schutzes der unehelichen Kinder günstig wirken können.

Den Arbeitszwang lediglich gegen diejenigen unehelichen Väter zuzulassen, die keine Familie begründet haben, erscheint nicht empfehlenswert. Einerseits darf es als ausgeschlossen betrachtet werden, daß die Armenverbände — wie oben bereits erwähnt — auf die Gefahr hin, den Familienzusammenhang zu zerreißen und den Betreffenden seiner Familie zu entfremden, einen zu rücksichtslosen Gebrauch von dem Arbeitszwang machen würden; andererseits würde eine derartige Einschränkung die Zweifelsfrage offen lassen, wie es denn mit den von ihrer eigenen Familie getrennt lebenden und geschiedenen unehelichen Vätern zu halten wäre; bei der Vielgestaltigkeit der Fälle wäre eine generelle Normierung in dieser Beziehung kaum möglich oder auch nur empfehlenswert.

Im übrigen könnte der Kreis der dem Arbeitszwang unterliegenden Personen im wesentlichen nach dem Vorgang des hamburgischen Gesetzes, mit dem die neueren Landesgesetze von Bremen, Lübeck und Preußen übereinstimmen, festgesetzt werden. Ein Grund jedoch, weshalb nicht auch die Ehefrau, die ihren arbeitsunfähigen Mann oder ihre ehelichen Kinder böswilligerweise im Stiche läßt, dem Arbeitszwang unterworfen werden sollte, ist nicht ersichtlich; dagegen liegt für dessen Ausdehnung auf Großeltern und Enkel ein Bedürfnis nicht vor.

Unbedingt zu vermeiden ist die Anwendung des Grundsatzes der armenrechtlichen Familieneinheit im Sinne des Unterstützungswohnsitzgesetzes auf den Arbeitszwang[1]. Es muß auch gegen diejenigen die Anwendung des Arbeitszwangs zulässig sein, die ihre befugt von ihnen getrennt lebenden und in bezug auf den Erwerb des Unterstützungswohnsitzes selbständigen Ehefrauen (§ 17 U.W.G.) oder ihre der Mutter bei der Trennung vom Hausstande des Vaters gefolgten Kinder (§ 19, Abs. 2 U.W.G.), zu deren Unterhalt sie verpflichtet sind, nicht unterhalten, vielmehr der Versorgung durch die Armenpflege überlassen. Der Grundsatz der armenrechtlichen Familieneinheit hat lediglich Bedeutung für die Festsetzung des Unterstützungswohnsitzes und des endgültigen

[1] Vgl. hierüber Lohse, a. a. O. Seite 40.

Trägers der Armenlast. Er kann keine Gültigkeit beanspruchen in einem Gesetz, das auf den Gedanken des öffentlich-rechtlichen Charakters der Nährpflicht aufgebaut ist. Seine ausdrückliche Ablehnung ist zur Vermeidung späterer Streitigkeiten bei der Auslegung des Gesetzes zu empfehlen [1].

Die obenerwähnten Landesgesetze beschränken übereinstimmend die Zulässigkeit des Arbeitszwangs auf die Versäumnis der Nährpflicht von Eltern gegenüber den Kindern unter 16 Jahren. Diese Altersgrenze könnte auch in einem Reichsarmengesetz beibehalten werden, da in diesem Alter, abgesehen von der Armenmündigkeit im Sinne des Unterstützungswohnsitzgesetzes, die Kinder in den hier hauptsächlich in Betracht kommenden Kreisen auch wirtschaftlich selbständig sind, und die Alimentationspflicht der unehelichen Väter regelmäßig nur bis zum 16. Lebensjahre des Kindes dauert.

In einem Reichsarmengesetz sollte nur der äußerste Rahmen für diejenigen Personengruppen, gegen welche der Arbeitszwang zulässig ist, aufgestellt werden. Die Landesgesetze hätten sich bei einer Regelung der Materie zwar innerhalb dieses Rahmens zu halten, sie wären aber nicht gehindert, sich auf bestimmte der im Reichsgesetz genannten Personengruppen zu beschränken und andere zu übergehen; es könnte also hiernach sehr wohl ein Landesgesetz erlassen werden, das davon absehen würde, die unehelichen Väter dem Arbeitszwang zu unterwerfen. Hierdurch würde den verschieden gelagerten Bedürfnissen der einzelnen Bundesstaaten hinreichend Rechnung getragen werden.

IV. Die Garantien gegen eine ungerechtfertigte Verhängung des Arbeitszwangs.

Der polizeiliche Arbeitszwang ist nicht denkbar ohne einen empfindlichen Eingriff in die persönliche Freiheit des einzelnen. Da er ohne förmliches gerichtliches Verfahren im Wege eines beschleunigten Verwaltungsverfahrens verhängt wird und verhängt werden muß, wenn er wirksam sein soll, sind weitgehende Garantien nötig, damit er nicht zu willkürlicher und mißbräuchlicher Anwendung führt. Diese Garantien müssen als bindend für die Landesgesetze in ein künftiges Reichsarmengesetz aufgenommen werden. In Anbetracht der bereits im zweiten Abschnitt besprochenen Vielgestaltigkeit der Behördenorganisation und des Instanzenzugs in den einzelnen Bundesstaaten wird auch hier in einem Reichsgesetze nur das unbedingt Notwendige zu ordnen und das Übrige der Regelung durch die einzelnen Landesgesetze zu überlassen sein.

---

[1] Daß auch das preußische Gesetz vom 23. Juli 1912 den Grundsatz der armenrechtlichen Familieneinheit ablehnt, kann nach dessen Motiven wohl nicht zweifelhaft sein. Die Frage ist aber jetzt schon bestritten; vgl. hierüber den Aufsatz von W. B. Lehmann im preußischen Verwaltungsblatt 1912, Seite 164.

1. Der Arbeitszwang soll nur zulässig sein gegen Arbeitsscheue und säumige Nährpflichtige; ein schuldhaftes Verhalten des Betreffenden muß als die erste Voraussetzung für seine Anwendung aufgestellt werden. Wer durch Krankheit oder Gebrechen nicht in der Lage ist, für seine Angehörigen zu sorgen, darf dem Arbeitszwang nicht unterworfen werden. Der Arbeitszwang soll auch kein Mittel sein, das der öffentlichen Armenpflege die Handhabe gibt, in die Lohnkämpfe einzugreifen. Wie man auch darüber denken mag, ob derjenige, der sich einem frivol unternommenen Streik anschließt und seine Familie hierdurch der Not und Entbehrung aussetzt, vom Standpunkte der Moral aus richtig handelt, und wie man auch zu dem äußerst schwierigen Problem des Verhaltens der öffentlichen Armenpflege gegenüber Streiks und Aussperrungen Stellung nehmen mag: Wer im Kampfe um bessere Arbeitsbedingungen seine Arbeitsstelle verliert und lediglich hierdurch genötigt wird, für seine Familie öffentliche Unterstützung in Anspruch zu nehmen, kann nicht dem gleich gestellt werden, der durch Müßiggang, Leichtsinn oder Trunksucht sich der Unterhaltspflicht seinen Angehörigen gegenüber entzieht. Durch eine klare Formulierung des Gesetzes wird sich unschwer erreichen lassen, diese Fälle von der Anwendung des Verwaltungszwangsverfahrens auszuschließen. Abgesehen von der Betonung des Schuldmoments muß das Gesetz aussprechen, daß der Arbeitszwang nur bei dauernder Unterstützungsbedürftigkeit zulässig sein soll. Wird die Hilfsbedürftigkeit nur durch vorübergehende Umstände verursacht, die in absehbarer Zeit wieder gehoben sein werden (hierher gehört vorübergehende Arbeitslosigkeit bei Arbeitsmangel, bei Streik und Aussperrung), so läßt es sich nicht rechtfertigen, von dem einschneidenden Mittel der Verwaltungsexekution Gebrauch zu machen. Empfehlenswert ist es, bei der Formulierung nicht mit dem elsaß-lothringischen Gesetz auf dauernde Unterstützung aus öffentlichen Armenmitteln, sondern mit den Gesetzen von Hamburg, Bremen, Lübeck und Preußen darauf abzuheben, daß die Unterstützungsbedürftigkeit nicht durch vorübergehende Umstände verursacht, der Grund der Hilfsbedürftigkeit also kein vorübergehender sein darf[1].

---

[1] Vgl. die Begründung bei Schlosser a. a. O., Anmerkung 2 zu § 1 a, Seite 17. Anläßlich der Beratungen über das preußische Arbeitszwangsgesetz wurde in der Kommunalkommission des Herrenhauses folgendes Beispiel gegeben: „Ein Trunksüchtiger, der seine geistigen und körperlichen Fähigkeiten völlig heruntergewirtschaftet habe, lasse seine Familie darben, so daß sie der Armenpflege zur Last falle. Nun gelinge es während einiger Zeit seiner Frau, soviel zu arbeiten und zu verdienen, daß die Unterstützung zeitweise wegfallen könne, obgleich der Mann immer noch seine Unterstützungspflicht vernachlässige. Dann kämen aber wieder Zeiten, in denen die Frau nicht arbeiten könne, auch etwaige Beihilfen aus privater Wohltätigkeit versagten, so daß die öffentliche Armenpflege wieder eintreten müsse. Solche Fälle kämen häufig vor, in denen zwar vorübergehend die Unterstützung, nicht aber der Grund der Unterstützung wieder fortfielen."

Wenn auch schon durch die Betonung des schuldhaften Verhaltens des Unterzubringenden und der dauernden Unterstützungsbedürftigkeit der Anwendung des Gesetzes bestimmte Grenzen gezogen werden, so wird es sich gleichwohl empfehlen, die weitere Bestimmung in ein Reichsarmengesetz aufzunehmen[1], daß die Unterbringung nicht erfolgen soll, wenn sie mit erheblichen, den Umständen nach nicht gerechtfertigten Härten oder Nachteilen für den Unterzubringenden verbunden sein würde. Insbesondere dann, wenn es sich um die Anwendung des Arbeitszwangs gegenüber Abkömmlingen oder unehelichen Vätern handelt, lassen sich Fälle denken, in denen bei gründlicher Abwägung des öffentlichen Interesses gegen die auf dem Spiele stehenden Interessen des Unterzubringenden das erstere zurücktreten sollte, weil besondere Umstände das Vorgehen mit dem äußersten Mittel des Verwaltungszwangs nicht gerechtfertigt erscheinen lassen.

Der polizeiliche Arbeitszwang kann nicht ein Mittel zur dauernden Freiheitsbeschränkung des einzelnen sein. Würde in das Gesetz lediglich die Bestimmung aufgenommen werden, daß die Unterbringung für die Dauer der Unterstützungsbedürftigkeit zulässig wäre, so würde die Möglichkeit bestehen, einen einmal Eingewiesenen auf Jahre hinaus in der Arbeitsanstalt zurückzuhalten; denn wenn dieser eine zahlreiche Familie mit unerwachsenen Kindern hat, so wird nur selten der Fall eintreten, daß der nach Abzug seiner Verpflegungskosten verbleibende Arbeitsverdienst zum Unterhalt der Familie ausreicht, und die öffentliche Unterstützung in Wegfall kommen kann. In den neueren Landesgesetzen von Hamburg, Bremen, Lübeck und Preußen ist denn auch die Höchstdauer der Unterbringung auf ein Jahr bestimmt, nach dessen Ablauf dem Eingewiesenen eine Bewährungsfrist von drei Monaten (Bremen und Preußen) und von 6 Monaten (Hamburg und Lübeck) zugestanden wird, vor deren Ablauf er nicht erneut eingewiesen werden kann. Die Höchstdauer der Unterbringung wird auch in einem Reichsarmengesetz vorzusehen und auf ein Jahr zu beschränken sein; den Bundesstaaten kann es überlassen bleiben, landesgesetzlich die Dauer der Bewährungsfrist festzusetzen.

2. Die Entscheidung über die Unterbringung kann nicht einem

---

[1] Das preußische Gesetz vom 23. Juli 1912 schreibt vor, daß die Unterbringung nicht erfolgt, wenn sie mit erheblichen, den Umständen nach nicht gerechtfertigten Härten oder Nachteilen für das Fortkommen des Unterzubringenden verbunden sein würde. Es empfiehlt sich, die obige Fassung zu wählen, weil es vorkommen kann, daß die Unterbringung zwar eine nicht gerechtfertigte Härte ist, aber keine Härte gerade für das Fortkommen des Unterzubringenden enthält. Man denke z. B. an den Fall, daß der arbeitsscheue und trunksüchtige Vater, der niemals für den Sohn gesorgt hat, krank geworden und der Armenpflege zur Last gefallen ist. Auch hier könnte es im Einzelfall eine Härte sein, wenn man gegen den Sohn im Wege des Arbeitszwangs vorgehen wollte.

schwerfälligen und langwierigen gerichtlichen Verfahren vorbehalten werden; sie muß in einem beschleunigten Verwaltungsverfahren getroffen und sofort vollstreckt werden können, wenn sie wirksam sein soll. Welche Behörden diese Entscheidungen zu treffen haben, kann in einem Reichsarmengesetz nicht einheitlich normiert werden, die Bestimmung hierüber muß aus den im Eingang dieses Abschnittes erwähnten Gründen den Landesgesetzen überlassen bleiben. Einige der neueren Landesgesetze über den Arbeitszwang haben es nicht für zweckmäßig erachtet, diese Entscheidung in die Hände der gleichsam Parteistellung einnehmenden Armenbehörden zu legen: das elsaß-lothringische Gesetz überträgt sie dem Schiedsamt, und das preußische Gesetz dem Kreis- bzw. Stadtausschuß mit der Maßgabe, daß ein Mitglied des Vorstands des betreibenden Armenverbands, das gleichzeitig Mitglied der beschließenden Behörde ist, sich bei der Beschlußfassung der Stimme zu enthalten hat. Dagegen wird in Hamburg die Entscheidung über die Unterbringung von einer Kommission gefällt, die aus einem Senatsmitglied des Armenkollegiums sowie zwei der von der Bürgerschaft gewählten Mitgliedern des Kollegiums und zwei Armenbezirksvorstehern oder Armenpflegern besteht, und in Bremen und Lübeck ist die Regelung ähnlich. Übereinstimmend schreiben die Gesetze dieser Bundesstaaten mündliche Verhandlung für das Verfahren vor, wobei dem Unterzubringenden Gelegenheit zur Äußerung zu geben ist, und sie stimmen weiter darüber überein, daß sie die Anfechtung der ergangenen Entscheidung auf gerichtlichem oder verwaltungsgerichtlichem Wege zulassen. In Elsaß-Lothringen ist gegen die Anordnung der Unterbringung die Klage beim Bezirksrat, in Hamburg und Bremen der ordentliche Rechtsweg, in Lübeck die Beschwerde an den Verwaltungsgerichtshof und in Preußen das Verwaltungsstreitverfahren vorgesehen.

Die Nachprüfung der die zwangsweise Unterbringung aussprechenden Entscheidung in einem zivilgerichtlichen oder verwaltungsgerichtlichen Verfahren[1] ist ein Erfordernis, das bindend für die Landesgesetze in einem Reichsarmengesetz vorgeschrieben werden muß. Hierin wird eine gewichtige Garantie gegen das Ergehen rechtlich nicht begründeter und unbilliger Entscheidungen der Verwaltungsbehörden liegen. Weiter wird reichsgesetzlich zu bestimmen sein, daß die Entscheidung in dem Verwaltungsverfahren auf Grund mündlicher Verhandlung zu er-

---

[1] Die anläßlich der Verhandlungen über das preußische Gesetz vom 23. Juli 1912 gegen die Zulassung der Verwaltungsgerichte vorgebrachten Bedenken können nicht als stichhaltig angesehen werden. Es handelt sich nicht um komplizierte Zivilrechtsfragen, für deren Entscheidung ja die Zivilgerichte geeigneter erscheinen könnten, sondern mehr um die Beurteilung sozialer Verhältnisse, denen die Verwaltungsgerichte näher stehen werden als die ordentlichen Gerichte.

gehen hat, und daß der Unterzubringende zu hören ist, soweit dies ohne erhebliche Schwierigkeit geschehen kann. Alle Einzelheiten des Verfahrens werden der Regelung durch die Landesgesetze vorzubehalten sein, insbesondere auch die Entscheidung der Frage, ob die Entschließung der Verwaltungsbehörde im zivilgerichtlichen Weg oder im verwaltungsgerichtlichen Weg angefochten werden kann, ob das Gericht befugt ist, die Vollstreckung der Anordnung von Amts wegen oder auf Antrag auszusetzen, durch welche Organe die Vollstreckung zu geschehen hat, und welche Anstalten als geeignet für die Vollstreckung anzusehen sind.

Gegen ein Gesetz, das die Zulässigkeit des Arbeitszwangs in der Weise begrenzte, wie es hier vorgesehen ist, und das auch in bezug auf das Verfahren die oben besprochenen Kautelen vorschriebe, könnte wohl nicht der bei früheren Anlässen wiederholt gemachte Vorwurf erhoben werden, daß es die Handhabe für ein willkürliches Verfahren der Verwaltungsbehörden biete. Es darf vielmehr behauptet werden, daß in ihm alle diejenigen Garantien gegen Mißbrauch und Willkür enthalten wären, die billigerweise verlangt werden können, ohne daß seine praktische Durchführung hierdurch gefährdet würde.

V. Zusammenstellung der Richtlinien.

Zum Schluß soll der Versuch gemacht werden, die im Vorhergehenden erörterten Richtlinien, deren Aufnahme in einem Reichsarmengesetz als geboten bezeichnet wurde, um eine bessere Übersicht zu ermöglichen, zusammenzufassen. Dies wird am zweckmäßigsten in einer Darstellung geschehen, die sich an die Fassung der neueren Landesgesetze über den polizeilichen Arbeitszwang anschließt, ohne daß diese Formulierung etwa den Anspruch erheben will, das Vorbild für die Fassung des den polizeilichen Arbeitszwang betreffenden Teiles eines künftigen Reichsarmengesetzes zu sein.

Die wichtigsten Bestimmungen wären etwa die folgenden:

„Personen, welche in eigener Person unterstützt werden, oder deren Ehegatten oder Kinder unter 16 Jahren Armenunterstützung empfangen, können, wenn die Hilfsbedürftigkeit durch Arbeitsscheu oder durch schuldhafte Versäumnis der Unterhaltspflicht herbeigeführt ist, auch gegen ihren Willen auf Antrag des unterstützenden oder des erstattungspflichtigen Armenverbands für die Dauer der Unterstützungsbedürftigkeit, aber längstens auf die Dauer eines Jahres, in einer öffentlichen Anstalt oder in einer staatlich als geeignet anerkannten Privatanstalt untergebracht werden. Der Untergebrachte ist verpflichtet, für Rechnung des Armenverbands die ihm angewiesene Arbeit nach dem Maße seiner Kräfte zu verrichten.

Diese Bestimmungen finden entsprechende Anwendung auf volljährige Kinder, deren Vater oder Mutter unterstützt werden muß, sowie auf den Vater eines unterstützten unehelichen Kindes, in diesem Fall jedoch nur, wenn die Unterhaltspflicht durch vollstreckbares Urteil oder vollstreckbare öffentliche Urkunde festgestellt ist.

Im Falle der Scheidung der Ehe ist der Arbeitszwang nur gegen den Ehegatten zulässig, der nach den Bestimmungen des B.G.B. dem anderen Ehegatten gegenüber unterhaltspflichtig ist.

Von der Unterbringung ist abzusehen, wenn sie mit erheblichen, den Umständen nach nicht gerechtfertigten Härten oder Nachteilen für den Unterzubringenden verbunden sein würde, oder wenn die Unterstützungsbedürftigkeit nur durch vorübergehende Umstände verursacht ist.

Die Entscheidung über die Unterbringung muß auf Grund mündlicher Verhandlung erfolgen; der Unterzubringende ist zu hören, soweit dies ohne erhebliche Schwierigkeiten geschehen kann. Gegen die Entscheidung muß dem Unterzubringenden entweder die Klage bei den ordentlichen Gerichten oder die Anrufung der Verwaltungsgerichte offenstehen.

Der das Verfahren betreibende Armenverband kann auf Grund einer vollstreckbaren Entscheidung über die Unterbringung die Überführung des Unterzubringenden in seine unmittelbare Fürsorge durch Inanspruchnahme der Polizeibehörde des Aufenthaltsorts verlangen. Die Kosten der Überführung fallen dem Armenverband zur Last.

Den Landesgesetzen bleibt es überlassen, das Nähere über die Einführung und Regelung des polizeilichen Arbeitszwangs in den einzelnen Bundesstaaten unter Beachtung der im Vorstehenden gegebenen Vorschriften zu bestimmen."

Anhang.

Die wichtigsten Bestimmungen über den polizeilichen Arbeitszwang in Elsaß-Lothringen, Bremen, Lübeck und Preußen.

Elsaß-Lothringen.

Gesetz vom 8. November 1909 zur Ausführung des Gesetzes über den Unterstützungswohnsitz vom 30. Mai 1908.

§ 37.

Zwangsweise Unterbringung.

Wer selbst oder in der Person der seinen Unterstützungswohnsitz teilenden Angehörigen aus öffentlichen Armenmitteln nicht nur vorübergehend unterstützt wird, kann, soweit dies zur Beseitigung oder Verminderung der bestehenden Hilfsbedürftigkeit erforderlich ist, von dem unterstützungspflichtigen

Armenverbande zur Verrichtung einer seinen Kräften angemessenen Arbeit angehalten werden (§ 2).

Weigert sich der Unterstützte, die ihm angewiesene Arbeit zu verrichten, so kann seine Unterbringung in eine Arbeitsanstalt auf Antrag des unterstützungspflichtigen Armenverbandes durch Beschluß des Schiedsamts verfügt werden.

Das Schiedsamt entscheidet auf Grund mündlicher Verhandlung. Es kann Auskunftspersonen vernehmen. Dem Unterstützten ist Gelegenheit zur Äußerung zu geben. Er ist berechtigt, in der Verhandlung mit einem Rechtsbeistande zu erscheinen. Auf die Beistände finden die Vorschriften des § 157 der Z.P.O. entsprechende Anwendung.

Der Beschluß kann binnen einem Monate nach seiner durch Zustellung zu bewirkenden Bekanntmachung durch Klage bei dem Bezirksrate angefochten werden: die Erhebung der Klage (Anfechtung) steht der Vollstreckung des Beschlusses nicht entgegen. Der Bezirksrat entscheidet endgültig.

Die Vollstreckung erfolgt durch den unterstützungspflichtigen Armenverband. Die Polizeibehörden sind verpflichtet, die zur Durchführung der Vollstreckung erforderliche Hilfe zu gewähren.

Die Entlassung aus der Arbeitsanstalt ist vom Armenverbande zu verfügen, sobald die gesetzlichen Voraussetzungen der Unterbringung weggefallen sind. Über das Fortbestehen dieser Voraussetzungen kann der Unterstützte jederzeit eine Entscheidung des Schiedsamts beantragen. Wird der Antrag vor Ablauf eines Jahres seit Erlaß des Unterbringungsbeschlusses oder seit der Ablehnung eines Antrages auf seine Aufhebung gestellt, so kann er durch Bescheid des Vorsitzenden des Schiedsamts ohne weiteres zurückgewiesen werden.

Auf das Verfahren und die Anfechtung der Entscheidung finden die Vorschriften des Abs. 3 Anwendung. Der Unterstützte ist zu der mündlichen Verhandlung vorzuführen, es sei denn, daß er auf das Recht zu erscheinen, ausdrücklich verzichtet hat.

Aus dem erzielten Arbeitsverdienste sind zunächst die Kosten der Unterbringung zu decken. Der Überschuß ist zum Ersatze der Unterstützungen zu verwenden, die der Untergebrachte entweder selbst oder in der Person seiner hilfsbedürftigen Angehörigen von dem Armenverbande erhalten hat. Der Rest ist dem Untergebrachten bei seiner Entlassung auszuhändigen.

Die Hausordnung einer Arbeitsanstalt unterliegt der Genehmigung des Ministeriums.

Bremen.

Gesetz betreffend den armenpolizeilichen Arbeitszwang vom 21. Januar 1911.

§ 1.

Wer aus öffentlichen Mitteln Armenunterstützung erhält, kann behufs Beseitigung oder Verminderung der bestehenden Hilfsbedürftigkeit zur Verrichtung einer seinen Kräften entsprechenden Arbeit angehalten werden. Die Anweisung der Arbeit kann auch durch Unterbringung in einer Arbeitsanstalt erfolgen. Über die erforderlichen Anordnungen beschließt der Ausschuß für das Armenarbeitswesen. Die Unterbringung in einer Arbeitsanstalt kann gegen den Willen des Unterstützten nur beschlossen werden, wenn der Unterstützte sich geweigert hat, die ihm von dem Ausschuß angewiesene Arbeit zu verrichten, und wenn von dem Ausschuß festgestellt wird, daß diese Unterbringung zur Erreichung des im ersten Satz bezeichneten Zweckes erforderlich ist. In Fällen einer nur durch vorübergehende Umstände verursachten Hilfsbedürftigkeit finden die vorstehenden Vorschriften keine Anwendung.

§ 2.

Wird eine Ehefrau, oder werden eheliche oder diesen gleichstehende Kinder unterstützt, so gilt das Familienhaupt, wird ein uneheliches Kind unterstützt, so gilt die Mutter, auch wenn die Unterstützung ohne oder gegen den Willen des Familienhauptes oder der Mutter gewährt ist, in der Person der Angehörigen als unterstützt, es sei denn, daß die bei Gewährung der Unterstützung angenommene Hilfsbedürftigkeit nicht vorgelegen hat. Im Falle der Unterstützung von Kindern, die in bezug auf den Erwerb und Verlust des Unterstützungswohnsitzes selbständig sind, findet diese Bestimmung keine Anwendung.

§ 3.

Der Ausschuß (§ 1) besteht aus fünf Mitgliedern, nämlich einem vom Senat ernannten Mitgliede, als Vorsitzenden, ferner zwei von dem Bürgeramte und zwei vom Vorstande der stadtbremischen Armenpflege gewählten Mitgliedern, als Beisitzern. In den Fällen, in denen die Unterstützung durch den Armenverband Bremerhaven erfolgt, tritt an Stelle des zweiten vom Vorstande der stadtbremischen Armenpflege gewählten Mitgliedes ein vom Stadtrate von Bremerhaven gewähltes Mitglied in den Ausschuß ein. In gleicher Weise wird für jedes Mitglied des Ausschusses ein Stellvertreter gewählt. Der Ausschuß bestimmt, in welcher Reihenfolge die Stellvertreter an Stelle verhinderter Mitglieder einzutreten haben. Mindestens einer der von dem Bürgeramte gewählten Beisitzer und einer der von ihm gewählten Stellvertreter muß ein bei einem bremischen Gerichte tätiger Richter sein.

Die Wahl der nicht vom Senat gewählten ordentlichen und stellvertretenden Mitglieder erfolgt immer im voraus für drei Kalenderjahre. Neuwahlen, die im Laufe dieses Zeitraumes infolge Ausscheidens von Mitgliedern erforderlich werden, erfolgen für den Rest der Amtszeit des Ausgeschiedenen.

§ 4.

Die Unterbringung in einer Armenarbeitsanstalt kann nur auf Grund mündlicher Verhandlung beschlossen werden, in welcher dem Unterstützten, gegen den das Verfahren sich richtet, Gelegenheit zur Äußerung gegeben ist. Der Ausschuß ist berechtigt, Zeugen und Sachverständige zu vernehmen und zu beeidigen. Der Beschluß ist mit Gründen zu versehen. Der Unterstützte ist berechtigt, in der Verhandlung mit einem Beistand zu erscheinen. Auf die Beistände finden die Vorschriften des § 157 der Zivilprozeßordnung entsprechende Anwendung. Zu einer die Arbeitspflicht feststellenden Entscheidung ist eine Mehrheit von vier Stimmen erforderlich.

§ 5.

Der Beschluß, durch den die Unterbringung eines Unterstützten in einer Arbeitsanstalt angeordnet wird, kann durch Beschwerde an den Senat oder im Wege der Klage bei den ordentlichen Gerichten angefochten werden. Die Klage ist gegen den unterstützenden Armenverband zu richten. Die Ergreifung des einen Rechtsmittels hat den Verlust des andern zur Folge.

Die Beschwerde oder die Klage ist bei Meidung des Verlustes innerhalb einer Frist von zwei Wochen nach Eröffnung oder Zustellung des Beschlusses zu erheben. Die Beschwerde ist bei dem Vorsitzenden des Ausschusses schriftlich oder zu Protokoll einzulegen.

Die Vollstreckung wird durch Erhebung der Beschwerde oder Klage nicht aufgehalten, doch kann nach Erhebung der Beschwerde der Senat oder nach Erhebung der Klage das Gericht auf Antrag oder auch von Amts wegen den Aufschub oder die Unterbrechung der Vollstreckung anordnen.

§ 6.

Die Vollstreckung erfolgt durch den unterstützten Armenverband. Die Polizeibehörden sind verpflichtet, die zur Durchführung der Vollstreckung erforderliche Hilfe zu gewähren.

§ 7.

Die Vollstreckung des Beschlusses ist einzustellen, wenn seine gesetzlichen Voraussetzungen weggefallen sind. Gegen den Willen des in der Arbeitsanstalt Untergebrachten darf die Unterbringung nicht länger als ein Jahr dauern; sie ist auch vor Ablauf dieses Zeitraumes aufzuheben, wenn nach dem Ermessen des Ausschusses oder des Armenverbandes die weitere Aufrechterhaltung des Arbeitszwanges nicht mehr erforderlich ist.

Hat die Unterbringung in einer Arbeitsanstalt ein Jahr gedauert, so darf eine erneute Unterbringung erst nach Ablauf von drei Monaten seit der Entlassung aus der Arbeitsanstalt beschlossen werden.

§ 8.

Der erzielte Arbeitsverdienst ist nach Deckung der Unterbringungskosten zum Unterhalte der Angehörigen zu verwenden, und, wenn solche nicht vorhanden sind, dem Untergebrachten bei seiner Entlassung auszuhändigen oder zu seinem Besten zu verwenden.

§ 9.

Das Gesetz tritt am 1. April 1911 in Kraft.

Lübeck.

(Gesetz vom 9. Dezember 1911.)
Ausführungsgesetz zum Reichsgesetz über den Unterstützungswohnsitz vom 30. Mai 1908 nebst Armenordnung.

§ 3.

Für die Verwaltung der öffentlichen Armenpflege in der Stadtgemeinde Lübeck ist die Armenordnung vom 9. Dezember 1911 maßgeblich.

Die Bestimmungen der §§ 11, 12, 16, 17 und 18 der Armenordnung finden auch auf die Ortsarmenverbände des Städtchens Travemünde und der Landgemeinden Anwendung. Im Fall des § 16 ist die Armenbehörde und im Fall des § 18 die daselbst genannte Kommission auch zur Verhandlung und Entscheidung in Sachen dieser Ortsarmenverbände zuständig. Im Falle des § 17 ist der Antrag an das Polizeiamt vom Ortsarmenverband zu stellen. Im Falle des § 18 bedarf es zur Einleitung des Verfahrens vor der Kommission eines Antrages des Ortsarmenverbandes. Etwaige Kosten des Verfahrens und der Vollstreckung des gefaßten Beschlusses fallen dem antragenden Ortsarmenverbande zur Last.

Armenordnung für die Stadtgemeinde Lübeck (vom 9. Dezember 1911).

§ 18.

Wer selbst oder in der Person seiner Ehefrau oder seiner noch nicht armenrechtlich selbständigen ehelichen oder diesen gleichstehenden Kinder aus öffentlichen Armenmitteln unterstützt wird, kann, soweit dieses zur Beseitigung oder Verminderung der bestehenden Hilfsbedürftigkeit erforderlich ist, zur Verrichtung einer seinen Kräften angemessenen Arbeit angehalten werden.

Weigert sich der Unterstützte, die ihm von der Behörde angewiesene Arbeit zu verrichten, so kann er auf Beschluß einer besonderen, aus fünf Mitgliedern bestehenden Kommission, durch Anwendung unmittelbaren Zwanges hierzu angehalten werden. Zu dem Zwecke kann der Unterstützte auch gegen seinen Willen in einer Armenarbeitsanstalt untergebracht werden.

In den Fällen einer nur durch vorübergehende Umstände verursachten Hilfsbedürftigkeit finden diese Vorschriften keine Anwendung.

Die Mitglieder der Kommission werden vom Senate ernannt. Sie besteht aus einem der Armenbehörde angehörenden Senatsmitgliede als Vorsitzenden und vier auf Vorschlag der Armenbehörde aus dem Kreise der Bezirksvorsteher, stellvertretenden Bezirksvorsteher, Armenpfleger oder Armenpflegerinnen zu wählenden Beisitzern. Mindestens ein Mitglied der Kommission muß die Fähigkeit zum Richteramte besitzen. Die Mitglieder gehören der Kommission für die jeweilige Dauer ihres vorbezeichneten Amtes an. Für jedes Mitglied ist ein Stellvertreter zu ernennen. Die Kommission ist nur beschlußfähig, wenn sämtliche Mitglieder oder an Stelle verhinderter Mitglieder Stellvertreter in entsprechender Zahl anwesend sind.

Die Entscheidung der Kommission ergeht auf Grund mündlicher Verhandlung. Die Kommission ist berechtigt, Zeugen, ärztliche oder andere Sachverständige zu vernehmen und zu vereidigen. Vor der Entscheidung ist dem Unterstützten, gegen den das Verfahren sich richtet, Gelegenheit zur Äußerung zu geben. Der Unterstützte ist berechtigt, in der Verhandlung mit einem Beistand zu erscheinen. Auf die Beistände finden die Vorschriften des § 157 Z.P.O. entsprechende Anwendung. Zu einer die Arbeitspflicht feststellenden Entscheidung ist eine Mehrheit von vier Stimmen erforderlich. Anstatt der Unterbringung in eine Armenarbeitsanstalt kann die Kommission auch die Einweisung in eine Heil- oder Erziehungsanstalt verfügen.

Gegen die Entscheidung, welche mit Gründen zu versehen und zuzustellen ist, kann binnen zwei Wochen bei der Armenbehörde schriftlich oder zu Protokoll Beschwerde eingelegt werden, über welche der Verwaltungsgerichtshof endgültig entscheidet. Bis zur Einrichtung eines Verwaltungsgerichtshofes ist die Klage im ordentlichen Rechtswege zulässig, für welche das Landgericht ausschließlich zuständig ist. Die Klage ist binnen einer Notfrist von einem Monat nach der Zustellung der Entscheidung zu erheben.

Die Vollstreckung erfolgt durch die Armenbehörde. Das Polizeiamt ist verpflichtet, die zur Durchführung der Vollstreckung etwa erforderliche Hilfe zu gewähren. Die Vollstreckung wird durch Erhebung der Klage nicht aufgehalten.

Der Verwaltungsgerichtshof, bis zu dessen Errichtung das Landgericht, kann jedoch auf Antrag den Aufschub oder die Unterbrechung der Vollstreckung anordnen.

Die Vollstreckung des Beschlusses ist aufzuheben, sobald seine gesetzlichen Voraussetzungen weggefallen sind, oder nach dem Ermessen der Kommission die weitere Aufrechterhaltung des Arbeitszwanges nicht mehr erforderlich scheint. Der Unterstützte, gegen welchen der Beschluß sich richtet, kann jederzeit bei der Kommission die Aufhebung der Vollstreckung des Beschlusses beantragen. Doch ist die Kommission zu einer solchen Entscheidung nur verpflichtet, wenn seit der Fassung des Beschlusses oder seit der Ablehnung eines Antrages auf Aufhebung des Beschlusses mindestens drei Monate verstrichen sind. Wenn der Unterstützte in einer Armenarbeitsanstalt untergebracht ist und die Unterbringung ein Jahr gedauert hat, so hat die Kommission, bevor sie das Fortbestehen der Voraussetzungen für die Arbeitspflicht feststellt, dem Unterstützten durch eine mindestens sechs Monate dauernde Unterbrechung der Unterbringung Gelegenheit zur Erbringung des Nachweises zu geben, daß die Voraussetzungen für die Vollstreckung des Beschlusses nicht mehr bestehen. Auf das Verfahren und die Anfechtung der Entscheidung finden die Vorschriften der Absätze 5 und 6 entsprechende Anwendung.

Der erzielte Arbeitsverdienst ist, soweit er nicht zur Deckung der Unterbringungskosten erforderlich ist, zum Unterhalt der Familienangehörigen zu verwenden; falls solche nicht vorhanden sind, ist er dem Untergebrachten bei dessen Entlassung auszuhändigen.

Preußen.

Gesetz über die Abänderung und Ergänzung der Ausführungsgesetze zum Reichsgesetz über den Unterstützungswohnsitz. Vom 23. Juli 1912.

Artikel 1.

Hinter § 1 des Gesetzes, betreffend die Ausführung des Bundesgesetzes über den Unterstützungswohnsitz, vom 8. März 1871 (Gesetzsammlung S. 130), und § 1 des Gesetzes, betreffend die Ausführung des Bundesgesetzes über den Unterstützungswohnsitz für das Herzogtum Lauenburg, vom 24. Juni 1871 (Offizielles Wochenblatt, S. 183), sind nachstehende Vorschriften einzufügen:

§ 1a.

Wer selbst oder in der Person seiner Ehefrau oder seiner noch nicht 16 Jahre alten Kinder aus öffentlichen Armenmitteln unterstützt wird, kann auch gegen seinen Willen auf Antrag des unterstützenden oder des erstattungspflichtigen Armenverbandes durch Beschluß des Kreis- (Stadt-) Ausschusses für die Dauer der Unterstützungsbedürftigkeit in einer öffentlichen Arbeitsanstalt oder in einer staatlich als geeignet anerkannten Privatanstalt untergebracht werden; der Untergebrachte ist verpflichtet, für Rechnung des Armenverbandes die ihm angewiesenen Arbeiten nach dem Maße seiner Kräfte zu verrichten. Als unterstützt gilt der Ehemann oder der unterhaltspflichtige Elternteil oder — bei unehelichen Kindern — die Mutter auch dann, wenn die Unterstützung der Ehefrau oder der Kinder ohne oder gegen den Willen dieser Unterhaltspflichtigen gewährt ist. Die Unterbringung erfolgt nicht:

1. wenn die Unterstützungsbedürftigkeit nur durch vorübergehende Umstände verursacht ist;
2. wenn der Unterzubringende nicht arbeits- oder erwerbsfähig ist;
3. wenn er entsprechend seiner Arbeits- und Erwerbsfähigkeit zu seinem und seiner Familie Unterhalte beiträgt;
4. wenn die Unterbringung mit erheblichen, den Umständen nach nicht gerechtfertigten Härten oder Nachteilen für das Fortkommen des Unterzubringenden verbunden sein würde.

Anstatt der Unterbringung in eine Arbeitsanstalt kann auch die Einweisung in eine Erziehungsanstalt oder Heilanstalt (insbesondere auch Trinkerheilanstalt) angeordnet werden, in welcher Gelegenheit gegeben ist, den Eingewiesenen mit angemessener Arbeit zu beschäftigen.

§ 1b.

Zuständig für den Erlaß der Beschlüsse gemäß § 1a ist die für den Aufenthaltsort des Unterstützten oder seiner Angehörigen zuständige Beschlußbehörde. Hat der Unterzubringende keinen festen Wohnsitz oder keinen dauernden Aufenthalt, so kann die Beschlußbehörde die Entscheidung an diejenige des Unterstützungswohnsitzes oder — bei Landarmen — an die für den Sitz des Landarmenverbandes zuständige Behörde überweisen. Sie ist hierzu auf Antrag des erstattungspflichtigen Armenverbandes verpflichtet. Ist ein Mitglied des Vorstandes des betreibenden Armenverbandes gleichzeitig Mitglied der beschließenden Behörde, so hat es sich bei der Beschlußfassung der Stimme zu enthalten.

§ 1c.

Die Entscheidung des Kreis- (Stadt-) Ausschusses ergeht auf Grund mündlicher Verhandlung. Sie ist mit Gründen zu versehen. Vor der Entscheidung ist der Unterzubringende, gegen den das Verfahren sich richtet, zu hören, soweit dies ohne erhebliche Schwierigkeit geschehen kann. Das Beschlußverfahren kann so lange ausgesetzt werden, bis über die Klage des Unterzubringenden, der seine Unterhaltspflicht bestreitet, im ordentlichen Rechtswege rechtskräftig entschieden ist. Im übrigen finden auf das Verfahren die Vorschriften der §§ 52, 115, 116, 119 bis 126 des Gesetzes über die allgemeine Landesverwaltung vom 30. Juli 1883 (Gesetzsammlung S. 195 ff.) sinngemäße Anwendung.

Gegen den Beschluß des Kreis- (Stadt-) Ausschusses findet innerhalb zweier Wochen der Antrag auf mündliche Verhandlung im Verwaltungsstreitverfahren statt.

Die Entscheidung des Bezirksausschusses ist endgültig.

Der Antrag auf mündliche Verhandlung hat keine aufschiebende Wirkung. Der Kreis- (Stadt-) Ausschuß kann indessen die Vollstreckung der Anordnung auf Antrag oder von Amts wegen bis zur endgültigen Entscheidung aussetzen. Vor der Aussetzung ist der Armenverband zu hören.

Der Unterzubringende ist über die ihm zustehenden Rechtsmittel schriftlich zu belehren.

§ 1d.

Die Vollstreckung des Beschlusses liegt dem antragstellenden Armenverband ob. Der vorläufig unterstützende Armenverband ist berechtigt, sie dem erstattungspflichtigen zu überweisen.

Die Armenverbände sind berechtigt, die einer Arbeitsanstalt überwiesenen Personen in Anstalten außerhalb ihres Bezirkes unterzubringen oder ihnen Arbeiten auch ohne Aufnahme in eine geschlossene Arbeitsanstalt anzuweisen.

§ 1e.

Die Entlassung aus der Arbeitsanstalt ist von dem Armenverbande zu verfügen, sobald die gesetzlichen Voraussetzungen der Unterbringung weggefallen sind.

Beantragt der Untergebrachte die Aufhebung des Unterbringungsbeschlusses mit der Behauptung, daß dessen Voraussetzungen weggefallen seien, so entscheidet über diesen Antrag der Kreis- (Stadt-) Ausschuß, der den Beschluß erlassen hat; für das Verfahren gelten die Vorschriften des § 1c.

§ 1f.

Der Armenverband kann den Untergebrachten für eine angemessene Zeit beurlauben; bleibt der Beurlaubte während der Beurlaubung unterstützungsbedürftig (§ 1a), so kann auf Antrag des Armenverbandes durch Bescheid des Vorsitzenden des Kreis- (Stadt-) Ausschusses, der den Unterbringungsbeschluß erlassen hat, die Wiedereinlieferung des Beurlaubten verfügt werden. In dem Bescheid ist den Beteiligten zu eröffnen, daß sie befugt sind, innerhalb zweier Wochen auf Beschlußfassung durch das Kollegium anzutragen oder das Rechtsmittel der Beschwerde an den Bezirksausschuß einzulegen. Im übrigen finden die Vorschriften des § 117 Absatz 4 und 5 des Landesverwaltungsgesetzes mit der Maßgabe Anwendung, daß Beschwerde und Antrag auf Beschlußfassung durch das Kollegium keine aufschiebende Wirkung haben.

Wird während der Beurlaubung eine Wiedereinlieferung nicht verfügt, so gilt der Beurlaubte als endgültig entlassen.

Wird der Antrag auf Beurlaubung von dem Untergebrachten nach Ablauf von drei Monaten seit der Unterbringung oder der Wiedereinlieferung oder der Ablehnung eines solchen Antrages gestellt, so hat, wenn der Armenverband dem Antrage nicht entsprechen will, der Vorsitzende des Kreis- (Stadt-) Ausschusses, der den Unterbringungsbeschluß erlassen hat, einen Bescheid zu erteilen. Auf das Verfahren finden Satz 2 und 3 des Absatzes 1 Anwendung.

Wenn die Unterbringung ein Jahr gedauert hat, muß der Untergebrachte auch ohne Antrag beurlaubt werden. Eine erneute Unterbringung darf alsdann erst nach Ablauf von drei Monaten beschlossen werden.

§ 1g.

Aus dem Arbeitsverdienste des Untergebrachten sind zunächst die Kosten der Unterbringung zu decken. Aus dem Überschuß ist die Unterstützung zu bestreiten, die den Angehörigen des Untergebrachten für die Zeit der Unterbringung gewährt wird. Der dann noch verbleibende Rest ist diesem bei der Entlassung auszuhändigen.

§ 1h.

Für jede Arbeitsanstalt ist eine Hausordnung aufzustellen, welche Vorschriften über die Aufnahme und Behandlung, die Art der Beschäftigung und Entlohnung, sowie über die Berechnungsweise der Kosten der Unterbringung (§ 1g) enthalten muß und der staatlichen Bestätigung bedarf. Dies gilt sinngemäß, wenn dem Untergebrachten ohne Aufnahme in eine geschlossene Arbeitsanstalt Arbeit angewiesen wird.

§ 1i.

Die Polizeiverwaltungen sind verpflichtet, die zur Vorbereitung des Verfahrens und zur Durchführung der Vollstreckung etwa erforderliche Hilfe zu gewähren.

Insbesondere haben sie auf Antrag des unterstützenden Armenverbandes den gemäß § 1a Unterstützten, der einer Vorladung der Armenbehörde nicht Folge leistet, an Stelle der Armenbehörde zu vernehmen oder dieser vorzuführen.

Die entstehenden Transportkosten fallen in allen Fällen dem unterstützungspflichtigen Armenverbande zur Last.

Fünfter Abschnitt.

Wandererfürsorge.

Berichterstatter: Prof. Dr. **Chr. J. Klumker**, Frankfurt a. M.

Ist es schon äußerlich unmöglich, in dem engen Rahmen eines solchen Berichtes das ganze Problem der Wandererfürsorge zu erörtern, so ist es auch innerlich durch die Stellung des Berichtes in dem Rahmen einer Vorarbeit für ein Reichsarmengesetz geboten, das Wandererproblem ausschließlich von der Seite der Armenpflege und ihrer Aufgaben zu betrachten. Damit wird meinem Bericht sein ganz besonderer Standpunkt gegenüber den vielerlei anderen Erörterungen gegeben, um so mehr, als hierdurch auch die gesetzliche Fürsorge in den Vordergrund rücken und die freiorganisierte Fürsorge zurücktreten muß. Einen festen Standpunkt werden wir am ehesten gewinnen, wenn wir von dem ausgehen, was bisher schon an gesetzlicher Fürsorge für Wanderer vorhanden ist. Dazu gehört als großer geschlossener Komplex eigentlich nur die armenpolizeiliche Versorgung von Bettlern und Landstreichern, also vor allem das ganze Korrektionswesen, das zwar formell als Ausfluß strafrechtlicher Behandlung auftritt, sachlich aber doch im wesentlichen armenpolizeiliche Behandlung von Hilfsbedürftigen, im besonderen von wandernden Hilfsbedürftigen, ist.

Damit fassen wir allerdings das Problem gerade am entgegengesetzten Ende an, als wie es sonst geschieht. Der gewöhnliche Gedankengang lautet: Wir brauchen eine ausgebildete Wandererfürsorge, sowohl für die arbeitsunfähigen wie für die arbeitsfähigen Wanderer, damit dann die strafrechtliche Mitarbeit — Haft und Korrektion — in umfassendem Maße eingreifen kann. Eine genügende Wandererfürsorge muß einmal die Unterlage bilden dafür, daß ein jedes Abweichen von dieser Fürsorge, jedes Betteln und jedes Vagabondieren strafrechtlich erfaßt werden kann, kein Wandererbettel also der verdienten Strafe entgeht; eine solche strafrechtliche Mitarbeit ist aber auch nötig, um jedem Mißbrauch, wie jeder Nichtbenutzung der Fürsorgeeinrichtungen aus Arbeitsscheu zu begegnen.

Danach wäre also die strafrechtliche Behandlung, vor allem das Korrektionshaus, der Abschluß der ganzen Fürsorge. Wir aber kehren die Reihenfolge um und beginnen unsere Erörterung mit der Korrektionshaft.

Dazu drängt vor allem jede Betrachtung, die aufzuhellen sucht, woher denn der Grundstock der wandernden Hilfsbedürftigen kommt. Die Behandlung des Arbeitshauses hat sich der großen Menge der von ihr Betroffenen gegenüber längst als wirkungslos erwiesen. Es fehlt uns zwar an einer irgend brauchbaren Statistik der Bettler und Landstreicher. Nicht nur sind diese Übertretungen von der Reichskriminalstatistik ausgeschlossen, — das bedeutet wenig, da diese uns zwar manches über die Verbrechen, wenig aber über die Verbrecher zu sagen weiß — auch die Statistik der Gefängnisse, die z. B. in Preußen die Arbeitshäuser mitumfaßt, gibt uns über deren Persönlichkeiten nur geringen Aufschluß. Immerhin geht eines mit unwiderleglicher Klarheit daraus hervor, daß die Mehrzahl der Insassen der Arbeitshäuser wieder auf die Landstraße zurückkehrt. Die Zahl der Rückfälligen ist sehr groß; im Jahre 1908 in Preußen waren von den neu in die Arbeitshäuser Eintretenden 57,52 % schon vorher im Arbeitshause, davon 31,16 % mehr als dreimal, 11,52 % waren noch kein Jahr außerhalb des Arbeitshauses. In manchen Anstalten waren die Zahlen viel höher, in einem stiegen sie auf 77,24 %, 41,05 %, 26,87 %. Die wenigen Einzelforschungen, besonders die von Bonhöffer und von Wilmans, zeigen uns deutlich dasselbe Bild; die Arbeitshäuser haben ein Stammpublikum, das immer wiederkehrt. Oder wenn wir auf die Wanderbettler sehen; unter ihnen ist ein sicherer Grundstock, den immer wieder das Gefängnis und die Arbeitshäuser der Landstraße liefern. Viele dieser Stammgäste der Landstraße kommen gerade aus dem Arbeitshause oder der Haft. Wollen wir also dem Wandererbettel wirklich zu Leibe rücken, so werden wir auf Mittel und Wege sinnen müssen, zunächst diese Stammgäste zu beseitigen.

Das ist aber auf keinen Fall möglich mit der Hilfe der bisherigen strafrechtlichen Behandlung. Die ganze Behandlung des Problems vom strafrechtlichen Standpunkt aus hat überhaupt versagt. Polizei und Strafrecht bringen, wenn wir auf diesen Stamm sehen, nichts anderes fertig, als im endlosen Wechsel diese Leute immer wieder auf die Landstraße zu werfen. Von einer wesentlichen Verschärfung dieses Verfahrens sich Abhilfe versprechen, scheint hoffnungslos, da das System gerade bei denen, die es jetzt schon hart und fest zu fassen versteht, völlig versagt. „Die Arbeitshäuser haben noch nie jemand gebessert" (von der Goltz). „Fast jede derartige Verurteilung (zur Korrektionshaft) ist der Anfang zu unaufhaltlichem Hinuntergleiten auf der schiefen Ebene des Lasters und Verbrechens" (von Bodelschwingh). Der Glaube, durch strengere strafrechtliche Bestimmungen hier etwas auszurichten, müßte näher begründet werden. Ob die Behandlung überhaupt noch strenger gestaltet werden kann, bezweifle ich; jedenfalls aber würden selbst strengere Maßnahmen gegen diese Leute, an denen alle Härte abprallt, sicherlich nichts nützen. Ob sie eine allgemein abschreckende Wirkung üben könnten, lasse ich dahingestellt.

Zu diesem Stammpublikum des Bettels und Landstreichens kommt als sehr verwandter Teil, vielfach mit ihm ganz eins, die große Zahl derer, die die Arbeiterkolonien, ähnlich wie die Arbeitshäuser, stets von neuem auf die Landstraße liefern. Auch die Rückfälligkeit der Arbeiterkolonisten ist nicht geringer wie die der Arbeitshäusler, und deren Lebensläufe, soweit wir dieselben kennen, sind jenen, die Wilmans z. B. liefert, sehr verwandt. Aus der Arbeiterkolonie gehen sie mit oder ohne Arbeitsnachweis in die Freiheit, um nach kurzer Zeit wieder zu scheitern, und entweder wieder in die Arbeitshäuser zu gelangen oder wieder in die Arbeiterkolonien zu flüchten. Das wäre der zweite Teil der ständigen Kunden der Landstraße: Arbeitshaus und Arbeiterkolonie sind es, die dem Bettel und dem Landstreichen ein sicheres Stammpublikum liefern.

Dieser Teil der Wanderbettler berührt sich eng mit einer anderen Gruppe, die sich zum Teil mit ihm deckt. Das sind die Arbeitsunfähigen, sei es, daß sie ganz oder größtenteils arbeitsunfähig sind. Es genügt die Erinnerung daran, daß die moderne Arbeitsform den Menschen gerade in der Industrie, aber auch sonst, viel rascher verbraucht, in einem viel früheren Alter seiner vollen Arbeitsfähigkeit beraubt, und daß zugleich unsere wirtschaftliche Entwicklung darauf hinausgeht, immer mehr hochwertige Arbeitskräfte zu fordern und sich nach ihnen in ihrer Organisation zu richten. Es sind aber nicht nur die technisch-wirtschaftlichen Erfordernisse, die dieses Heer der halb Arbeitsunfähigen vermehren, sondern unsere ganze gesellschaftliche Entwicklung mit der engeren Zusammenhäufung der Menschen schafft stets neue Gruppen nicht voll erwerbsfähiger Personen, die unter einfacheren Wirtschafts- und Gesellschaftsformen ihren Platz ausfüllen konnten, heute aber nicht mehr imstande sind, sich selbständig, aus eigener Kraft durchs Leben zu bringen.

Die bedauernswerteste Gruppe dabei sind zweifellos die ganz Arbeitsunfähigen, die von der ungenügenden Organisation unserer heutigen Armenpflege nicht versorgt werden können. Der alte Bodelschwingh hat von den Anfängen seines Wirkens an dieses Übel so scharf angegriffen und gekennzeichnet, daß es einer eingehenden Darlegung nicht mehr bedarf. Die kleinen Ortsarmenverbände, denen § 28 des U.W.G. die Versorgung hilfsbedürftiger Wanderer aufladet, tun entweder nichts, oder suchen den Hilfsbedürftigen möglichst bald wieder abzuschieben. Nicht mit Unrecht hat Bodelschwingh diesen § 28, wenn auch in etwas abweichendem Sinn, den großen Massenmörder genannt. Hier liegt der Weg zur Abhilfe um so klarer vor uns, als die Beschränkung der Erwerbsfrist beim Unterstützungswohnsitz auf ein Jahr schon die Mehrheit dieser Wanderer landarm gemacht hat. Die Unterstützung für sie wäre unbedingt zur Sache der großen Verbände, etwa der Landarmenverbände, zu machen, die in manchen Gegenden, z. B. in Württemberg, jeden wandernden Obdachlosen bereits als Landarmen freiwillig anerkennen und seine Unterstützungskosten den Ortsarmenverbänden ersetzen. Die allgemeine Übertragung dieser Last auf die

Landarmenverbände hätte den weiteren Vorzug, daß damit der Schaffung allgemeiner und größerer Fürsorgeeinrichtungen für diese Armen zunächst eine leistungsfähige Unterlage gegeben würde. In diesem Zusammenhang wird sich als erste Forderung ergeben: Übertragung der Unterstützungspflicht für die wandernden Hilfsbedürftigen auf größere Verbände, eine Forderung, die sich anderen gleichlaufenden Forderungen der Reform gleichmäßig anreiht. Indessen diese Forderung ergibt sich aus unserer Betrachtung nur nebenbei. Die erste, größere Menge der schutzbedürftigen Wanderer, die uns bisher entgegentreten, wären nicht diese ganz oder dreiviertels Arbeitsunfähigen, deren Anspruch auf Armenunterstützung schon nach der heutigen Praxis allgemein anerkannt wird und nur auch organisatorisch sichergestellt zu werden braucht. Viel schwerer zu behandeln sind die nicht voll Erwerbsfähigen, die teils ganz, teils minder arbeitsfähig sind, aber auf jeden Fall außerstande sind, sich im heutigen System des freien Wettbewerbs und des freien Arbeitsvertrages selbständig durchzubringen. Die meisten von ihnen, sobald sie den festen Boden der Seßhaftigkeit unter den Füßen verlieren, um sich mit Hilfe mancher Schutzeinrichtungen und Stützen, wenn auch schlecht, so doch einigermaßen durchbringen, gehören in die Gruppen der ständigen Arbeitskolonisten und der Stammgäste der Arbeitshäuser. Ihnen ist mit diesen beiden Fürsorgeeinrichtungen keineswegs gedient. Die eine versorgt sie nur gelegentlich und vorübergehend, die andere versorgt sie in ähnlicher Weise unvollkommen unter dem Deckmantel der Bestrafung und Besserung. Die Versuche beider Einrichtungen, sie auf eigenen Füßen ins Leben zurückzuführen, mißglücken zwar immer wieder, aber trotzdem bleiben unser Straf- und unser Schutzsystem eigensinnig bei dem Plane bestehen, sie allem Augenschein zum Trotz durch Güte oder mit Gewalt selbständig zu machen.

Für sie brauchen wir eine Versorgung außerhalb unseres Wirtschaftslebens und eine Verwertung ihrer Arbeitskräfte zum Nutzen der Gesamtheit wie ihrer selbst. In dieser kurzen Zusammenfassung begnüge ich mich mit dem Satz, daß sie nicht nach der Regel unseres Wirtschaftslebens, daß jeder entsprechend seinen Leistungen zu lohnen sei, behandelt werden können, sondern daß sie unter eine Behandlung fallen müssen, die sie versorgt entsprechend ihren richtig verstandenen Bedürfnissen und sie arbeiten läßt, entsprechend ihren Fähigkeiten.

Welcher Teil der mittellosen Wanderer auf diese Gruppe entfällt, ließ sich bisher nicht feststellen, denn wie bei den Arbeitshäuslern, so fehlt es noch mehr bei den Arbeitskolonisten an einer brauchbaren Statistik, ganz davon zu schweigen, daß ernsthafte Versuche einer statistischen Fassung der Wanderer überhaupt nicht vorhanden sind. Die Arbeiterkolonien haben vor 20 Jahren die Anfänge zu einer vorzüglichen Statistik besessen, die unter Berthold bearbeitet wurde. Leider ist diese mit dem Jahre 1891 eingeschlafen. Seitdem veröffentlichen die Arbeiterkolonien Deutschlands zwar allerlei Zahlen monatlich, die aber nach einem ganz ungenügenden Verfahren festgestellt werden, und die sich schon dadurch als wertlos für die Erkenntnis der Versorgten erweisen, daß sie die Aufnahmen, aber nicht die Aufgenommenen zählen. Schon Berthold hatte gründlich nachgewiesen, wie ganz unzuverlässig diese Zahlen seien, und wie ihre Angaben über die persönlichen Verhältnisse der Arbeiterkolonisten in keiner Weise zu gebrauchen seien.

Nur die württembergischen Arbeiterkolonien stellen noch heute für jeden Kolonisten eine Zählkarte aus; bereits Mischler hat dies Verfahren für sämtliche Verpflegungsstationen und verwandte Einrichtungen vorgeschlagen. Es ist tatsächlich der einzige Weg zu einer brauchbaren Zählung dieser Elemente; technisch läßt es sich mühelos mit einer modernen Gestaltung der Register und Journale vereinigen. Die Arbeiten Bertholds haben uns schon für die ersten Jahre der Arbeiterkolonien die starke Zunahme der Stammgäste gezeigt, die bis dahin Jahr für Jahr angehalten hatte. Es ist höchst wahrscheinlich, daß sie sich weiterhin noch stark vermehrt haben, Näheres wissen wir beim Fehlen jeglicher Zahlen darüber nicht. Etwas mehr haben uns die Untersuchungen von Bonhöffer, Wilmans und Anderer über diese Kreise aufgeklärt, doch umfassen diese Arbeiten stets nur kleine Gruppen.

Für unsere Betrachtung ist Eins wert, besonders hervorgehoben zu werden. Nach jahrhundertelanger Überlieferung gilt Vielen auch heute noch Bettel und Landstreicherei als die hohe Schule des Verbrechens, während in Wirklichkeit Wanderbettler und Verbrecher zwei ganz verschiedene Menschengruppen heute darstellen. Einzelne Persönlichkeiten werden vorübergehend beiden Gruppen angehören, die große Menge der Wanderbettler haben eine sehr einfache und eintönige Strafliste, während schwere, wirkliche Verbrecher unter ihnen wenig zu finden sind. Neben den Beobachtungen einzelner Kenner des Landstreichertums kommen hier besonders zwei statistische Zusammenstellungen in Betracht. Berthold hat die von ihm untersuchten Arbeiterkolonisten nach der Dauer und Häufigkeit ihrer Kolonienaufenthalte wie nach der Art und Bestrafung gegliedert und folgendes Bild erhalten:

(Siehe Tabelle S. 100.)

Ganz ähnlich sieht das Bild aus, das Wilmans von den Bestrafungen unserer Arbeitshäusler entwirft, von denen er allerdings nur einen Teil, die an besonderer Geisteskrankheit litten, untersucht:

(Siehe Tabelle S. 100.)

Beide Zusammenstellungen zeigen deutlich, wie der Landstreicher sich fast nur solche Vergehen zu schulden kommen läßt, die eng mit seiner Landstreicherei zusammenhängen: kleine Diebstähle, Widerstand gegen die Staatsgewalt bei seinen zahlreichen Verhaftungen, Urkundenfälschungen, um sich einen besseren Anstrich vor der Polizei zu geben. Nur vereinzelt tauchen Zuchthausstrafen auf und dann fast nur in der

Die Insassen der Arbeiterkolonien im Jahre 1889/1891.

Häufigkeit des Koloniе-aufenthalts 1889—91	Unbestrafte	Bestrafte mit: Haft	Gefängnis	Zuchthaus	Haft und Gefängnis	Haft und Zuchthaus	Gefängnis und Zuchthaus	Haft, Gefängnis und Zuchthaus	Haft und Korrektion	Bestrafte überhaupt	Zusammen (Positive Zahlen)
1 Mal	30,1	32,9	15,1	1,5	10,3	0,4	1,9	1,9	5,9	69,9	5956
2 „	22,6	33,3	14,5	0,7	16,1	0,5	1,8	3,0	7,5	77,4	2240
3 „	15,5	32,8	17,2	1,4	20,9	0,6	1,3	2,1	8,2	84,5	1166
4 „	13,3	31,8	15,5	0,4	23,4	0,9	1,8	3,3	9,6	86,7	722
5 „	9,1	34,5	14,3	0,2	25,7	0,2	1,8	3,0	11,2	90,9	440
6 „	10,7	34,1	13,5	—	26,2	—	1,2	4,4	9,9	89,3	252
7 „	13,0	31,4	17,6	—	25,5	—	3,0	1,5	8,0	87,0	137
8 „	5,6	40,2	12,5	—	25,0	1,4	1,4	2,8	11,1	94,4	72
9 „	4,3	31,9	25,5	—	23,4	—	4,3	4,3	6,3	95,7	47
10 „	6,9	34,5	13,8	—	34,5	—	—	—	10,3	93,1	29
11 „	16,7	33,3	16,7	—	33,3	—	—	—	—	83,3	12
12 „	—	33,4	16,6	—	50,0	—	—	—	—	100,0	6
13 „	—	66,6	—	—	33,4	—	—	—	—	100,0	6
16 „	—	50,0	—	—	50,0	—	—	—	—	100,0	2
17 „	—	100,0	—	—	—	—	—	—	—	100,0	1
Überh.	24,1	33,1	15,1	1,1	14,9	0,5	1,8	2,3	7,1	75,91	11088

Sämtliche Straftaten von 52 geisteskranken Landstreichern.

(In Klammer: Zahl der Täter.)

Straftaten	Vor Beginn der geistigen Störung: vor dem sozialen Verfall	nach dem sozialen Verfall	Wahrscheinlich in geisteskrankem Zustande	sicher in geisteskrankem Zustande	Zusammen
Sittlichkeitsdelikte	2 (2)	— —	1 (1)	2 (2)	5 (4)
Delikte gegen die Person und im Rausch	72 (12)	41 (15)	21 (11)	57 (18)	191 (38)
Vergehen und Verbrechen gegen das Eigentum	20 (9)	23 (11)	16 (8)	26 (9)	85 (28)
Falsche Namen, Papiere u. dgl.	— —	7 (6)	15 (8)	12 (3)	34 (15)
Bettel, Landstreichen	20 (10)	480 (20)	333 (22)	512 (36)	**1345 (52)** = 80 %
Andere Stromerdelikte	— —	10 —	5 —	7 —	22
Zusammen	**144 (22)**	**561 (20)**	**391 (23)**	**616 (38)**	**1682 (52)**
Nachhaft	1 (1)	54 (15)	41 (17)	85 (34)	181 (48)

Wilmans, Zur Psychopathologie des Landstreichers. 1906, S. 376.

Form, daß wiederholte Diebstähle mit Zuchthaus gebüßt werden müssen. Daß aus dem Wanderbettler und Landstreicher später ein wirklicher Verbrecher wird, daß der Wanderbettel also eine Schule des Verbrechens sei, dafür haben wir keinerlei Anzeichen. Viel eher kommt es schon vor, daß ein Verbrecher, wenn seine Kräfte und seine Energie für die Verbrecherlaufbahn nicht mehr ausreichen, zum Landstreicher herabsinkt. Daß aber die Zahl solcher Elemente unter ihnen nicht groß sein kann, zeigen wieder die obigen Zusammenstellungen. Jene Gruppe der ständigen Kunden, die wir bisher betrachteten, bildet eine ganz besondere, bei aller Mannigfaltigkeit doch durch ihr Verhalten gegenüber der Gesellschaft einheitlich gekennzeichnete Menge. Ihre Kriminalität erschöpft sich so gut wie ganz im Betteln und Landstreichen und den Vergehen, die darin mitgegeben sind. Will man das Bild der Krankheit auf diese Erscheinung anwenden, so muß man sagen, daß der Wanderbettel das Symptom einer gesellschaftlichen Krankheit ist. Seine bisherige armenpolizeiliche wie armenpflegerische Behandlung ist noch gar sehr ein Kurieren an den Symptomen; durch Strafen diese Leute an die Arbeit gewöhnen, sie zum selbständigen Leben in unserer Wirtschaftsordnung wieder gewinnen wollen, heißt das Symptom mit Gewaltmitteln unterdrücken, ohne die Krankheit zu kurieren. Die Krankheit besteht darin, daß unser Wirtschaftsleben einer Menge nicht voll erwerbsfähiger Menschen keinen festen Platz gibt, und daß eine ziemliche Menge von Menschen der Fähigkeit ermangeln, einen solchen Platz selbst bei ziemlich genügender Arbeitsfähigkeit zu finden oder den gefundenen festzuhalten.

Wenn wir bei dieser Begriffsbestimmung stehen bleiben, so lassen wir die Frage ganz unberührt, inwiefern unsere Wirtschafts- und Gesellschaftsordnung an diesem Übel Schuld trägt und ob sie so geändert werden kann, daß sie diese Elemente aufnimmt. Nur das sei darüber gesagt, daß bei einer Änderung der Wirtschaftsordnung eben andere Elemente hinausgestoßen werden würden; geradeso wie die Bettler und Landstreicher vor 100 und 200 Jahren ganz andere Menschen sind als heute, weil eben jene Ordnung sich geändert hat. Für uns, die wir von der Seite der Fürsorge an dieses Problem herangehen, tritt die Aufgabe klar hervor, diese halben Kräfte, soweit sie auf die Landstraße geraten sind, nun nicht ihr Leben lang zwischen Polizei, Gericht, Gefängnis, Armenhaus, Arbeitshaus und Arbeiterkolonie hin und her zu stoßen, sondern *unsere Fürsorge ihrem Wesen anzupassen, das heißt, ihre dauernde Versorgung in den Mittelpunkt aller Fürsorge zu stellen.* Erst wenn wir dieses Stammpublikum von der Landstraße fortbringen können, können wir hoffen, auch den anderen wandernden Elementen die richtige Fürsorge angedeihen zu lassen.

Haben wir aber den strafrechtlichen Gesichtspunkt als unfähig zu wirklichen Leistungen in diesem Gebiete erkannt, so fragt sich, von welchem anderen Begriff aus eine dauernde Versorgung eingeleitet werden kann. Da gilt es zunächst, eine merkwürdige Erscheinung zu würdigen, daß nämlich viele dieser Elemente ihren Zustand viel besser zu verstehen scheinen, als alle unsere gesellschaftlichen Maßregeln. Die Arbeiterkolonien wollten zuerst ausschließlich dem verbummelten Wanderer durch Arbeit wieder die Möglichkeit geben, selbständig ins Leben zurückzukehren; darum setzten sie auch eine Höchstfrist für den Aufenthalt fest. Sehr rasch machten sie die Erfahrung, daß ein starker Teil ihrer Insassen immer wieder zurückkam. Zunächst glaubten sie, dies als Mißbrauch ihrer Einrichtungen ansehen zu müssen; sie bezeichneten diese Leute im tadelnden Sinn als Koloniebummler und suchten sich ihrer durch schlechtere Behandlung zu erwehren. Mehr und mehr kamen die Kolonien zur Einsicht, daß gerade diese Elemente der Fürsorge bedürfen; ihre häufige Wiederkehr in die Kolonie ist ja ein Zeichen von der Einsicht ihrer eigenen Unfähigkeit zum Leben. Ihr Fehler ist nur, daß sie die Arbeiterkolonie so oft verlassen, gelegentlich allerdings auch verlassen müssen, weil ihre Frist abgelaufen ist. Statt sie abzuweisen, gilt es viel eher das Wiederkommen zu erleichtern und sie zum längeren Bleiben zu bewegen. Heute haben die Arbeiterkolonien im großen Maße diese ihre Aufgabe erkannt und wollen sich dieser großen Kinder mit besonderer Fürsorge annehmen. Die Lebensläufe von Landstreichern, die Wilmans veröffentlicht hat, zeigen uns an mehreren Stellen, wie die Arbeiterkolonie vielfach freiwillig von den Leuten zum Schutze aufgesucht wird und so als Ersatz an die Stelle von Gefängnis und Arbeitshaus tritt. Zweifellos würde eine zielbewußte Durchführung dieser Versorgung einen ziemlichen Teil Menschen von der Landstraße dauernd oder für längere Zeit fern halten können.

Freiwillig wird diese Fürsorge der großen Masse unserer ersten Gruppe nicht Herr werden können, weil sie viel zu unverständig, vielfach auch zu beweglich und unruhig ist, um sich selbst einer solchen notwendigen Freiheitsbeschränkung zu unterwerfen. Da wird es — so hart es manchem ankommen mag — unbedingt nötig sein, sie mit gelindem Druck zu ihren und der Gesellschaft Bestem zu zwingen. Wenn die Praktiker unserer Arbeitshäuser diesen eine bessernde Wirkung ziemlich absprechen, so haben sie eben solche Leute im Auge, die sich im Arbeitshause oft recht gut führen, die mit den besten Vorsätzen hinausgehen, um draußen binnen kurzem wieder zu straucheln. Wenn sie nicht nur zum dritten und vierten, sondern zum zehnten und noch öfteren Male ins Arbeitshaus zurückkehren, so ist es für eine einsichtige Fürsorge eine zwecklose Grausamkeit, sie wieder und wieder in ein Leben hineinzustoßen, dem sie nicht gewachsen sind. Fehlt es ihnen selbst an der Einsicht und der Kraft, zu bleiben, so wird man eben ihre freie Selbstbestimmung soweit beschränken müssen. Das ist und das darf nicht als eine Art Strafe gedacht sein, sondern einfach als eine unerläßliche Art der Fürsorge. Wenn man den Geisteskranken, den Verschwender, den Trinker entmündigt, so wird man dasselbe bei diesen Stammgästen der Landstraße tun müssen. Der Grund dazu liegt klar zutage. Sie sind außerstande, ihre Angelegenheiten selbst zu besorgen; ob sich diese Unfähigkeit unter einem der traditionellen Rechtsbegriffe, unter denen wir die Entmündigungsformen unterzubringen gewohnt sind, einordnen läßt, ist eine Frage der Praxis. Die juristische Formulierung ist schließlich ja nur ein formelles Ding. Tatsächlich kommt es darauf an, daß diese Leute durch die Tat ihre Unfähigkeit, selbständig zu leben, bewiesen haben. Man kann und man sollte auch ihnen von Zeit zu Zeit, falls sie es wünschen, Gelegenheit geben, wieder einen Versuch im selbständigen Leben draußen zu machen. Ob aber die Ursache dieser Unfähigkeit sich nun als Geisteskrankheit, Geistesschwäche, Verschwendung oder Trunksucht klassifizieren läßt, das ist doch nicht entscheidend für die Tatsache selbst. In sehr vielen Fällen wird eine Geistesschwäche unverkennbar sein. Man wird daher versuchen müssen, von hier aus eine größere Zahl dieser Elemente zu versorgen. Falls indessen rechtliche Schwierigkeiten vorliegen oder die Richter nicht genügend auf eine wirkliche Versorgung dieser Elemente eingehen, müßte ein neuer Begriff der Entmündigung für diesen Zweck geschaffen werden.

Wenn freilich die Gesellschaft es übernimmt, den, der sich selbst im Leben nicht aufrecht zu erhalten vermag, zu versorgen, so entfällt für ihn auch der Anspruch auf den Ertrag seiner Arbeit, den der freie Arbeiter hat. Er wird sich mit einer entsprechenden Versorgung begnügen müssen, die natürlich auf seine Fähigkeiten gewisse Rücksicht nehmen kann, die ihm aber grundsätzlich keinen Lohnanspruch nach seinen Leistungen zugestehen wird. Schon heute finden wir in der Irrenpflege den Fall, daß gelegentlich die Arbeit eines Geisteskranken mehr Wert hat als die Verpflegung, die ihm zuteil wird. Nicht daß diese Fälle Ausnahmen gegenüber der Regel sind, gibt ihnen Berechtigung, sondern der Grundsatz, der für unsere Fälle auch zutrifft, daß, wenn ihn die Gesellschaft vollständig versorgen muß, da er für sich selbst nicht sorgen kann, er ihr auch seine Arbeitsleistung als Entgelt schuldig ist, ohne daß er deren einzelne Verrechnung beanspruchen kann. Diese Aufgaben sind für die Armenpflege keineswegs neu und fallen kaum aus ihrem bisherigen Rahmen heraus. Arbeit als Form der Unterstützung ist überall bekannt, eine Verwertung der versorgten Elemente wird mehr oder minder überall versucht, und der Grundsatz, daß die Arbeitsleistung des Versorgten der Gesamtheit zugute kommen soll, ist uns schon bisher in der Form, daß die Armenverwaltung einen Anspruch auf die Verwertung der Arbeitskraft des Armen hat, also ihm die Unterstützung in Verbindung mit bestimmter Arbeit anbieten darf, allgemein in Geltung. Man darf es nicht vergessen, daß es sich bei dieser Gruppe von Menschen keineswegs darum handelt, Arbeit statt Almosen zu geben, ja, daß es sich darum gar nicht handeln kann, da jenen Schutzbedürftigen dafür das wesentliche Merkmal, die Fähigkeit abgeht, selbständig von ihrer Arbeit zu leben. Fehlt es uns bisher auch an einer umfassenden Darstellung, welche Arten von Arbeit und mit welchem finanziellen Erfolge von privater und öffentlicher Armenpflege verwandt werden, so wissen wir doch, daß deren eine schier unübersehbare Menge ist, und daß die hier schon heute geschaffenen Werte gewaltige Summen betragen. Mit der planmäßigen Versorgung jener haltlosen Elemente würde also keineswegs eine neue Art Fürsorge geschaffen, sondern nur eine vorhandene in umfassenderem Maße ausgebaut werden.

Wenn wir die Behandlung der Bettelei und der Landstreicherei statt vom strafrechtlichen, vom Fürsorgestandpunkt in Angriff nehmen, so wird man diese Fürsorge, wie die Versorgung der Arbeitsunfähigen, den gleichen größeren Verbänden übertragen können, die ja bisher schon vielfach beides nebeneinander erledigen. Welche Sonderungen unter den Versorgten zu treffen sind, wird sich nicht aus allgemeinen Begriffen, sondern aus der praktischen Erfahrung gestalten müssen, die eben den persönlichen Bedürfnissen der einzelnen soweit wie möglich gerecht zu werden hat. So fordern wir als erstes Stück einer Wandererfürsorge und als dasjenige, was die öffentliche Armenpflege z. T. mit der privaten Fürsorge gemeinsam zu erledigen hat: Übernahme der Versorgung hilfsbedürftiger Wanderer, soweit sie sich zum freien Leben unfähig erweisen, durch die größeren Verbände, eventuell mit Unterstützung des Staats, der ja eine Menge Gerichts- und Gefängniskosten sparen würde. So kommen wir zu den beiden ersten Sätzen unserer Thesen:

1. Gegenüber den Mißerfolgen, die alle strafrechtliche und polizeiliche Bekämpfung von Landstreicherei und Bettel aufzuweisen haben, gilt es als Grundlage jeder Besserung, ein System der Versorgung dieser gesellschaftsfremden Wesen durchzuführen, das diese Ärmsten nicht erfolglos durch allerlei Versorgungs- und Strafeinrichtungen hindurchjagt, sondern ihnen dauernde Versorgung ermöglicht. Für die Art dieser Versorgung finden sich reichlich Vorbilder in der bestehenden Fürsorge, für ihre Rechtsform wird sich, soweit die bisherigen Entmündigungsformen nicht ausreichen, ein neuer Begriff der Entmündigung wegen Unfähigkeit zu einem geordneten Leben parallel zur Entmündigung wegen Verschwendung ausbilden müssen. Erst hierdurch wird es möglich sein, für den Teil der mittellosen Wanderer, die man gewöhnlich als Arbeitsscheue bezeichnet, nachhaltig zu sorgen. Ihre Unterbringung wird im Wege der Armenpflege durch leistungsfähige Verbände mit staatlicher Unterstützung zu erfolgen haben.

2. Dieselben Verbände werden sich neben der privaten Fürsorge der gutwilligen halb und ganz arbeitsunfähigen Wanderer anzunehmen haben, die ebenfalls zum freien Leben unbrauchbar sind. Nur soweit diese sich freiwillig einer Versorgung nicht fügen, werden sie gleich jener ersten Gruppe zu behandeln sein. Bei beiden Gruppen wird man den Versorgten die Rückkehr ins freie Leben in der einen oder anderen Form soweit wie möglich offen halten. So wird hier für ein Zusammen-

wirken öffentlicher und privater Hilfseinrichtungen ein weites Feld bleiben.

In je größerem Maße es gelingt, die sogenannten Arbeitsscheuen und die halb oder ganz arbeitsunfähigen Wanderer zu versorgen, also die Landstraße gerade von ihren Stammgästen zu säubern, um so mehr wird eine klare Grundlage zur Fürsorge für die dritte Gruppe, die arbeitsfähigen und arbeitswilligen Wanderer gewonnen werden. Im allgemeinen haben beide Gruppen nur gemeinsam, daß auch die arbeitswilligen Wanderer gelegentlich betteln und dann zu einem kleinen Teil aus ihnen wirkliche Landstreicher werden, von denen einige z. B. durch die Arbeiterkolonien einem geordneten selbständigen Leben wieder gewonnen werden können. Im ganzen sind die arbeitswilligen, mittellosen Wanderer nur ein Teil einer viel größeren Masse, der wandernden Bevölkerung, die ständig auf der Arbeitssuche ist. Von allen Arbeitslosen geht nur ein Teil auf die Wanderschaft, von diesen wieder wird nur ein Teil mittellos und fürsorgebedürftig. Nur mit diesem letzten Teil haben wir uns in der Wandererfürsorge zu befassen. Da er aber aus jenen beiden größeren Gruppen herausfällt, so hängt von der Art jener Gruppen seine Beschaffenheit ab. Nun ist sehr wahrscheinlich, daß sich nicht nur die Masse der Arbeitslosen, sondern auch besonders die Zusammensetzung der wandernden Arbeitslosen seit einiger Zeit stark ändert. Freilich ist auch heute noch die Umschau in ziemlichem Maße eine unentbehrliche Form der Arbeitsvermittlung, aber in steigendem Maße wird die Arbeitsvermittlung organisiert und damit die Umschau und als Teil von ihr die Wanderschaft für die Arbeitssuche ausgeschaltet. Ferner nimmt die Zahl der Arbeitslosen zu, die in irgendeiner Form sowohl Arbeitslosenunterstützung als vor allem auch Reisezuschüsse erhalten. Das Erstarken der Arbeiterorganisationen und ihrer Tätigkeit in Arbeitsvermittlung, Reiseunterstützung und Arbeitslosenunterstützung ändert die Masse derer, die auf Wanderschaft angewiesen sind und dann mittellos werden, beträchtlich. Die bessere Qualität der Arbeitslosen findet in steigendem Maße andere Wege der Arbeitsvermittlung, die ihm die Wanderschaft, jedenfalls die mittellose Wanderschaft entbehrlich macht. Dagegen wird die Zahl der regulären Arbeitslosen stark dadurch beeinflußt, daß die intensivere Art der Arbeit mehr und mehr Elemente ausschaltet, die früher noch als arbeitsfähig galten. Vor allem wird der Arbeiter in früherem Lebensalter für viele Gewerbe unbrauchbar. So mehrt sich die Zahl derer, die als nicht vollwertig ausscheiden und dann auch nur schwer durch die reguläre Form der Arbeitsvermittlung neuerer Art unterzubringen sind. Durch sie wird die Zahl der wandernden Arbeitslosen, und gerade der mittellosen unter ihnen, vermehrt, die Qualität der Wandernden herabgesetzt.

Anderseits dürfen wir uns nicht über die Bedeutung des Wanderns für den Arbeiter im allgemeinen bloß aus den krankhaften Formen, die uns bei den mittellosen Wanderern entgegentreten, unterrichten. Neuere Untersuchungen, wie die von Ehrenberg und Racine über die

Herkunft der Kruppschen Arbeiter, scheinen einen wesentlichen Wert des Wanderns, vor allem in der Jugend, für das Fortkommen des Arbeiters selbst unter den heutigen gesellschaftlichen Zuständen zu beweisen. Trotzdem läßt sich eine Änderung der Wandernden heute kaum verkennen. Das stärkere Auftreten halber Arbeitskräfte erschwert aber eine reinliche Scheidung dieses zweiten Teils der Wandererfürsorge von dem ersten, der in die Armenpflege hineingehört. Die halben Arbeitskräfte werden, ehe sie aus dem selbständigen Leben endgültig ausscheiden, eine Reihe von Zwischenstufen durchlaufen, die auf der Grenze beider Gruppen liegen. Auch ist es darüber hinaus armenrechtlich richtig, daß der voll Arbeitsfähige, wenn er sich seinen Unterhalt tatsächlich nicht erwerben kann, armenunterstützungsberechtigt ist, also im Notfalle von der Armenpflege versorgt werden muß. Diese Versorgung ist freilich hier nur Ausnahme; immerhin wird man sie als Ausnahme in demselben Rahmen wie bisher im Armengesetz bestehen lassen müssen, was sich ja schon aus der Formulierung des Begriffs der Unterstützungsbedürftigkeit ergibt. Das gesamte Problem der Wandererfürsorge im engeren Sinne dagegen liegt außerhalb der Armenpflege, da auch die Masse der Wanderer sich nicht mit ihr berührt. Handelt es sich wirklich um arbeitsfähige und arbeitswillige Elemente, so ist die Fürsorge für sie nur ein Teil der Arbeitslosenfürsorge überhaupt, und dann kann von dieser allgemeinen Fürsorge die Fürsorge für wandernde Arbeitslose nicht abgetrennt werden. Vor allem kann man nicht ihnen, den Wandernden, Arbeit verschaffen, wenn man nicht der ganzen großen Masse der Arbeitslosen, Wandernden wie Seßhaften, Arbeit verschaffen, ihre Kräfte wirtschaftlich verwerten will. Damit tritt an Stelle der Wandererfürsorge in dieser Richtung mit harter und unangenehmer, aber unerbittlicher Konsequenz Arbeitslosenfürsorge, hinter der sich stets ein Recht auf Arbeit melden wird.

Da es sich hier um Arbeiter handelt, die nur vorübergehend mittellos sind, vorher und nachher aber aus eigenen Kräften oder Mitteln ihrer eigenen Organisationen sich über Wasser halten, so erscheint es wichtig, die Fürsorge für sie in enger Verbindung mit ihnen selbst und unter Mitwirkung der Arbeiter, für die sie bestimmt ist, zu gestalten. Dieses Problem näher zu erörtern, führt über den Rahmen eines Reichsarmengesetzes weit hinaus und kann in ihm in keiner Weise gelöst werden. Nur als Abschluß der obigen Darlegungen fasse ich daher meine Gesichtspunkte in zwei kurze Sätze zusammen:

3. Für die mittellosen Wanderer, die nur durch Arbeitslosigkeit zum Wandern getrieben werden, muß in erster Linie durch den Ausbau aller Schutzeinrichtungen, die auf der Selbsttätigkeit der Arbeiter beruhen (Herbergswesen, Unterstützungskassen, Versicherung) gesorgt werden.

4. Soweit das nicht ausreicht, werden entsprechend der Arbeitsbeschaffung für seßhafte Arbeitslose (Notstandsarbeiten) auch Arbeitsstätten für wandernde Arbeitslose zu schaffen sein, die in engster Ver-

bindung mit den vorher erwähnten Maßnahmen ausgestaltet werden müssen, also den Abschluß der Wandererfürsorge bilden sollten. Auch hierbei ist die Mitwirkung der Arbeiter nicht zu entbehren.

Soweit das Problem aber die Armengesetzgebung berührt, muß es in einem Reichsgesetz gelöst werden, da alle bisherigen Versuche, von anderem abgesehen, schon durch die Verschiedenheit in Gesetzgebung und Verwaltung der Einzelstaaten in weitem Umfange wirkungslos gemacht werden.

Sechster Abschnitt.

Die Tariffrage.

Berichterstatter: Rechtsrat **Fleischmann**, Nürnberg.

I.

Für das bisherige Geltungsgebiet des Unterstützungswohnsitzgesetzes ist die Erstattungspflicht unter Armenverbänden durch § 30 dieses Gesetzes dahin geregelt, daß, soweit nicht nach § 29 eine endgiltige Hilfepflicht des Dienst- oder Arbeitsortes besteht, der Ortsarmenverband des Unterstützungswohnsitzes, oder bei Fehlen des letzteren der Landarmenverband des Aufenthalts- oder (bei Entlassung aus einer Anstalt) des einliefernden Ortes dem hilfeleistenden Armenverbande die durch Unterstützung eines hilfsbedürftigen Deutschen erwachsenen Kosten zu ersetzen hat. Die Höhe der erstattungsfähigen Kosten ist nach den am Unterstützungsorte über das Maß der öffentlichen Unterstützung Hilfsbedürftiger geltenden Grundsätzen zu bemessen. Allgemeine Verwaltungskosten der Armenanstalten oder besondere Gebühren für fest besoldete Armenärzte dürfen dabei nicht angesetzt werden. Für öfter wiederkehrende Aufwendungen, deren täglicher oder wöchentlicher Betrag sich in Pauschquanten feststellen läßt, z. B. Verpflegungssätze in Kranken- oder Armenhäusern, kann in jedem Bundesstaate und zwar für diesen gleichmäßig oder nach Bezirken verschieden, ein Tarif aufgestellt werden, der öffentlich bekanntzumachen ist, und dessen Sätze die Erstattungsforderung nicht übersteigen darf.

Es ergibt sich vorneweg, daß die Rechtseinheit auf diesem Gebiete noch eine sehr mangelhafte ist, da nicht nur für die Höhe der im Einzelfalle zu gewährenden Unterstützung, sondern auch für die Tarife selbst die Landesgesetzgebung zuständig ist, und die Tarife nur maßgebend sind für die Ersatzforderungen der Armenverbände eines und desselben Bundesstaates.

Dieser Umstand läßt im Verkehre von Armenverbänden verschiedener Bundesstaaten untereinander, da im allgemeinen der Grundsatz der vollen Ersatzpflicht für den ganzen Aufwand besteht, für Zweifel, Meinungsverschiedenheiten und Streitigkeiten noch sehr viel Raum. Zudem sind nicht in allen Bundesstaaten Tarifordnungen erlassen.

Da die Tarife, wo solche festgesetzt sind, im wesentlichen mit dem preußischen Tarife übereinstimmen, soll dieser letztere den folgenden Betrachtungen zugrunde gelegt werden.

Während der alte preußische Tarif die Gemeinden nach Servisklassen einteilte und nur für Personen im Alter von mehr als 14 Jahren Vorsorge traf, läßt der neue Tarif vom 30. November 1910 — gültig ab 1. April 1911 — den Servisklassenunterschied fallen und setzt den täglichen erstattungsfähigen Verpflegsatz für Personen unter 14 Jahren auf 60 Pf., für Erwachsene auf 90 Pf. fest. Hierzu kommt, falls ärztliche oder wundärztliche Behandlung notwendig wurde, für diese und Verpflegung mit Einschluß der Arzneien, Heilmittel usw. ein Tagessatz von 20 Pf.

Liegt bei Verwundungen oder schweren oder ansteckenden Krankheiten ein erheblicher außerordentlicher Mehraufwand vor, so kann dieser statt des Tarifsatzes zu 20 Pf. verrechnet werden, aber nur nach den durch die jeweiligen Gebührenordnungen für approbierte Ärzte festgesetzten Mindestsätzen. Daneben können die Selbstkosten für notwendige künstliche Gliedmaßen, teure Bandagen und Apparate in Rechnung gestellt werden.

Ebenso können die Kosten für gelieferte Kleidungsstücke noch besonders verrechnet werden. Ob die Verpflegung innerhalb oder außerhalb eines Kranken- oder Armenhauses stattgefunden hat, begründet keinen Unterschied.

Der erste und letzte Verpflegungstag zählen zusammen als ein Tag.

Der Tarifsatz für Beerdigungen beträgt für Personen unter 14 Jahren 15 Mk., für andere 25 Mk.

Was nicht unter diese Bestimmungen fällt, ist besonders zu berechnen und zu bezahlen, besonders die Kosten der Verpflegung und ärztlichen Behandlung nicht völlig erwerbsunfähiger Personen, bei welchen aber die Tarifsätze als Höchstsätze gelten.

Der Tarif ist in Streitfällen zwingend, selbstverständlich aber bei Anwendung des § 55 U.W.G. (Einigung über das Verbleiben von ausweisreifen Personen) ohne Rechtsverbindlichkeit.

Zweck des Tarifs ist die Regulierung der Forderungen, Vereinfachung des Geschäftsverkehrs und des Streitverfahrens. Die Sätze sind Pauschal-, nicht Maximalsätze. Sie werden, da Verwaltungskosten außer Betracht bleiben, regelmäßig hinter den Selbstkosten der Anstaltspflege zurückbleiben. Es werden aber auch die Fälle nicht ganz selten sein, in welchen mehr ersetzt werden muß, als tatsächlich aufgewendet wurde.

II.

Für Bayern gilt das im Gesetze vom 29. April 1869 über die öffentliche Armen- und Krankenpflege enthaltene Recht. Nach diesem beschränkt sich (Artikel 14) der Ersatzanspruch der vorläufig hilfeleistenden Gemeinde auf die notwendigen Kosten. Für den Fall der Unterbringung der hilfsbedürftigen Person in einem gemeindlichen oder distriktiven Krankenhause dürfen für Verpflegung und ärztliche Behandlung die Sätze der aufgestellten, von der Aufsichtsbehörde zu genehmigenden und öffentlich bekanntzumachenden Tarife aufgerechnet werden. Eintritts- und Austrittstag werden auch hier als ein Tag gerechnet.

Die bestehenden Tarifsätze dürfen mit etwa 2 Mk. 50 Pf. bis 3 Mk. 50 Pf. für den Tag angenommen werden. Auch hier gilt das oben Gesagte. Es kann vorkommen, daß die Ersatzleistung ihrer Höhe nach die wirkliche Leistung übertrifft. Das wird namentlich bei leichteren Erkrankungen der Fall sein. Bei schwereren Fällen aber, in welchen ein größerer Aufwand für Operationen, teure Medizinen usw. stattfinden muß, wird in der Regel keineswegs der ganze Aufwand, in vielen Fällen vielleicht nur ein Bruchteil desselben ersetzt.

Für die Tariffestsetzung gibt die Ministerialentschließung vom 17. Februar 1888 Maß, welche als Grundsatz aufstellt, daß die Verpflegungssätze in keinem Falle die notwendigen Selbstkosten der Gemeinde oder Krankenanstalt übersteigen dürfen, daß für die Regel für fremde Kranke nicht mehr berechnet werden darf als für einheimische, und daß es regelmäßig nicht statthaft ist, die allgemeinen Kosten der Krankenanstalt, d. h. jene, welche auch ohne Aufnahme von Fremden erwachsen würden, also die Verwaltungskosten, den Aufwand für Verzinsung und Tilgung von Bauschulden, oder für bauliche Unterhaltung anzurechnen. Der Tarifsatz soll die Vergütung des gesamten Aufwandes für Verpflegung, ärztliche Behandlung und Heilmittel enthalten; eine besondere Berechnung soll nur bei erheblichen außerordentlichen Mehraufwendungen, z. B. für außergewöhnliche Heilmittel, für Operationen und dergleichen zulässig sein. Will letzteres vorbehalten werden, so muß es im Tarife ausgedrückt sein, da andernfalls das Gesetz jede Mehrberechnung verbietet. Ein solcher Vorbehalt ist in Bayern nirgends gemacht.

Der Tarifsatz ist jeweils nach dem Durchschnitte der letzten Jahre unter Beachtung der angeführten Grundsätze zu ermitteln und festzustellen.

III.

Für die Erstattungsfrage im Verkehre zwischen Bayern und dem (armenrechtlichen) „Auslande“, zu welchem neben Österreich-Ungarn noch die sämtlichen deutschen Bundesstaaten mit den Reichslanden zählen, kommt die Eisenacher Übereinkunft vom 11. Juli 1853 in Betracht, nach welcher für die Kur und Verpflegung und für die Beerdigung von Angehörigen anderer Vertragsstaaten kein Ersatz beansprucht werden kann. Der Aufenthaltsstaat ist zur ersatzlosen Hilfeleistung solange verpflichtet, bis die Rückkehr des Erkrankten in seinen Heimatstaat ohne Nachteil für seine oder anderer Gesundheit geschehen kann.

Im übrigen, d. h. soweit andere Unterstützungen als solche zur Kur und Verpflegung gereicht werden, ist auf das Freizügigkeitsgesetz (§ 5 ff.) und den Gothaer Vertrag vom 15. Juli 1851 zu verweisen. Ein Ersatz findet hier binnen 3 Monaten nicht oder nur nach entsprechender Vereinbarung statt.

IV.

Wie soll sich ein künftiges Reichsarmenrecht in der Frage verhalten?

In die vorderste Reihe sei der Satz gestellt: Rechtseinheit, soweit nur immer möglich! Der gute Wille zu ihr wird manche wirkliche und scheinbare Schwierigkeit überwinden. Ohne einheitliche Regelung wird sich der Verkehr ganz besonders zwischen den bisherigen Gebieten des Unterstützungswohnsitzrechtes und Bayern mit seinem sehr verschiedenen Systeme unerwünscht schwierig gestalten.

Es läge nahe, sich an das bei der Mehrheit der Bundesstaaten Bestehende zu halten und die neu anzuschließenden Gebiete ihm anzupassen. Es wird richtig sein, so vorzugehen, wenn dieses Bestehende den Vorzug der Güte hat. Ob dieses der Fall ist, möge die folgende Betrachtung lehren.

Die bestehenden Tarife beschränken sich auf die Fälle der vollen Verpflegung ganz oder teilweise erwerbungsunfähiger Personen und Krankenhilfe, wohl mit Recht. Es wird nicht angehen, auch für andere Fälle der Armenunterstützung an Pauschalierung zu denken. Jeder Versuch, andere Gebiete in die Tarifierung einzubeziehen, müßte auf Künstelei hinauslaufen, müßte auch dem Grundsatze der Individualisierung widersprechen. Es wird also fast die gesamte offene Armenpflege ausscheiden müssen. Aber auch in der geschlossenen Armenpflege, soweit sie nicht geregelte Verpflegung und Krankenbehandlung umfaßt, wird sich schwer ein Maßstab finden lassen, an welchem die Ersätze so bemessen werden können, daß sie allerseits befriedigen, wenn an die Stelle des wahren Aufwandes ein Pauschale treten soll.

Das bayerische Recht geht übrigens davon aus, daß nur die Verpflegung und Behandlung Armer in Krankenanstalten für die Tarifierung sich eigne, weil hier mit einer gewissen Stetigkeit und Gleichmäßigkeit der Kosten gerechnet werden kann, welche bei der Verpflegung außerhalb einer Anstalt nicht in diesem Maße besteht. In allen übrigen Fällen müssen die wirklichen Kosten ersetzt werden, vorausgesetzt natürlich, daß armenrechtliche Hilfsbedürftigkeit überhaupt vorlag und der gemachte Aufwand angemessen war.

Darüber, daß für den Ersatz von Krankenhauskosten ein Tarif nicht nur sehr zweckmäßig, sondern im Interesse der Fernhaltung von Weiterungen und Streitigkeiten geradezu notwendig ist, wird kaum ein Zweifel bestehen.

Nicht so glatt liegt aber die Frage, ob der Tarif nach dem preußischen oder bayerischen Systeme einzurichten sein wird.

Inwieweit der preußische Tarif bewährt ist, entgeht der Beurteilung des Verfassers. Dieser glaubt aber sagen zu können, daß der Tarif jedenfalls weit komplizierter gestaltet ist als der bayerische, wenngleich an ihm das Bestreben anerkannt werden muß, ihn dem wirklichen Aufwande möglichst anzugleichen. Dieses Bestreben ist einerseits ganz löblich, birgt aber auf der anderen Seite eine gewisse Gefahr in sich, die gleiche, welche der Bestimmung innewohnt, daß allgemeine Verwaltungskosten der Armenanstalten nicht in Ansatz gebracht werden dürfen. Beides ist geeignet, das Bestreben nach tunlicher Tiefhaltung der nicht erstattungsfähigen Verwaltungskosten zu fördern, d. h. das Bestreben, die zu errichtenden Anstalten möglichst einfach und billig einzurichten und da zu sparen, wo im öffentlichen gesundheitlichen Interesse, in dem der Armen im besonderen nicht gespart werden sollte. Je besser eine Anstalt, gar ein Krankenhaus, eingerichtet ist, desto erfolgreicher kann es arbeiten, und mit der Güte der Ausstattung steigt die Möglichkeit einer rascheren Abwickelung der einzelnen Hilfe- und Krankheitsfälle.

Wenn allgemeine Verwaltungskosten nicht berechnet werden dürfen, so liegt dieser Anordnung jedenfalls die Erwägung zugrunde, daß die Armenanstalten vorwiegend nur in erster Linie den örtlichen Bedürfnissen und den Einheimischen dienen und für diese errichtet werden müssen, ob auch Fremde in ihnen verpflegt werden oder nicht, und daß der Anteil der Fremden an ihrer Benützung nicht erheblich ins Gewicht fällt. Vielleicht spielte auch noch die Erwägung eine Rolle, daß kein Armenverband gehalten werden könne, für kostspielige Einrichtungen an einem anderen Orte aufzukommen, welche zu Hause als entbehrlich angesehen werden oder nicht geleistet werden können. Ein solcher Gedankengang wäre nach dem oben Gesagten wohl verfehlt, denn auch für den Armen wird es gelten müssen, daß für ihn das beste gerade gut genug ist, und der Gerechtigkeit dürfte es wenig entsprechen, einen Armenverband mit hochentwickelten Einrichtungen mit demselben Betrage abzuspeisen, wie dieser ihn von einem anderen mit viel geringerwertigen Leistungen erhält. Dieses müßte auch zu einem übermäßigen Andrange zu den besseren Anstalten führen.

Es ist nicht einzusehen, warum die regelmäßig mit der Güte einer Anstalt zusammenhängenden und von dieser abhängigen allgemeinen Verwaltungskosten entgegen dem Grundsatze der vollen Erstattungspflicht durchaus außer Betracht gelassen werden müssen. Leistung und Gegenleistung sollen sich doch auch möglichst entsprechen.

Dem Tarife ist es freilich schon begriffsmäßig eigen, daß er sich mit dem wahren Aufwande im Einzelfalle selten decken wird. Pauschaliert ist eben pauschaliert. Allein dieses beweist nichts gegen seine Zulässigkeit und Verwendbarkeit, denn die bei einem Tarife zweifelsohne sich ergebenden Ungleichheiten, vielleicht auch Härten gleichen sich in der allgemeinen und fortgesetzten Anwendung aus, soferne nur der richtige Durchschnitt ermittelt wird, und zwar sowohl für eine einzelne Anstalt, deren höhere Aufwendungen im einen Falle durch Minderleistungen in anderen aufgewogen werden, als auch im Verkehre der Armenverbände untereinander.

Naturgemäß kann ein Reichstarif unmöglich absolut feste Einzelsätze geben, welche je nach Geldwert und allgemeiner Wirtschaftslage von Zeit zu Zeit geändert werden müssen. Er kann aber die Grundsätze in zwingender Form aufstellen, nach welchen die Tarifsätze für einzelne Anstalten zu bilden sind, und kann die Grenzen ziehen, innerhalb welcher Tarifsätze zulässig sein sollen. Diese Grenzen werden sich ganz zwanglos ergeben. Sie sind im § 30 des U.W.G. richtig umschrieben und liegen im Gebiete derjenigen häufiger vorkommenden öffentlichen Unterstützungen, deren Betrag oder Wert sich ohne zu weitgehende Nivellierung in Pauschbeträgen feststellen läßt. Der Grundsatz der vollen Erstattungspflicht muß dabei im allgemeinen aufrecht bleiben. Fraglich kann wohl nur sein, ob nach dem bayerischen Vorgange die Tarifierung auf die Verpflegung in öffentlichen Krankenanstalten der Gemeinden und Distrikte beschränkt werden soll.

Vom Standpunkte der Geschäftsvereinfachung aus wird die Beschränkung nicht begutachtet werden können, denn je mehr bindende Tarife, desto weniger Streit. Bei geschlossener Anstaltsverpflegung läßt sich ein Tarif leicht errechnen, und volle Verpflegung außerhalb von Anstalten wird ohnehin selten sein. Findet sie dennoch statt, so ist ein Tarif dem Armen nur von Nutzen, da er ihm auch eine gewisse Mindestleistung gewährleistet.

Bei der Festlegung der Grundsätze für die Tarifbildung in Krankenanstalten ist die Frage zu entscheiden, ob preußisches oder bayerisches System zu wählen ist. Ersteres ist beweglicher, aber auch komplizierter und unsicherer als das letztere. Es darf behauptet werden, daß der Tarifsatz für ärztliche Behandlung mit 20 Pf. in der Praxis keine große Rolle spielt, da bei ganz leichten Erkrankungen eine Krankenhauseinweisung in der Regel nicht stattfindet und bei schweren Erkrankungen eine andere Berechnung zulässig ist. Gerade aber der Umstand, daß zur Zulässigkeit eines höheren Ansatzes besondere Beweisführung nötig ist — *erhebliche*, *außerordentliche* Aufwendungen, schwere Krankheiten —, bei der dem Ermessen ein sehr weiter Spielraum gelassen ist, mag, da nicht durchaus sicher mit dem Ersatze gerechnet werden kann, dazu verleiten, in einzelnen, jedenfalls in allen erkenntlich leichteren, aber auch in zweifelhaften Fällen von einer Krankenhausbehandlung abzusehen, trotzdem sie dem Kranken förderlich wäre. Dieses ist nach dem bayerischen Rechte ausgeschlossen; wenn sich Krankenhausbehandlung sachlich als notwendig erweist, so ist auch der Tarifsatz für diese unweigerlich zu ersetzen. Es möchte also dem entschieden einfacheren und das Interesse des erkrankten Armen mehr sichernden bayerischen Verfahren der Vorzug zu geben sein.

Ob neben dem festen Tarifsatze noch außerordentliche Mehraufwendungen zur Berechnung zugelassen werden sollen, ist Ermessenssache. Die überwiegenden Gründe sprechen für den Ausschluß. Die

Möglichkeit, ihre Notwendigkeit in Zweifel zu ziehen, kann zu Streitigkeiten führen. Außerdem geht schon die Praxis davon aus, und es kann unbedenklich auch allgemein angeordnet werden, daß bei armen Kranken tunlich sparsam verfahren, und daß von den teuren Verordnungen abgesehen wird, wenn billigere Heilmittel denselben Erfolg versprechen. Weiter erfordern auch z. B. große Operationen in gut eingerichteten Krankenhäusern gar keinen außerordentlichen Aufwand, da die erforderlichen Spezialärzte und Einrichtungen ohnehin vorhanden sind. Die hier in Betracht kommenden Fälle sind auch die selteneren, und der besondere Aufwand für sie wird den Durchschnitt der allgemeinen Kosten nicht wesentlich erhöhen.

Es wird nun eingewendet werden, daß ein ganz allgemeiner Tarif, wie der preußische, dennoch einfacher sei als das bayerische System, welches für jede einzelne Krankenanstalt einen besonderen Tarif nötig macht. Ferner wird gesagt werden, daß nach dem bayerischen Rechte mit viel höheren Ersatzsummen zu rechnen wäre als nach dem Rechte des übrigen Reichsgebietes, wogegen erheblicher Widerstand einsetzen werde.

Hierauf ist zu sagen, daß die Festsetzung der Tarifsätze für die einzelnen Kranken- und Pflegeanstalten gar keine besonderen Schwierigkeiten bietet, in Bayern bisher solche auch nicht geboten hat, und daß es für den amtlichen Verkehr genügt, wenn den Rechnungen die Bestätigung beigesetzt wird, daß die Ansätze den genehmigten Tarifen entsprechen. Von einer wirklichen Schwierigkeit in der Praxis kann also nicht gesprochen werden.

An die größeren Ersatzsummen wird man sich aber gewöhnen können und müssen. Dieselben sind mit wirklich höheren Ausgaben durchaus nicht gleichbedeutend, weil ja der Wechselverkehr zwischen gleichen Orten zum größten Teile einen Ausgleich bringen wird. Nur in einzelnen Fällen wird dieser Ausgleich ausbleiben, und in diesen werden tatsächlich größere Ausgaben entstehen als bisher. Diese werden aber wiederum, jedenfalls zum größten Teile dadurch ausgeglichen werden, daß, wenn an einem Orte mehr als bisher ersetzt werden muß, von einem anderen auch wieder mehr gefordert werden kann. Und wo dieser Ausgleich nicht stattfindet, da hat der vorläufig helfende Verband gerechterweise eben einen seinen Selbstkosten ziemlich nahekommenden Ersatz erhalten.

Der gemachte Vorschlag bedeutet freilich für den größten Teil des Gebietes des Unterstützungswohnsitzes eine gewisse Umwälzung, und es wird auch nach Ansicht des Verfassers recht zweifelhaft sein, ob besonders Preußen, welches das Tarifwesen erst vor kurzem neu geregelt hat, der vermeinten Systemänderung zustimmen wird.

Erwünscht wäre eine Einigung unter allen Umständen, denn es wäre ein geradezu undenkbarer Zustand, wenn nach den verschiedenen Systemen weitergearbeitet werden müßte. Der Verkehr zwischen nichtbayerischen und bayerischen Armenverbänden könnte geradezu unausstehlich werden, wenn in jedem einzelnen Falle mit der pfennigweisen

Nachprüfung der Rechnungen vorgegangen werden könnte. Lieber ein kräftiger Schnitt gemacht! Zum letzten Ende wäre ja selbst der Übergang Bayerns zum preußischen Tarifmuster dann noch vorzuziehen, wenn es nicht gelingen sollte, im Reichsgesetze einen gangbaren Mittelweg zu finden.

Als ganz selbstverständlich ist es zu bezeichnen, möchte aber trotzdem nochmals betont werden, daß die vorgeschlagene Tarifregelung sich nur auf diejenigen Fälle zu beziehen hätte, in welchen ein Armenverband dem anderen Ersatz zu leisten hat, so daß es den einzelnen Verbänden völlig freigestellt bleibt, welche Vereinbarungen sie mit Anstalten und Krankenhäusern, öffentlichen oder privaten, wegen der Kosten für unterzubringende Arme treffen wollen. Insbesondere bleibt die Möglichkeit offen, daß ein Armenverband vom anderen weniger ersetzt erhält, als er an die von ihm benützte Anstalt leistet, unter Umständen aber auch mehr.

Endlich möge noch beigefügt sein, daß die folgenden Vorschläge es zulassen, entweder nach bayerischem Muster Tarife für jede einzelne Anstalt zu bestimmen, oder aber einen nach den preußischen oder revidierten Grundsätzen behandelten Reichstarif aufzustellen. Daß ein solcher möglich ist, beweist der preußische Tarif selbst.

Zusammengefaßt sind folgende Sätze zu unterbreiten:

Ein Reichsarmengesetz soll die Bestimmung enthalten,

1. daß dem vorläufig hilfeleistenden vom endgültig verpflichteten Armenverbande alle für die Unterstützung eines armen Deutschen erwachsenen notwendigen Kosten zu ersetzen sind;
2. daß dieser Ersatz in allen Fällen, in welchen ein Armer volle Verpflegung innerhalb oder außerhalb einer Anstalt genossen hat, oder in einer Krankenanstalt aufgenommen war, nach bestimmten Tarifsätzen erfolgen muß, welche für die Verpflegung und für die Krankenanstaltsbehandlung gesondert festzusetzen sind, und welche jede Mehrforderung ausschließen;
3. daß die Tarifsätze nur die notwendigen Selbstkosten enthalten dürfen, in welche nach billigem Ermessen ein entsprechender Ansatz für die allgemeinen Unkosten einer Anstalt eingerechnet werden darf, aber alles in sich schließen, was außer für die Verpflegung zur Gewährung von Obdach, für Bedienung, ärztliche Behandlung, Heilmittel und Arzneien aufzuwenden ist;
4. daß alle zum dauernden Gebrauche eines Kranken außerhalb einer Anstalt angeschafften und notwendigen künstlichen Gliedmaßen, Bandagen, Apparate und dergl. besonders zu ersetzen;
5. daß Ein- und Austrittstag in einer Armen- oder Krankenanstalt zusammen als ein Tag zu berechnen;
6. daß für die Beerdigung verstorbener Armer bestimmte, durch die Altersstufe von 14 Jahren abzugrenzende Beträge unter Ausschluß von Stolgebühren zu ersetzen sind, welche nach den gleichen Grundsätzen bestimmt werden wie die Tarifsätze nach 2 und 3.

Siebenter Abschnitt.

Aufsicht über die öffentliche Armenpflege und Rechtsprechung.

Berichterstatter: Bürgermeister **Dr. K. Thode**, Stettin.

Wenn auch das unter Abänderung der Reichsverfassung zu erstrebende Reichsgesetz das Armenwesen zu einer Angelegenheit des Deutschen Reiches machen wird, so wird damit keineswegs etwa gesagt sein, daß nun die Ausübung der Armenpflege dem Reiche oder Organen des Reiches solle auferlegt werden. Ebensowenig wird die Tragung der Armenlast auf die Reichskasse übernommen werden. Es wird vielmehr sein Bewenden dabei behalten, daß zwar grundsätzlich die öffentliche Armenpflege als eine soziale und kulturelle Aufgabe des umfassenderen Gemeinwesens zu betrachten ist, daß aber bei uns in Deutschland aus Gründen der geschichtlichen Entwicklung wie aus Gründen der Zweckmäßigkeit nach wie vor die Selbstverwaltungskörper, insbesondere die Gemeinden als die berufenen Träger der Pflicht zur Armenpflege sowohl hinsichtlich ihrer Ausübung wie ihrer Kosten erscheinen werden[1].

Sobald aber an Stelle der Vielheit die Einheit der Vorschriften über das materielle Armenrecht tritt, wird lebhafter noch als bisher die Forderung erhoben werden müssen, daß Sorge getragen werde für eine gleichmäßige einheitliche Anwendung der armenrechtlichen Bestimmungen im ganzen Deutschen Reiche.

Daß heutzutage eine solche übereinstimmende Übung durchaus nicht vorhanden, daß vielmehr zwischen der Art der Armenpflege unter den einzelnen Armenverbänden, insbesondere wenn man die ländlichen mit den großstädtischen vergleicht, ganz gewaltige Unterschiede bestehen, ist bekannt und in den Verhandlungen des Deutschen Vereins für Armenpflege und Wohltätigkeit wiederholt betont worden. Die Ursachen dieser Verschiedenheit liegen teils in Leistungsschwäche, teils in mangelnder Einsicht, teils endlich in bösem Willen der Armenverbände.

---

[1] Die neuerdings wieder stärker hervortretenden Bestrebungen, bei starken Unterschieden in der Belastung der einzelnen Gemeinden mit Armenkosten einen Ausgleich zu schaffen, widersprechen dem nicht.

Wo Leistungsschwäche der Grund unbefriedigender Armenpflege ist, da kann Abhilfe nur dadurch erzielt werden, daß anstatt der zu schwachen leistungsfähige Verbände erstellt werden. Darüber ist in dem Berichte über „Die Organe der öffentlichen Armenpflege" das Nähere enthalten. Wo der Grund in mangelnder Einsicht liegt, da wird man sich bestreben müssen, mehr und mehr die Einsicht zu fördern. Hier schon zeigt sich ein Feld, auf dem durch die Tätigkeit der Aufsichtsbehörden viel erreicht werden kann. Das ureigene Gebiet der Aufsicht und Rechtsprechung aber wird bezeichnet durch die Aufgabe, widerstrebende Armenverbände zwangsweise zur Erfüllung ihrer Pflichten anzuhalten, und zwar, soweit die Aufsichtsbehörden in Frage kommen, entweder durch generelle Anordnungen oder, im Einzelfalle, von Amts wegen oder auf Anrufen Beteiligter, während der Rechtsprechung vorbehalten bleibt, konkrete Ansprüche des bürgerlichen oder des Strafrechts oder aber — was hier überwiegend interessiert — des öffentlichen Rechts in genau geordnetem Rechtsgange zum Austrag zu bringen.

I. Aufsicht.

1. Der heutige Zustand und seine Mängel.

Da die öffentliche Armenpflege überall in Deutschland ein Zweig der gemeindlichen Selbstverwaltung ist, so wird auch die staatliche Aufsicht über die Tätigkeit der Armenverbände bisher in allen deutschen Bundesstaaten [1] von den Kommunalaufsichtsbehörden zum Teil unter Mitwirkung der Medizinalbehörden und Amtsärzte ausgeübt. So steht für Preußen nach § 25 des Ausf. Ges. z. U.W.G. v. 8. März 1871 „der Staatsregierung nach Maßgabe der Gemeindeverfassungsgesetze die Aufsicht über die Verwaltung der Ortsarmenverbände zu". Die Aufsicht über die Landarmenverbände wird in der Regel durch die Oberpräsidenten ausgeübt [2].

Im 8. Heft der Schriften des D. V. f. A. u. W. (1889) hat Regierungsrat Huzel (S. 157 ff.) auf Grund einer Umfrage eingehend dargestellt, wie rechtlich und tatsächlich in den einzelnen Bundesstaaten und Landesteilen die Staatsaufsicht ausgeübt wird. Diese Darstellung wird in allem Wesentlichen auch heute noch zutreffen; von einer erneuten Rundfrage ist deshalb Abstand genommen worden. Für Elsaß-Lothringen bestimmt der § 12 des Ges. z. Ausf. d. U.W.G. v. 8. November 1909: „Die Aufsicht über die Verwaltung des Ortsarmenverbandes steht den staatlichen Behörden nach Maßgabe der Gemeindeordnung zu. Bei Gesamtarmenverbänden ist die Aufsichtsbehörde

---

[1] Mit Ausnahme der Hansestädte, weil sie Stadtstaaten sind.

[2] Wegen Mitwirkung der Kreisärzte ist zu vergleichen das Gesetz vom 16. September 1899 (G.S. S. 172), insbesondere § 6 und die Dienstanweisung vom 1. September 1909, Abschnitt XXVII—XXIX.

der größten beteiligten Gemeinde zuständig . . . Die Aufsicht über die Verwaltung der Landarmenverbände führt das Ministerium." Auch für Bayern wird beabsichtigt, bei Einführung des U.W.G. es bei dem bisherigen Rechtszustande bewenden zu lassen, nach dem sich die Aufsicht über das Armenwesen in dem allgemeinen Rahmen der Staatsaufsicht über die Gemeinden bewegt. Bei Gesamtarmenverbänden soll die größte beteiligte Gemeinde den Ausschlag geben, die Aufsicht über die Landarmenverbände den Regierungen übertragen werden. Vgl. „Richtpunkte für die Ausführung des Reichsges. über den U.W. in Bayern" vom 18. Mai 1912[1]. —

Die Staatsbehörden, denen die Aufsicht über die Gemeindeverwaltungen übertragen ist, haben zunächst das Recht und die Pflicht, sich über die auf dem Gebiete der öffentlichen Armenpflege bestehenden Zustände zu unterrichten. Soll die Handhabung der Armenpflege mit dem Armenrecht und den leitenden Gesichtspunkten in Übereinstimmung gebracht werden, so bildet eben eine zuverlässige Kenntnis der bestehenden Verhältnisse die unentbehrliche Grundlage. Dem Zwecke, diese Grundlage zu schaffen, dienen umfassende statistische und anderweite Erhebungen (Enqueten), deren Material aus Berichten gewonnen wird, die von den Armenverbänden eingezogen werden. Aus ihnen werden Durchschnittszahlen oder sonstige generelle Ergebnisse gewonnen, die ein Bild in allgemeinen Umrissen ergeben. An den Durchschnittszahlen kann mit einiger Sicherheit festgestellt werden, ob der einzelne Armenverband mit seinen Leistungen hinter den billigen Anforderungen allzusehr zurückbleibt. Da es aber bei der öffentlichen Armenpflege weniger auf die Zahlen ankommt als auf die Art, in der sie geübt wird, so muß das Bild durch Einzelerhebungen ergänzt werden. Als Mittel hierzu erscheint neben der Einziehung von Sonderberichten auch die örtliche Besichtigung und Erkundung der Einrichtungen des einzelnen Armenverbandes durch Organe der Staatsaufsicht[2].

War bisher von den Mitteln die Rede, durch die die Aufsichtsbehörde sich die erforderliche allgemeine und besondere Kenntnis der bestehenden Zustände verschaffen kann, so ist im folgenden zu betrachten, wie sie auf die Armenverbände einzuwirken vermag, um eine gesetzmäßige und gedeihliche Armenpflege fördern zu helfen. Das kann zunächst geschehen durch Nutzbarmachung des von ihr gesammelten Materials, das in zweckentsprechender Bearbeitung und Aufbereitung sowie in geeigneter Form den Armenverwaltungen zugänglich gemacht wird. In solchen Mitteilungen und Belehrungen kann auch

---

[1] Drucksachen der bayer. Kammer der Abgeordneten XXXVI. 1. 1912. Beilage 168.

[2] In Württemberg, Baden und Bayern werden durch die Bezirksbeamten (Oberamtmänner) regelmäßige alle zwei oder drei Jahr wiederkehrende Ortsvisitationen (Ruggerichte) abgehalten, die in Württemberg aus sehr alter Zeit stammen. Vgl. darüber Huzel, Schr. d. D. V. Heft 8, S. 162.

dadurch auf die Verbesserung der Armenpflege hingewirkt werden, daß die neuen Errungenschaften der Wissenschaft, der Technik wie der Verwaltungspraxis, die Neuerungen, die sich an einzelnen Orten bewährt haben oder auf Kongressen zur Sprache gebracht sind, zur Kenntnis und etwaigen Anwendung mitgeteilt werden.

Von diesen Ratschlägen und Anempfehlungen, die in erster Linie das Sachverständnis fördern wollen, steigt dann eine ganze Stufenleiter von immer nachdrücklicheren Maßnahmen auf bis zur Überwindung widerstrebenden Willens durch Anwendung der Zwangsgewalt. (Ordnungsstrafen, Beschränkung der selbständigen Verwaltung, Vollstreckungshandlungen, Zwangsetatisierung.) Ein solches zwangsweises Eingreifen der Aufsichtsbehörde kann zum Ziele haben die Durchführung allgemeiner Maßnahmen, so den Erlaß genereller Anordnungen, die Errichtung oder zweckentsprechende Ausstattung von Anstalten, Einstellung der Ausgaben für die für die Armenpflege notwendigen Einrichtungen, oder aber es kann darauf gerichtet sein, die Grundsätze geordneter Armenpflege in der Behandlung einzelner konkreter Fälle zur Geltung zu bringen. Ein Einschreiten in letzterem Sinne kann entweder von Amts wegen erfolgen, oder es kann durch einen von den Beteiligten ausgehenden Antrag veranlaßt sein. Über die Zuständigkeit und das Verfahren bei Beschwerden letzterer Art ist zu vergleichen die Zusammenstellung bei Krech, Textausgabe des U.W.G. 8. Aufl. 1913, Anhang A, S. 51 ff. —

Wenn wir nun sehen, daß der überall in Deutschland bestehenden Staatsaufsicht eine große Fülle von Mitteln zu Gebote steht, um auf die Verwaltung der öffentlichen Armenpflege verbessernd und fördernd einzuwirken und ihre Leistungen mit den nach dem Gesetze zu stellenden Anforderungen in Einklang zu bringen, — woran liegt es dann, daß — wie unbestritten ist — die Armenpflege so ungleichmäßig, an vielen Orten so wenig fortschrittlich oder auch nur zureichend geübt wird und daß manche Armenverbände zweifellos die gesetzlichen Mindestleistungen nicht erfüllen?

Dieser Sachverhalt findet seine Erklärung einmal darin, daß es sich um ein außerordentlich schwer zu übersehendes Gebiet handelt. Ein Urteil darüber, ob die erforderlichen Anstalten vorhanden und in gutem Zustande sind, läßt sich zwar einigermaßen leicht gewinnen, dagegen ist die Beurteilung der Handhabung der offenen Armenpflege ohne zeitraubende, eingehende Untersuchung vieler Einzelfälle undenkbar. Und dabei bedarf wieder jeder Einzelfall individueller Prüfung, die oft ungeheuer erschwert ist: Grad der Bedürftigkeit, der Fähigkeiten und Charaktereigenschaften der Hilfsbedürftigen, die mannigfaltig verschlungenen Armutsursachen, Art und Maß der Hilfe im Verhältnis zur Hilfsbedürftigkeit und ihre Angemessenheit mit Rücksicht auf die Arbeits-, Erwerbs- und Preisverhältnisse, die Lebenshaltung der unteren Bevölkerungsschichten am Orte und in der Umgebung, — dies alles sind Momente, die erwogen werden müssen, deren Beurteilung aber für einen Außenstehenden, insbesondere einen Ortsfremden ungemein erschwert ist.

Diese Schwierigkeiten treten um so mehr in die Erscheinung, als die Staatsaufsicht nicht eine besondere Aufsicht über die Armenverbände ist, sondern im Rahmen der allgemeinen Aufsicht über die Gemeindeverwaltungen mit ihren heute so zahlreichen Aufgaben geübt wird, unter denen eine die der Armenpflege ist [1].

Im übrigen muß auch in diesem Zusammenhange hervorgehoben werden, daß die Dinge in den einzelnen Armenverbänden ganz verschieden liegen. Scharf zu scheiden ist zwischen den Armenverwaltungen der Großstädte und der kleineren Gemeinden. Je größer das Gemeinwesen, um so weniger leidet in der Regel die Armenpflege unter Mangel an Mitteln, aber die Organisation wird wegen des Umfangs und der Unübersichtlichkeit großstädtischer Verhältnisse immer schwieriger; in kleineren Gemeinden sind die Verhältnisse leicht übersehbar, dagegen wird die Armenpflege oft hart und unzulänglich geübt, weil Mittel und Einsicht gering, die persönlichen Beziehungen der Zahlenden zu den Nehmenden zu nahe sind.

Den großstädtischen Verwaltungen gegenüber ist für eine Betätigung der Staatsaufsicht wenig Raum. Die oben erwähnten auf die Autorität besserer Sachkunde sich stützenden Ratschläge und Anempfehlungen verlieren hier ihre Bedeutung, weil den großstädtischen Verwaltungen bei der ungeheuren Zahl der von ihnen zu bearbeitenden, vielfach äußerst verwickelten und schwierigen Fälle meistens die Sachkunde auf Grund des reichen Erfahrungsstoffes, des Studiums der Fachliteratur und des Besuches der Fachkongresse in höherem Grade beiwohnt als den Organen der Staatsaufsicht. Man kann in der großstädtischen Praxis immer wieder die Erfahrung machen, daß die in belehrenden Rundverfügungen der Aufsichtsbehörde enthaltenen Anregungen stets post festum kommen.

Es ist auch nicht zu verkennen, daß heutzutage die Großstädte durchweg aus eigenem Antriebe bestrebt sind, ihr Armenwesen zeitgemäß zu verbessern und zu vervollkommnen, die Anstaltspflege nicht minder als die offene Pflege, daß sie unter anderem sich einen immer besseren Überblick über das umfangreiche und schwierige Gebiet ihrer pflegerischen Betätigung zu verschaffen versuchen, daß sie mit anderen Worten auf die „Selbstkontrolle“ [2] ein erhebliches Gewicht legen. So haben eine ganze Reihe von Großstädten neben dem zweckmäßig organisierten ehrenamtlichen Apparat (nach Vorbild des Elberfelder Systems) eine Art Gegenkontrolle durch Einfügung eines beamteten Elementes, der sogenannten Ermittelungsbeamten [3] geschaffen, deren Arbeit wesent-

[1] Auch wo regelmäßige Gemeindevisitation (Ruggerichte) bestehen, wird die Armenpflege nur inter cetera visitiert. Vgl. Huzel, Schr. d. D. V., Heft 8, S. 162.

[2] So Freiherr von Reitzenstein, Schr. d. D. V. f. A. u. W. Heft 8, S. 248.

[3] Vgl. Zeitschrift für das Armenwesen. XII. Jahrgang 1911, S. 272 ff.

lich zur klaren Erfassung schwieriger Fälle beiträgt und nicht nur den Abwehrkampf gegen die unberechtigte Ausnutzung des Armensäckels stützt, sondern gleichzeitig dazu dient, dem Hilfsbedürftigen, dem aus irgendwelchem Grunde die erforderliche Hilfe nicht gewährt wurde, zu seinem Rechte zu verhelfen.

Ganz anders liegen die Dinge bei den kleinen Armenverbänden. Huzel[1] sagt darüber: „Es ist in den von der Kommission unseres Vereins für die Reform der ländlichen Armenpflege in Deutschland gesammelten Berichten und ebenso in den Berichten an die Kommission für die Untersuchung des Landarmenwesens aus allen Teilen des Reiches bezeugt, daß das Armenwesen der kleineren Städte und Dörfer sowie der Gutsherrschaften ein sehr mangelhaftes sei, daß die meisten Gemeindearmenhäuser schlimme Mißstände bergen, und daß namentlich die Pflege der von den Ortsarmenverbänden für Rechnung anderer Armenverbände unterstützten Armen, speziell der Landarmen, eine kostspielige und unzweckmäßige sei. Es wird überall darüber geklagt, daß die Unterstützung der Armen vielfach nicht dem Bedürfnisse entsprechend, sondern mit engherzigster Rücksicht auf das eigene finanzielle Interesse und mit grober Vernachlässigung fremder Interessen (aus Gleichgültigkeit oder mit der mehr oder minder offenen Tendenz der Abschiebung) erfolge, daß bei der Fürsorge für fremde Ortsarme und Landarme nach anderen Grundsätzen verfahren werde, als bei der Fürsorge für die eigenen Ortsarmen, daß einerseits die Zulassung zur Unterstützung eine laxere und die Bemessung eine reichlichere, andrerseits die Kontrolle der persönlichen und Erwerbsverhältnisse eine geringere und die Anregung zur Wiedergewinnung einer selbständigen wirtschaftlichen Existenz eine minder intensive sei." Das trifft auch heute noch zu.

Die vorstehenden Erörterungen ergeben, daß eine Staatsaufsicht notwendig ist hauptsächlich, ja fast ausschließlich über die örtliche Armenpflege kleinerer Verbände, insbesondere da, wo die Träger der Pflicht zur Ausübung der Armenpflege nicht identisch sind mit den Trägern der Armenlast.

2. Allgemeine Richtlinien für die künftige Regelung der Aufsicht.

Art. 4, Ziff. 1 der Reichsverfassung besagt: „Der Beaufsichtigung seitens des Reiches und der Gesetzgebung desselben unterliegen die nachstehenden Angelegenheiten: 1. die Bestimmungen über Freizügigkeit, Heimats- und Niederlassungsverhältnisse..." Wenn nun das Armenwesen ebenfalls in die Zuständigkeit des Reiches verstellt wird, so wird es naheliegen, daß das Reich besondere Einrichtungen zu seiner Beaufsichtigung schaffe. Da bereits eine Behörde besteht, die sich mit Streitigkeiten von Armenverbänden untereinander zu befassen hat, so wird die Frage erwachsen, diese Behörde,

[1] Schr. d. D. V. Heft 8, S. 167.

das Bundesamt für das Heimatwesen, zu einem Reichsarmenamt auszugestalten.

Daß nach Einführung eines materiellen Reichsarmenrechts die Zuständigkeit des Bundesamts für das Heimatwesen zur Entscheidung von Streitsachen zu erweitern wäre, wird im Abschnitt II „Rechtsprechung" zu erörtern sein. Hier fragt es sich, ob ihm Aufsichtsfunktionen beigelegt werden sollen und welche.

Es wird zweckentsprechend sein, sich kurz zu vergegenwärtigen, welche Aufgaben das Bundesamt bisher zu erfüllen hat. Geboren wurde es aus einem scharfen Kampf zwischen den Verfechtern der Reichseinheit und den Verteidigern des Eigenrechtes der Bundesstaaten[1]. Ursprünglich wurde damals eine formfreie diplomatische Vermittelung durch einen Bundesratsausschuß vorgeschlagen; im Laufe der Verhandlungen wurde daraus ein an feste Formen gebundener oberster Gerichtshof, der nicht nur die Rechtsfrage, sondern auch die Tatfrage des Vorliegens einer Hilfsbedürftigkeit zu entscheiden hat. Das Bundesamt ist deswegen auch kein ausschließlich mit Juristen besetzter Gerichtshof, sondern eine gemischte Behörde im Sinne eines Verwaltungsgerichts[2].

Es braucht hier kaum hervorgehoben zu werden, welch einschneidende Bedeutung die Rechtsprechung des Bundesamtes für das ganze Armenwesen gewonnen hat. Weit über die Entscheidung des Einzelstreits zwischen den beteiligten Armenverbänden hinaus dienen die Erkenntnisse des Bundesamtes den Armenverbänden als Richtschnur. Sie geben Aufschluß darüber, welche Aufwendungen in höchster Instanz als erstattungsfähig anerkannt werden und welche nicht, und es ist unverkennbar, daß das Bundesamt dieser für die Praxis so ungemein wichtigen Frage besondere Sorgfalt zugewandt hat. So übt die ständige Rechtsprechung des Bundesamtes einen wesentlichen Einfluß[3], fördert die zweckentsprechende Ausübung der Armenpflege und hält über das Maß hinausgehende Aufwendungen für Rechnung fremder Armenverbände hintan.

Wenn nun so schon heutzutage das Bundesamt für das Heimat-

---

[1] Vgl. Münsterberg, Die Deutsche Armengesetzgebung und das Material zu ihrer Reform, Leipzig 1887. § 58.

[2] Über die Geschichte des Bundesamtes f. d. H., vgl. Entscheidungen Heft 28, S. V ff.

[3] „Es gibt, man darf sagen, schlechterdings keine Materie, in welcher die Rechtsprechung eines obersten Gerichtshofes derartig der Kraft des Gesetzes nahe gekommen wäre, wie die durch die Rechtsprechung des Bundesamtes für das Heimatwesen beherrschte Armengesetzgebung, speziell des U.W.G. v. 6. Juni 1870. Die Praxis hat sich bei der verhältnismäßig geringen Ausdehnung und der von verhältnismäßig einfachen Voraussetzungen abhängigen Auslegung des Gesetzes so sehr gewöhnt, mit den Entscheidungen des Bundesamtes zu arbeiten, daß der Hinweis auf eine abgedruckte Entscheidung meistens genügt, um das armenrechtliche Streitverfahren im Keime zu ersticken." So Münsterberg im Preuß. Verwaltungsarchiv IV, S. 69 ff.

wesen in gewissem Sinne eine die Grundsätze für die Ausübung der öffentlichen Armenpflege stark beeinflussende Zentralbehörde darstellt, so wird es nach der Vereinheitlichung des materiellen Armenrechts im Deutschen Reiche außerordentlich naheliegen, aus dem Bundesamt eine Aufsichtsbehörde für das ganze deutsche Armenwesen zu schaffen. Man wird mit Recht fragen: weshalb soll die Behörde erst den Streit zwischen einzelnen Verbänden abwarten, weshalb soll sie nicht ohne einen solchen die Leitsätze ausgeben, die wir heute ihren Urteilen entnehmen müssen? Es ist in der Tat kein Grund einzusehen; vielmehr scheint es durchaus begründet, die Reichsaufsicht über das Armenwesen durch das zum Reichsarmenamt auszugestaltende Bundesamt für das Heimatwesen ausüben zu lassen. Allerdings werden die Befugnisse dieses neuen Reichsamtes nur begrenzte sein können. Es wird lediglich die aufklärende und belehrende Tätigkeit der obersten sachverständigen Stelle wahrzunehmen haben, nicht auch die antreibende, Rechenschaft heischende und Zwang übende der eigentlichen Aufsichtsbehörde.

Was die erstbezeichnete Funktion angeht, so wird in fast allen Veröffentlichungen, die die Zustände unseres heutigen Armenwesens und ihre Verbesserung behandeln, darauf hingewiesen, daß wir noch viel zu wenig und in zu wenig geordneter Weise davon wußten und daß eine periodische Sammlung von Nachweisen notwendig, aber nur dann nützlich sei, wenn sie von einer Zentralstelle ausginge[1]. Der hiermit bezeichneten Aufgabe, die eindringende Kenntnis aller einschlägigen Verhältnisse und Rechtsfragen zu fördern, könnte die Tätigkeit des Reichsarmenamtes in hervorragender Weise zum Segen unseres gesamten deutschen Armenwesens dienen. Damit es der Aufgabe gerecht werden kann, müßte dem Amt allerdings das gesetzliche Recht beigelegt werden, Berichte über die allgemeinen Angelegenheiten von sämtlichen deutschen Armenverbänden einzuziehen[2]. Dagegen wird auch dann nichts einzuwenden sein, wenn, wie unten vorgeschlagen werden wird, die Aufsicht über die Armenverbände den Landesbehörden verbleibt. Allerdings wird eine weise Beschränkung in der Einforderung von Berichten und zahlenmäßigen Unterlagen dringend zu wünschen sein, denn, wer in der Praxis steht, weiß, wie sehr jetzt schon die Armenverwaltungen mit dergleichen Berichten und Statistiken belastet sind und wie diese oftmals drohen, die Erledigung der eigentlichen Verwaltungsaufgaben zu beeinträchtigen. Der Gedanke, daß durch die Zentralisation in einer obersten Reichsinstanz eine Vereinheitlichung und Vereinfachung in diese oft durcheinanderlaufenden und mehrseitig denselben Gegenstand

[1] Vgl. Münsterberg, a. a. O. S. 546 und die dort zitierten.

[2] Um im Notfalle ihre Einreichung zu erzwingen, würde die staatliche Aufsichtsbehörde um ihr Einschreiten anzugehen sein.

betreffenden Berichte vielleicht könne gebracht werden, wird sicherlich allen Armenverwaltungen äußerst angenehm sein.

Weiter würde das Reichsarmenamt gesetzlich zu befugen sein, auch außerhalb eines Streitverfahrens von Amts wegen rechtliche Zweifelsfragen durch seinen Spruch mit verbindlicher Kraft für sämtliche deutsche Armenverbände zu entscheiden.

Einer darüber hinausgehenden Zuständigkeit des Reichsarmenamtes würden ernstliche Bedenken entgegenstehen. Insbesondere erscheint es ausgeschlossen, dem Reichsarmenamt etwa die eigentliche Aufsicht über die Tätigkeit der einzelnen Armenverbände zu übertragen. Die Lösung dieser Aufgabe wäre ohne eine ungeheuer umfassende, in die örtlichen Verhältnisse tief eingreifende Organisation, ohne ein Heer von beamteten Unterorganen des Reichsarmenamtes gar nicht denkbar. Abgesehen davon, daß ein solcher Eingriff in die Landeshoheit von den Bundesstaaten schwerlich würde gutgeheißen werden, sprechen andere gewichtige Gründe dagegen. Zuerst ein allgemeiner: die Behördengliederung in deutschen Landen ist bereits eine so überreiche, daß

> es unbedingt vermieden werden muß, wieder ein neues großes System von Behörden oder Beamten zu schaffen.

Es liegt dazu auch um so weniger eine Veranlassung vor, als, wie wir sehen, nur hinsichtlich der kleineren Verbände ein Bedürfnis nach Verstärkung der Aufsicht besteht und auch dieses sich vermindern wird, wenn statt der leistungsschwachen leistungsfähige Verbände erstellt werden.

Eine zweite nicht minder nachdrückliche grundsätzliche Forderung ist die,

> die Selbstverwaltung vor weiterer Beeinträchtigung zu bewahren.

Mehr und mehr ist im Laufe der letzten Jahrzehnte die Selbstverwaltung durch alle möglichen Reichs- und Staatsgesetze und deren Ausführung durchlöchert und in ihrer freien Betätigung beschränkt worden. Man hat ihr so viele Fesseln angelegt, daß sie einen fortgesetzten aufreibenden Kampf um ihre Existenz führen muß, der oftmals ihre Kräfte zu lähmen droht. Wir wollen aber nicht vergessen, welch bedeutsamen Teil seiner Kulturerrungenschaften Deutschland der Selbstverwaltung der Gemeindeverbände dankt, und immer kräftiger muß deshalb der Ruf erschallen, ihr freie Bahn zu geben. Es scheint auch so, als ob neuerdings in den Kreisen der zentralen Staatsregierung die Erkenntnis sich langsam durchringt, daß der Selbstverwaltung mehr Luft und Leben zugestanden werden muß, wenn nicht die Allgemeinheit Schaden leiden soll. Dies ist die richtige Überzeugung, von deren Boden aus man den Gedanken, einem Reichsarmenamt oder dessen Organen die tatsächliche Aufsicht über die Armenverbände zu übertragen, rundweg ablehnen muß. Denn zweierlei wäre bei dieser Lösung nur möglich: entweder die Selbstverwaltung erwiese sich in dem notwendigen Kampfe als die stärkere, dann würde die Reichsaufsicht ohne wesentliche Bedeutung und daher wertlos und überflüssig sein, oder aber diese hätte die Kraft sich durchzusetzen, dann bestünde die erhebliche Gefahr, daß die Selbständigkeit der Armenverbände sehr bald gelähmt und ausgeschaltet und diese zu rein ausführenden Organen heruntergedrückt werden würden. Lust und Liebe zur Sache, die zu den wesentlichsten Erfordernissen einer guten Armenpflege gehören, sind schnell gedämpft, ja ertötet, aber nicht leicht wieder einzupflanzen, und es wäre ein arger Verlust, wenn an Stelle des von warmem Leben durchfluteten heutigen Armenpflegesystems eine bureaukratische Handhabung träte.

Von vielen Schriftstellern, die sich über die Frage der Beaufsichtigung des Armenwesens verbreitet haben, wird auf die Einrichtungen des Auslands, insbesondere Englands hingewiesen. In England bildet das Local Government Board die oberste Armenbehörde, der zum Zwecke der Aufsicht 15 Inspektoren und 37 Revisoren unterstellt sind [1]. Die Inspektoren haben jeden Beschwerdefall zu untersuchen und der Zentralbehörde Bericht zu erstatten. Die Revisoren haben sämtliche Armenausgaben ihres Bezirks zu prüfen. Die Wahrnehmungen der Beamten werden in einem Jahresberichte verwertet. Die Tätigkeit dieser Zentralbehörde und ihrer Beamten hat nach dem Berichte Münsterbergs [2] dem englischen Armenwesen unzweifelhaft eine große Festigkeit und Einheitlichkeit gegeben. Die regelmäßigen Berichte ermöglichten eine gleichmäßige und fortlaufende Statistik, wie sie kein anderes Land auf diesem Gebiete besitze. Der erzieherische und anregende Einfluß der Zentralbehörde und ihrer Organe sei nicht zu verkennen. Die praktischen Fortschritte, die in den letzten Jahrzehnten auf vielen Gebieten, so namentlich in der Krankenpflege gemacht seien, träten mannigfach hervor und würden durch die Zentralinstanz auch rückständigen Armenverbänden vermittelt. Man ist aber nach Münsterberg [3] auch in England einem gewissen Bureaukratismus nicht entgangen und erwägt bereits, ob nicht eine größere Dezentralisation der Armenpflege (to do their own business in their own way) am Platze sei. Sehr interessant und meines Erachtens völlig zutreffend sind die Betrachtungen Münsterbergs in einer früheren Veröffentlichung [4]: „Es liegt nahe, wenn man den Erfolg gewisser Einrichtungen vor Augen hat, zu meinen, daß mit gleichen Mitteln Gleiches erreicht werden könnte. Und das ist gewiß richtig, sofern gleiche Mittel vorhanden sind. Gleiche Mittel heißt aber in Wahrheit: gleiche Voraussetzungen ihrer Anwendung. Uns aber fehlt

[1] Vgl. Handwörterbuch der Staatswissenschaften, 3. Aufl., Band II, S. 100.

[2] Schr. d. D. V. Heft 52.

[3] Daselbst S. 75.

[4] Die Deutsche Armengesetzgebung usw. 1887, S. 560.

es an diesen Voraussetzungen; keine historische Entwicklung hat (namentlich in Preußen) ähnliche Veranstaltungen vorbereitet. Eine in Jahrhunderte langer Übung groß gewordene Selbstverwaltung, welche ohne Schaden eine starke staatliche Beaufsichtigung und Mitwirkung vertrüge, besitzen wir nicht; bei uns sind die Grenzen zwischen Selbstverwaltung und Staatsaufsicht noch zu schwankende, um nicht einer wirklich ernsthaft zugreifenden Zentralarmenbehörde zunächst den Charakter einer regierenden, statt einer beratenden und mithelfenden Behörde zu geben . . . Am meisten aber würde dies gerade der Fall sein da, wo es dieser Vermittlung am meisten bedürfte, in den kleinen Armenverbänden, welche technisch und finanziell den Anforderungen der Armenpflege am hilflosesten gegenüberstehen."

Ein Reichsarmenamt im Sinne des Local Government Board zu schaffen, so meint Münsterberg, „würde so viel bedeuten wie von oben her statt von unten aufbauen." Dieses Urteil erscheint durchaus zutreffend. —

Über die Aufsichtsbehörden als Spruchbehörden gegenüber Beschwerden wegen verweigerter Armenunterstützung ist unten in Abschnitt II „Rechtsprechung" unter Ziffer 2 das Nähere enthalten.

3. Vorschläge für die künftige Gestaltung der Aufsicht.

Aus den vorstehenden Ausführungen ergeben sich folgende Vorschläge:

1. Das Bundesamt für das Heimatwesen ist zu einem Reichsarmenamt auszugestalten mit der Befugnis, auch außerhalb eines Streitverfahrens rechtliche Zweifelsfragen von Amts wegen durch seinen Spruch mit verbindlicher Kraft für sämtliche deutschen Armenverbände zu entscheiden.

   Dem Reichsarmenamte würde ferner die sammelnde, sichtende, aufklärende und belehrende Tätigkeit der obersten sachverständigen Zentralbehörde zuzuweisen sein. Um sie erfüllen zu können, müßte ihm das gesetzliche Recht gegeben werden, von sämtlichen deutschen Armenverbänden Berichte in den allgemeinen Angelegenheiten ihrer Verwaltung zu erfordern.

2. Im übrigen bewendet es bei der unmittelbaren Beaufsichtigung der Armenverbände durch die Landesbehörden, also bei der allgemeinen Kommunalaufsicht.

3. Besondere Aufsichtsorgane (Reichs- oder staatliche Armeninspektoren) sind abzulehnen.

4. Es wird nicht erforderlich sein, daß das künftige Reichsarmengesetz für die Beaufsichtigung der Armenpflege durch die Landesbehörden besondere Richtlinien aufstelle.

5. Dagegen erscheint es wünschenswert, durch das Reichsgesetz festzulegen, daß die der Armenpflege dienenden Anstalten (Armenhäuser, Waisenhäuser, Kinderheime, Kleinkinderbewahranstalten, Arbeitshäuser, Besserungs-, Kranken-, Entbindungsanstalten, Anstalten für Irre, Blinde, Taubstumme, Epileptiker, Idioten, ferner Siechenhäuser, Altersheime, Versorgungsanstalten usw.) durch die Amtsärzte zu überwachen sind.

Es wird kaum nötig sein, den Vorschlag zu 5. eingehend zu begründen. Württemberg ist der Bundesstaat, der zuerst die Amtsärzte zu einer Überwachung der Armenanstalten herangezogen hat. Auf Grund eines Ministerialerlasses vom 20. Oktober 1875 finden dort oberamtsärztliche Gemeinde-Medizinalvisitationen statt. In einem sechsjährigen Turnus (die Spanne ist zu lang!) sollen sämtliche Gemeinden des Landes auf die örtlichen sanitären Verhältnisse untersucht und wo Übelstände angetroffen werden, ihre Behebung angebahnt werden. Wie wichtig diese Besichtigungen gerade bei den Armenanstalten waren, lehrt ein Generalbericht aus dem Jahre 1879: „Mit wenigen Ausnahmen wurden die Armenhäuser in einem unbefriedigenden Zustande betroffen. Abgesehen von der in der Regel ganz baufälligen und verwahrlosten Beschaffenheit des Hauses, dem hohen Grade von Schmutz und Unreinlichkeit in den Wohnungen, der häufigen Überfüllung der feuchten und ungesunden Parterrewohnungen mit vermodertem oder gar keinem Bretterboden, dem traurigen Zustande oder gänzlichen Mangel des Abtritts — ergab sich noch eine ganze Reihe der verschiedensten Ausstellungen[1]."

Andere Bundesstaaten sind dem Vorgange Württembergs gefolgt. In Preußen hat die zur Ausführung des Kreisarztgesetzes vom 16. September 1899 (G.S. S. 172; vgl. § 6, Ziff. 3 u. 4. und § 17, Abs. 2) ergangene Dienstanweisung für die Kreisärzte in den Abschnitten XXVIII „Fürsorge für Kranke, Sieche und Krüppel" und XXIX „Fürsorge für Geisteskranke, Epileptische und Krüppel" einschlägige Vorschriften gegeben. Nach § 100 daselbst hat der Kreisarzt die Anstalten in gesundheitspolizeilicher Hinsicht zu überwachen und mindestens jährlich einmal abwechselnd im Sommer und Winter unvermutet unter Zuziehung des leitenden Arztes und eines Vertreters der Verwaltung zu besichtigen. Wo Mißstände festgestellt werden, ist zunächst auf eine Belehrung der Leiter Bedacht zu nehmen und auf möglichst baldige Herstellung guter Verhältnisse hinzuwirken. Das Ergebnis der Be-

---

[1] Württemb. Jahrbuch f. St. u. L. 1879, S. 265 zit. bei Münsterberg a. a. O. S. 244.

sichtigung nebst Vorschlägen zur Abstellung von Mißständen wird der Anstaltsleitung mitgeteilt. — Der Kreisarzt erscheint hiernach nicht als eine besondere Aufsichtsinstanz, sondern als sachverständiges Organ der allgemeinen Kommunalaufsicht. Seine Besichtigungen sind sicherlich den Armenverwaltungen oft ärgerlich und lästig, aber bei sachlicher Beurteilung wird man zugeben müssen, daß sie zweckentsprechend und nötig sind, zumal der überwiegenden Mehrzahl der Gemeindeverwaltungen ein eigenes sachverständiges Organ fehlen wird. Eine Vorschrift, die die Überwachung der der Armenpflege dienenden Anstalten durch die Amtsärzte nach dem Muster des preußischen Verfahrens verallgemeinert, ist deshalb durchaus zu empfehlen. —

Endlich ist hier noch ein Vorschlag vorzubringen, der bereits von mehreren Sachverständigen, die sich über die Frage der Aufsicht über die Armenpflege ausgelassen haben, vertreten worden ist[1]. Er ist auf Grund praktischer Erfahrungen erwachsen. Der Landarmenverband der Provinz Hannover[2] hatte, veranlaßt durch die ständig wachsende Last des Landarmenaufwands, bereits in den achtziger Jahren des vorigen Jahrhunderts wiederholt Sekretäre abgeordnet, um die Pflege der Landarmen in den Ortsarmenverbänden der Provinz an Ort und Stelle untersuchen zu lassen. Die mit einer Vollmacht ausgerüsteten Beamten verständigten die Ortsvorsteher über den Zweck ihres Kommens, erkundigten sich bei Behörden und Privatleuten genau nach den im Orte untergebrachten Landarmen, besuchten diese in ihren Wohnungen und befragten sie nach ihren Verhältnissen. Der Befund wurde mit den Akten verglichen. „Diese Prüfung ergab zur Evidenz, daß zwischen der Unterstützung landarmer und ortsarmer Personen ein ganz erheblicher Unterschied besteht. Dieser Unterschied tritt nicht nur in der Verpflegung, sondern auch bei der Bekleidung hervor, denn während namentlich die ländlichen Ortsarmenverbände bei den Ortsarmen bemüht sind, die Unterstützung tunlichst herabzudrücken, ist dies bei den weitaus meisten Landarmen nicht der Fall . . . Dieser Unterschied führt zu dem Übelstande, daß die Landarmen in der Meinung, die Unterstützung fließe aus einer großen Kasse, auf eine derartige Unterstützung pochen und sie gewissermaßen als eine Pension betrachten. Da derartige Unterstützungen die Gemeindekasse nicht direkt berühren, so gibt es viele Gemeindevorsteher, die den Ansprüchen der Landarmen nicht energisch genug entgegentreten und so kommt es, daß die Landarmen von der Unterstützung in vielen Fällen ganz bequem leben und sich unter der Bevölkerung bereits das Bestreben, landarm zu werden, geltend macht, was um so gefährlicher ist, als ein solches Bestreben durch die jetzige Armengesetzgebung wesentlich erleichtert wird[3].“

---

[1] Vgl. Münsterberg, Die Deutsche Armengesetzgebung, S. 546 und die dort zitierten S. 560 f.

[2] Vgl. Schr. d. D. V. Heft 8, S. 160, S. 192 f.

[3] Prot. der 5. Sitzung des 17. Hann. Provinziallandtages v. 2. November 1883. (Bericht des Schatzrates Müller.)

Die von den abgesandten Sekretären aufgenommenen Tagebücher und Verhandlungen bilden die Grundlage eingehender Berichte, welche im Landesdirektorium vorgetragen werden und Anlaß geben, Unterstützungen zu ändern, die Ortsvorsteher zu belehren und bei den Amtshauptleuten und Landräten auf Beseitigung gefundener Mißstände anzutragen.

Die in der Provinz Hannover gesammelten günstigen Erfahrungen haben dazu geführt, daß von dem dortigen und in der Folge auch von anderen Landarmenverbänden[1] ein regelrechtes Landarmeninspektorat eingerichtet worden ist, das durch eigens dafür angestellte und fachlich ausgebildete Beamte ausgeübt wird.

In der Tat erscheint es durchaus angebracht, daß der Landarmenverband da, wo er sich der Ortsarmenverbände als seiner Organe behufs der öffentlichen Unterstützung bedient und wo er Ortsarmenverbänden Beihilfen zu gewähren hat (§ 8 U.W.G.), befugt wird, sich an Ort und Stelle von der Art der Ausübung der Armenpflege zu überzeugen. Es geht nicht an, daß Landarme und Ortsarme als zwei verschiedenartige Gattungen von Armen betrachtet werden, deren unterschiedliche Behandlung gerechtfertigt sei.

Wenn nun auch der ursprüngliche Auftrag der Inspektoren des Landarmenverbandes ist, bei der Bereisung der Ortsarmenverbände ungerechtfertigte Mehrausgaben für den Landarmenverband hintanzuhalten, so können sie gleichzeitig auch für die Armen wie für die kleineren Verwaltungen sachverständige Berater sein. So sagen die „Richtpunkte für die Ausführung des U.W.G. in Bayern[2]" sehr zutreffend: „Den hierfür aufgestellten Beamten könnte wohl ohne besondere Schwierigkeit aufgetragen werden, neben ihrer eigentlichen Dienstaufgabe auch die Ausübung der örtlichen Armenpflege, besonders in den ländlichen Bezirken zu überwachen. An dieser Tätigkeit hätten die Landarmenverbände wegen der bei kleineren Gemeinden zu findenden Übung des sogenannten Landarmmachens sogar ein wesentliches Interesse. Da ferner die Gefahr nicht zu leugnen ist, daß kleineren Gemeinden manche Armenlasten nur deshalb zufallen, weil ihren Armenverwaltungen die erforderlichen Kenntnisse in Rechtslehre und Rechtsprechung mangeln, so könnten diese Beamten den Ortsarmenverbänden auch als Berater in vielen Fällen von Nutzen sein."

Die Inspektoren werden mit der Zeit eine ausgezeichnete Kenntnis der Persönlichkeiten und der Verhältnisse in den einzelnen Ortschaften sowie ein gutes Urteil über die Leistungsfähigkeit der Ortsarmenverbände erlangen und werden auf die Ausübung der öffentlichen Armenpflege in den kleineren Armenverbänden (und hier gerade sind, wie wir oben sahen, noch manche Mängel vorhanden) anregend, för-

---

[1] z. B. vom rheinischen und dem Landarmenverband Schleswig-Holstein. Vgl. ferner Huzel, Schr. d. D. V. Heft 8, S. 160 f.

[2] Drucks. der bayer. Kammer der Abgeordneten XXXVI, I. 1912. Beilage 168.

dernd und ausgleichend einwirken können. Ihnen, wie Münsterberg will[1], ein Recht zu geben „mäßige Ordnungsstrafen zu verhängen", muß abgelehnt werden; dieses Recht muß der staatlichen Aufsichtsbehörde vorbehalten bleiben, durch deren Vermittlung allein der Landarmenverband im Zwangswege einzuwirken in der Lage wäre.

Im übrigen hat bereits ein Bundesstaat einschlägige Gesetzesvorschrift, nämlich Württemberg. Sein Ausf.Ges. z. U.W.G.[2] gibt für den Fall, „daß ein unvermögender Ortsarmenverband die Beihilfe des Landarmenverbandes in Anspruch nimmt, nicht nur dem Oberamt das Recht, der Ortsbehörde Weisungen für die Einrichtung der Armenpflege zu geben, sondern ermächtigt auch die Landeskommission, jederzeit Einsicht von den örtlichen öffentlichen Armenpflegeeinrichtungen zu nehmen oder durch Abgeordnete nehmen zu lassen und bei dem Oberamt auf Beseitigung von Mißständen zu dringen."

Für die künftige reichsgesetzliche Regelung würde vorzuschlagen sein:

> Die Landarmenverbände werden allgemein ermächtigt, sich der Ortsarmenverbände ihres Bezirkes als ihrer Organe behufs der öffentlichen Unterstützung Hilfsbedürftiger zu bedienen.
>
> Falls ein Landarmenverband von diesem Rechte Gebrauch macht, so ist er befugt, jederzeit Einsicht von den Einrichtungen und Maßnahmen der öffentlichen Armenpflege des Ortsarmenverbandes zu nehmen oder durch bevollmächtigte Abgesandte nehmen zu lassen und bei der staatlichen Aufsichtsbehörde auf Abstellung vorgefundener Mißstände anzutragen.

II. Rechtsprechung.

Es ist nicht Aufgabe dieses Berichts, eine eingehende systematische Darstellung der einschlägigen Fragen zu geben, sondern es sind im wesentlichen aus der Erfahrung der Praxis heraus diejenigen Punkte zu bezeichnen, hinsichtlich deren eine Änderung des bestehenden Rechts oder eine Neuregelung notwendig erscheint. Diese sollen im folgenden, geordnet nach den unterschiedlichen Rechtsbeziehungen der Armenverbände untereinander, sowie zu den Unterstützten und zu Dritten, in aller Kürze erörtert werden, und es wird sich dabei nicht vermeiden lassen, neben materiellem Recht auch einige Anregungen auf dem Gebiete der Zuständigkeit und des Prozeßrechts zu berühren.

---

[1] Die Deutsche Armengesetzgebung S. 565.

[2] Vgl. Huzel, Schr. d. D. V. Heft 8, S. 160. Diese Bestimmung soll aber sehr selten angewandt worden sein.

1. Das Verhältnis der Armenverbände untereinander.

Durch die Bestimmungen des U.W.G. werden Rechte und Verbindlichkeiten nur zwischen den zur Gewährung öffentlicher Unterstützung nach Vorschrift des U.W.G. verpflichteten Verbänden begründet (§ 61). Streitigkeiten zwischen verschiedenen Armenverbänden über die öffentliche Unterstützung Hilfsbedürftiger werden nach § 37 U.W.G., wenn die streitenden Teile einem und demselben Bundesstaate angehören, auf dem durch die Landesgesetze vorgeschriebenen Wege, d. i. durchweg im Verwaltungsstreitverfahren[1] entschieden. Gehören die streitenden Armenverbände verschiedenen Bundesstaaten an (interterritoriale Sachen), so findet gegen die erstinstanzliche Entscheidung der zuständigen landesgesetzlichen Spruchbehörde (vgl. § 38 U.W.G.) die Berufung an das Bundesamt für Heimatwesen statt (§ 41, Satz 2)[2]. Gemäß § 52 kann jeder Bundesstaat durch seine Landesgesetzgebung bestimmen, daß das Bundesamt für Heimatwesen auch für alle Streitsachen der diesem Bundesstaate angehörigen Armenverbände untereinander (die sog. Landessachen) Berufungsinstanz werde. Von dieser Ermächtigung haben 17 Reichsglieder Gebrauch gemacht: Preußen (einschl. Lauenburg), Hessen, Sachsen-Weimar, Oldenburg, Braunschweig, Sachsen-Altenburg, Sachsen-Coburg-Gotha, Anhalt, beide Schwarzburg, Waldeck, Reuß j. L., Lippe, Lübeck, Bremen, Elsaß-Lothringen, Schaumburg-Lippe bedingt, dagegen 8 Bundesstaaten nicht: Sachsen, Württemberg, Baden, beide Mecklenburg, Sachsen-Meiningen, Reuß ä. L., Hamburg[3]. Für Bayern sagen die oben angezogenen „Richtpunkte"[4] „wird Wert darauf zu legen sein, daß die Landessachen durch landesrechtliche Instanzen entschieden werden, und daß in dieser Beziehung die Vorschriften über die Zuständigkeit des Bundesamts für das Heimatwesen unverändert bleiben."

Wird nun an Stelle der bisher bestehenden Vielheit und Mannigfaltigkeit landesgesetzlicher Bestimmungen ein einheitliches materielles Armenrecht für das ganze Deutsche Reich geschaffen, so erwächst ganz von selbst die Forderung, durch Schaffung einer höchsten Reichsinstanz für alle einschlägigen Streitsachen die einheitliche Anwendung des Reichsarmenrechts zu sichern. Es ist demnach vorzuschlagen:

> unter Abänderung der Bestimmungen des U.W.G. wird das zum Reichsarmenamt auszugestaltende Bundesamt für das Heimatwesen Berufungsinstanz für sämtliche Streitigkeiten unter deutschen Armenverbänden über die öffentliche Unterstützung Hilfsbedürftiger.

---

[1] Das Nähere bei Krech, Textausg. d. U.W.G., Anhang E, S. 235.

[2] Soweit die Organisation oder örtliche Abgrenzung der einzelnen Armenverbände Gegenstand des Streites ist, bewendet es endgültig bei der Entscheidung der höchsten landesgesetzlichen Instanz.

[3] Das Nähere bei Krech, Textausg. d. U.W.G. Anm. 1 zu § 52.

[4] Drucks. der bayer. Kammer der Abgeordneten XXXVI, 1. 1912, Beilage 168.

Noch wird kurz die vielerörterte Frage der Abschiebung zu erwähnen sein. Der bei weitem häufigste und selbst für große und leistungsfähige Armenverbände oft sehr lästige Fall ist der der Abschiebung von Kranken. Von den mannigfachen Vorschlägen, der Abschiebung zu begegnen[1], dürfte nur einer von wirklicher Bedeutung sein:

Der Armenverband, der sich einer Abschiebung schuldig macht, ist verpflichtet, dem die Fürsorge übernehmenden Armenverbande alle Aufwendungen in voller, nicht nur in tarifmäßiger Höhe zu erstatten.

2. Das Verhältnis des Unterstützung Heischenden zum Armenverband.

Der Hilfsbedürftige selbst hat nach den bisher geltenden landesrechtlichen Vorschriften[2] keinen Rechtsanspruch, d. h. kein klagbares Recht auf Unterstützung. Es wird sich auch nicht empfehlen, ihm künftig ein solches Recht zu geben. Ein derartiger Anspruch ist zu wenig fest zu umgrenzen. Während des Prozesses schon kann sich die Lage des Hilfsbedürftigen ändern. Außerdem würden sich bei Erschließung des Rechtsweges die Ansprüche angeblich Hilfsbedürftiger erheblich steigern und Arbeitsscheue würden ihre Zeit noch mehr als bisher zur Erkämpfung einer Unterstützung statt zur Aufsuchung von Arbeitsgelegenheit benutzen.

Gewiß wird es dabei bleiben müssen, daß „wo die staatliche Zwangspflicht der Armenpflege gilt, auch der einzelne hilfsbedürftige Staatsangehörige die Befugnis haben muß, die Anwendung jener Zwangspflicht auf seine Person herbeizuführen" (Mot. d. Reichst.-Komm. f. d. U.W.G.), aber er wird nach wie vor sein Verlangen nach Unterstützung einem widerstrebenden Armenverbande gegenüber lediglich dadurch geltend machen können, daß er im landesgesetzlich vorgeschriebenen Beschwerdewege auf das Eingreifen der zuständigen Verwaltungsaufsichtsbehörde anträgt und diese dann dem Armenverbande gegenüber das Recht des Staates auf Forderung dieser Unterstützung für den Hilfsbedürftigen durchsetzt. In Preußen beschließt über solche Beschwerden der Kreisausschuß und sofern eine Stadt von mehr als 10 000 Einwohnern an dem Armenverband beteiligt ist, der Bezirksausschuß endgültig; in anderen Bundesstaaten[3], z. B. in beiden Mecklenburg, ist eine weitere Beschwerde zugelassen.

Die Mängel des Verfahrens liegen auf der Hand. Einmal ist es mißlich, daß die Entscheidung der Spruchbehörde in der überwiegenden Anzahl der Fälle einfach auf Grund des Beschwerdevorbringens und des daraufhin eingezogenen Berichtes des Armenverbandes ergeht.

---

[1] Siehe bei Münsterberg, Die Deutsche Armengesetzgebung S. 564.

[2] Vgl. die Zusammenstellung bei Krech, Textausg. d. U.W.G., 8. Aufl., 1913, Anhang A, S. 51 ff.

[3] Vgl. Krech a. a. O.

Daran wird schwerlich etwas zu ändern sein, zumal in der Mehrzahl der Fälle Eilbedürftigkeit vorliegen oder doch behauptet werden wird. — Ein zweiter Mangel ist die fehlende Zentralisation der Spruchfindung. Hier läge es nahe, angesichts des zu erwartenden Reichsgesetzes über das materielle Armenrecht eine Neuerung vorzuschlagen, die die Einheitlichkeit der Entscheidungen zu fördern geeignet wäre. Man könnte daran denken, reichsgesetzlich eine zweite, eine Beschwerdeinstanz zu schaffen. Als solche käme das zum Reichsarmenamt zu erweiternde Bundesamt für das Heimatwesen in Frage. Es wäre also zu erwägen in das Reichsarmengesetz eine Bestimmung aufzunehmen, kraft deren dem Hilfsbedürftigen das Recht beigelegt werden würde, gegen die erstinstanzliche Entscheidung der landesgesetzlichen Spruchbehörde weitere Beschwerde an das Reichsarmenamt einzulegen. Eine Analogie hierfür würde der § 1797 der Reichsversicherungsordnung bieten, der ganz allgemein, soweit das Gesetz nichts anderes vorschreibt, gegen die auf Beschwerde erlassene Entscheidung des Oberversicherungsamtes die weitere Beschwerde an das Reichsversicherungsamt freigibt. Es würde dadurch dem Reichsarmenamt die Möglichkeit eröffnet werden, auf die einheitliche Anwendung des materiellen Armenrechts den Hilfsbedürftigen gegenüber einen erheblichen Einfluß zu gewinnen. Indes erscheint diese Lösung bei näherer Betrachtung doch nicht annehmbar, denn einmal würde sie kaum dem Postulate einer schleunigen Entscheidung der Beschwerdefälle entsprechen und sodann und vor allem würde eine so unendlich große Fülle von Beschwerden in Frage kommen, daß das Reichsarmenamt dadurch eine höchst unerwünschte Belastung erfahren würde, die der Einheitlichkeit seiner Judikatur gefährlich werden könnte. Es wird deshalb bei dem jetzigen Rechtszustande bewenden müssen.

Die Bestellung des Reichsarmenamtes zur zweiten Instanz für Beschwerden über verweigerte Armenunterstützung ist abzulehnen.

3. Das Verhältnis des Armenverbandes zu dem Unterstützten.

Die vor allem wichtige Frage ist hier die, ob der Armenverband einen Erstattungsanspruch gegen den Unterstützten und seinen Nachlaß besitzt. Diese Frage ist im U.W.G. nicht entschieden worden, weil sie als lediglich dem Zivilrecht angehörend betrachtet wurde.

Art. 103 E.G. z. B.G.B. besagt: „Unberührt bleiben die landesgesetzlichen Vorschriften, nach welchen der Staat sowie Verbände und Anstalten, die auf Grund des öffentlichen Rechts zur Gewährung von Unterhalt verpflichtet sind, Ersatz der für den Unterhalt gemachten Aufwendungen von der Person, welcher sie den Unterhalt gewährt haben, sowie von denjenigen verlangen können, welche nach den Vorschriften des B.G.B. unterhaltspflichtig waren.“

Art. 139 daselbst: „Unberührt bleiben die landesgesetzlichen Vorschriften, nach welchen dem Fiskus oder einer anderen juristischen Person in Ansehung des Nachlasses einer verpflegten oder unterstützten

Person ein Erbrecht, ein Pflichtteilsanspruch oder ein Recht auf bestimmte Sachen zusteht."

Das durch diese Bestimmungen aufrechterhaltene Landesrecht hat die Frage in sehr verschiedener Weise[1] geregelt; für große Gebiete, insbesondere auch Preußens, besteht eine sehr bedauerliche Rechtsunsicherheit[2]. Mehr und mehr hat sich die Ansicht durchgerungen, daß dem Armenverbande auch da, wo keine ausdrücklichen landesgesetzlichen Vorschriften ihn begründen, ein Erstattungsanspruch gegen den Unterstützten und dessen Nachlaß zusteht. Man hat auf die mannigfachste Weise versucht, eine juristische Form für diesen Anspruch zu finden: Darlehnsverhältnis, Schenkung, Geschäftsführung ohne Auftrag. Der Sachlage am meisten entsprechend ist aber die Konstruktion des Anspruchs aus der ungerechtfertigten Bereicherung. § 812 B.G.B. sagt: „Wer durch die Leistung eines anderen oder in sonstiger Weise auf dessen Kosten etwas ohne rechtlichen Grund erlangt, ist ihm zur Herausgabe verpflichtet. Diese Verpflichtung besteht auch dann, wenn der rechtliche Grund später wegfällt oder der mit einer Leistung nach dem Inhalte des Rechtsgeschäfts bezweckte Erfolg nicht eintritt." Diese Bestimmung des B.G.B. läßt sich aber vorliegenden Falles nur dann verwenden, wenn man unter „rechtlichem Grund" ausschließlich privatrechtliche Gründe begreift, also mangels besonderer Vorschrift die öffentlich-rechtliche Fürsorgepflicht der Armenverbände nicht als rechtlichen Grund ansieht. Diese Auffassung wird aber keineswegs allseitig geteilt[3].

Die Ansicht, daß derjenige, der ohne wirklich hilfsbedürftig gewesen zu sein, eine Armenunterstützung erlangt hat, und daß der Unterstützte, der später in bessere Vermögensverhältnisse kommt, die Unterstützung erstatten müsse, entspricht durchaus dem gesunden Rechtsempfinden, wie denn auch bereits bei Beratung des U.W.G. in der Reichstagskommission[4] der Vorschlag gemacht wurde, daß jede Unterstützung nur als ein vom Unterstützten zu erstattender Vorschuß anzusehen sei.

Bei der herrschenden Vielheit der landesgesetzlichen Bestimmungen hinsichtlich dieser Frage und bei der Rechtsunsicherheit, die für große Gebiete besteht, ist eine reichsgesetzliche Regelung dringend wünschenswert. Der Vorschlag würde dahin gehen:

> Wer für sich, seine Ehefrau oder seine Kinder Unterstützung empfangen hat, ist verpflichtet, deren Wert mit gesetzlichen Zinsen[5] zu er-

---

[1] Vgl. Krech, Textausg. d. U.W.G., 8. Aufl., 1913, Anhang F, S. 351 ff.

[2] Vgl. die Darstellung bei Eger, das R.G. über den U.W., 6. Aufl. 1909, S. 417 unter l.

[3] Vgl. Eger a. a. O. S. 419 unten.

[4] Sten. Berichte IV, S. 578 f.

[5] s. § 288 B.G.B.

statten. Die Erstattung kann auch aus dem Nachlasse des Unterstützten gefordert werden.

Die gleiche Verpflichtung trifft die Angehörigen des Unterstützten in Höhe der für sie verwendeten Beträge.

Der Anspruch darf erst geltend gemacht werden, wenn der Erstattungspflichtige ohne Beeinträchtigung des für sich und seine unterhaltsberechtigten Angehörigen nach billigem Ermessen erforderlichen Unterhalts zur Erstattung imstande ist.

Unterstützungen, die Kindern unter 14 Jahren gewährt sind, sind von diesen selbst nicht zurückzufordern.

4. Das Verhältnis des unterstützenden Armenverbandes zu den anderweit zur Unterstützung Verpflichteten.

Nach § 61, Abs. 2 U.W.G. werden die auf anderen Titeln beruhenden Verpflichtungen zur Unterstützung eines Hilfsbedürftigen von den Bestimmungen dieses Gesetzes nicht betroffen, d. h. sie bestehen unbeschadet und neben der durch das U.W.G. begründeten öffentlichen Unterstützungspflicht der Armenverbände unverändert fort[1]. Die Unterstützungspflicht der Armenverbände ist subsidiärer Natur, d. h. sie ist ihrem Wesen nach bestimmt zur Aushilfe zu dienen, wenn etwa privatrechtlich Verpflichtete nicht vorhanden sind oder ihrer Pflicht tatsächlich nicht nachkommen[2].

Bei dieser Rechtslage hat der Armenverband ein wesentliches Interesse daran, die anderweit Verpflichteten zur Erfüllung ihrer Pflicht anhalten zu können. Es wird sich deshalb empfehlen, in das Reichsarmengesetz dem heutigen preußischen Rechte (§ 65, Abs. 1 Preuß. Ausf.Ges. v. 8. März 1871) entsprechend eine Vorschrift aufzunehmen:

Auf den Antrag des Armenverbandes, der einen Hilfsbedürftigen unterstützen muß, können durch einen mit Gründen versehenen Beschluß der Verwaltungsbehörde nach Anhörung der Beteiligten, die nach den Vorschriften des B.G.B. Unterhaltspflichtigen[3] angehalten werden, dem

[1] Vgl. die Übersicht bei Eger a. a. O. S. 423 unter III.

[2] Daher kann der privatrechtlich zum Unterhalt Verpflichtete aus dem Umstande, daß der Bedürftige diejenige Hilfeleistung, zu welcher er selbst verbindlich gemacht werden soll, aus Mitteln der öffentlichen Armenpflege erhält, eine Einrede gegen die Alimentenklage nicht hernehmen (Entsch. d. R.G. in Zivilsachen Bd. 17, S. 223, 225).

[3] Auf den Vater eines unehelichen Kindes findet die Vorschrift nur insofern Anwendung, als er seine Vaterschaft nach § 1718 B.G.B. anerkannt hat oder seine Unterhaltspflicht in einem vollstreckbaren Titel festgestellt ist.

Hilfsbedürftigen nach Maßgabe ihrer gesetzlichen Verpflichtung die erforderliche laufende Unterstützung zu gewähren. Der ordentliche Rechtsweg bleibt vorbehalten.

Diese Bestimmung des Preußischen Rechts hat sich durchaus bewährt; selbstverständlich bezieht sie sich nur auf den laufenden und zukünftigen Unterhalt, nicht auf die Erstattung bereits verausgabter Beträge.

Was den Rückgriff des unterstützenden Armenverbandes auf den anderweit Unterhaltspflichtigen angeht, so ist lebhaftest zu wünschen, daß das künftige Reichsarmengesetz die Frage klarstelle, ob es notwendige Voraussetzung ist, daß der Schuldner in Verzug gesetzt werde. Viele Gerichte [1] vertreten die Rechtsansicht, daß ein Erstattungsanspruch aus § 62 U.W.G. gegen unterhaltspflichtige Verwandte für die Vergangenheit nur dann mit Erfolg geltend gemacht werden könne, wenn der Verpflichtete gemäß §§ 1613, 284 B.G.B. durch Mahnung seitens des Unterhaltsberechtigten in Verzug gesetzt worden sei. Mit dieser Forderung werden ersichtlich außerordentlich viele nach gesundem Rechtsgefühle durchaus begründete Ersatzansprüche der Armenverbände vereitelt.

Das Reichsarmengesetz sollte klarstellen, daß der unterstützende Armenverband von den anderweit Unterhaltspflichtigen Ersatz seiner Aufwendungen auch für die Vergangenheit fordern dürfe, ohne daß der Pflichtige in Verzug gesetzt worden sei.

5. Ansprüche Dritter gegen den Armenverband.

Hier ist eine alte Streitfrage die: haben Dritte, die ohne Auftrag einen Hilfsbedürftigen unterstützen, gegen den gesetzlich unterstützungspflichtigen Armenverband einen im Rechtswege verfolgbaren zivilrechtlichen Erstattungsanspruch? Die widerstreitenden Ansichten und höchstrichterlichen Entscheidungen sind bei Eger [2] übersichtlich dargestellt, während Krech [3] die Landesgesetze aufführt, die die obige Frage bejahen. Es wäre erwünscht, daß durch das Reichsgesetz hier Klarheit und Einheitlichkeit hergestellt würde, und zwar würde meines Erachtens der Anspruch abzulehnen sein, mit Ausnahme der Ärzte, Apotheker und Hebammen, denen er unter gewissen Bedingungen zuzugestehen wäre.

---

[1] Vgl. z. B. Urt. d. O.L.G. Hamm v. p. 10. 1908 (Preuß. Verw.Bl. 30. Jahrg. S. 237 ff.), Urteile des L.G. Stettin vom 2. 7. 1909, 23. 12. 1912 und Rosenstock, Schr. d. D. V. Heft 93, S. 33 f., insbesondere S. 36.

[2] Komm. S. 420 ff.

[3] Textausg. d. U.W.G., Anhang A, S. 51 ff.

Die Gründe für die Ablehnung liegen in folgendem: Zunächst ist es unerwünscht, daß die die Grundlage des Anspruchs abgebende Feststellung, ob Hilfsbedürftigkeit vorgelegen habe, durch die ordentlichen Gerichte erfolge, obwohl die Beurteilung dieser Frage nach der ganzen Absicht der Armengesetzgebung nicht den Gerichten, sondern den Aufsichts- und Spruchbehörden zustehen soll. Es würde die Gefahr eine naheliegende sein, daß durch das Zwischenschieben eines Dritten die Bestimmung, daß dem Armen kein Rechtsanspruch zustehen soll, vereitelt werde. Damit wäre der Umgehung des Gesetzes das Tor geöffnet. Diesen Erwägungen gegenüber würde aber das Interesse an dem Armen überwiegen in den Fällen, in denen Arzt, Apotheker oder Hebammen eilig haben eingreifen müssen. Es würde demnach vorzuschlagen sein:

> Dritten, die ohne Auftrag einen Hilfsbedürftigen unterstützen, steht gegen den unterstützungspflichtigen Armenverband ein Anspruch nicht zu.
>
> Ärzte, Apotheker und Hebammen haben indes einen Anspruch in Höhe der Mindestsätze der Gebührenordnung, wenn sie in einem dringenden Falle die erforderliche Hilfe leisten und dieses dem Armenverband unverzüglich anzeigen.

Schlußbetrachtung.

Im Ergebnisse der vorstehenden Ausführungen zeigt sich die Notwendigkeit, baldigst zu einem einheitlichen Reichsarmenrecht zu kommen in folgenden Punkten:

Die heute noch bestehenden starken Unterschiede in der Qualität der Armenpflege der einzelnen Verbände müssen beseitigt werden. Dazu würde viel beitragen die Ausgestaltung des Bundesamtes für das Heimatwesen zu einem Reichsarmenamt, d. h. zu einer sammelnden, sichtenden, anregenden und belehrenden obersten Fachbehörde, deren rechtsprechende Tätigkeit auf alle Streitigkeiten deutscher Armenverbände über die öffentliche Unterstützung Hilfsbedürftiger auszudehnen und der die Befugnis beizulegen wäre, rechtliche Zweifelsfragen auch außerhalb eines Streitverfahrens mit verbindlicher Kraft für sämtliche Armenverbände zu entscheiden.

Weiter ist der zurzeit bestehenden Rechtsunsicherheit gegenüber die reichsgesetzliche Klärung der Fragen erforderlich, inwieweit dem Armenverbande ein Erstattungsanspruch gegen den Unterstützten und dessen Nachlaß zusteht, inwieweit der abschiebende Verband haftet und inwieweit Dritten aus einer negotiorum gestio gegen den Armenverband Ansprüche erwachsen. Dringend wünschenswert ist auch die Regelung der Frage, inwieweit die Armenverbände zu einer Einwirkung auf unterhaltspflichtige Dritte berufen sein sollen.

Achter Abschnitt.

Schlußbetrachtung. — Die Notwendigkeit eines Reichsarmengesetzes.

Berichterstatter: Bürgermeister **E. v. Hollander**, Mannheim.

Während der Drucklegung dieses Berichts hat der Reichstag den Entwurf eines Gesetzes „über die Einführung des Gesetzes über den Unterstützungswohnsitz im Königreich Bayern“ verabschiedet. Darnach wird das Unterstützungswohnsitzgesetz in der Fassung, welche es durch die Novelle vom 30. Mai 1908 erhalten hat, in Bayern eingeführt. Der Tag des Inkrafttretens wird durch Kaiserliche Verordnung mit Zustimmung des Bundesrats bestimmt werden, da die Festsetzungen hierüber von der Verabschiedung des Landesausführungsgesetzes abhängen und der Zeitpunkt, bis zu dem dieses Gesetz zu erwarten sein wird, noch nicht angegeben werden kann. Das Reichseinführungsgesetz enthält nur die eine Sonderbestimmung, daß die §§ 37 und 56 Absatz 2 Satz 2 U.W.G. im Verhältnisse zum Königreich Bayern nur mit dessen Zustimmung geändert werden können. Diese Bestimmungen beziehen sich darauf, daß die Streitigkeiten zwischen verschiedenen Armenverbänden in den sogenannten Landessachen — im Gegensatz zu den interterritorialen Sachen — auf dem durch die Landesgesetze vorgeschriebenen Wege und durch die landesgesetzlichen Instanzen entschieden werden. Die Zuständigkeit des Bundesamts für das Heimatwesen auf die Landessachen, der sich auf Grund der Ermächtigung des § 52 U.W.G. die meisten Bundesstaaten — darunter Preußen — freiwillig unterworfen haben, kann mithin auf Bayern ohne seine Zustimmung auch durch die Reichsgesetzgebung nicht ausgedehnt werden.

Mit der Einführung des Unterstützungswohnsitzgesetzes in Bayern gelangt die Bewegung, die sich seit einer langen Reihe von Jahren auf die Vereinheitlichung des Rechts auf diesem Gebiete gerichtet hat, zum Abschluß. Der Deutsche Verein für Armenpflege und Wohltätigkeit kann mit Befriedigung auf diese von ihm eingeleitete und durchgeführte Bewegung zurückblicken. Das Werk ist aber damit nicht abgeschlossen. Neue Aufgaben von nicht geringerer Wichtigkeit stehen bevor. Unter diesen wird an erster Stelle eine weitere Vereinheitlichung des deutschen Armenrechts zu stehen haben: dem einheitlichen formellen Armenrecht wird ein einheitliches materielles Armenrecht folgen müssen, d. h. die Leistungen der öffentlichen Armenpflege werden in höherem Grade einheitlich geregelt werden müssen, als dies bisher geschah. Wenn wir darüber einig sind, daß die öffentliche Armenpflege nur den sogenannten Notbedarf zu gewähren hat und daß dieser Notbedarf auch nur subsidiär zu gewähren ist, d. h. wenn er dem Hilfsbedürftigen von keiner anderen Seite zur Verfügung gestellt wird, so müssen wir uns auch darüber einigen, was unter allen Umständen zu diesem Notbedarf gehört und wie seine Gewährung sichergestellt werden kann. Wir wissen freilich, daß die Anschauungen darüber, was zum Notbedarf gehört, nicht nur nach den Anschauungen der jeweiligen Zeitperiode, sondern auch nach den örtlichen Eigentümlichkeiten und Verhältnissen vielfachen Schwankungen unterworfen sind. Ein zu weitgehendes Reglementieren und Schematisieren wäre daher gewiß nicht angebracht und würde bei der Vielgestaltigkeit unserer staatlichen Verhältnisse, die wir als einen Vorzug empfinden und keineswegs aufgeben wollen, nicht durchzuführen sein. Daß aber eine Vereinheitlichung des Rechts auf großen und wichtigen Gebieten des materiellen Armenrechts geboten ist, sollte durch die vorausgehenden Berichte nachgewiesen werden und kann wohl als nachgewiesen gelten.

Wir sind nicht so optimistisch, darauf zu rechnen, daß diese Vereinheitlichung in raschem Siegeslauf in kurzer Zeit zu erreichen sein wird. Auch eine derartige Saat bedarf der Zeit, bis sie zur Ernte reif wird. Der Deutsche Verein für Armenpflege und Wohltätigkeit aber ist nach der Natur seiner Aufgabe dazu berufen, das Feld zu bestellen und die Saat auszustreuen. Dieser Aufgabe will dieser 100. Band der Vereinsschriften und die Verhandlung auf der Tagung in Stuttgart dienen. Der Umstand, daß Bayern an die Ausarbeitung eines Landesarmengesetzes herantreten muß, läßt den Zeitpunkt der Aussaat als besonders hoffnungsreich erscheinen. Wenn nur einzelne unserer Wünsche im bayerischen Gesetz berücksichtigt werden, so ist damit schon ein wesentlicher Schritt auf dem Wege der Erfüllung unserer Gesamtwünsche geschehen. Wir haben es soeben erlebt, daß die Einführung des Unterstützungswohnsitzgesetzes in Bayern uns ohne jede direkte Bemühung bei den Organen der bayerischen Gesetzgebung wie eine reife Frucht in den Schoß gefallen ist; wir dürfen auch erwarten, daß aufklärende Arbeit in bezug auf das materielle Armenrecht den gleichen schönen Erfolg haben wird. Der Gedanke einer einheitlichen deutschen Armengesetzgebung auf den in diesem Bericht angegebenen Gebieten ist heute noch neu und in den Kreisen der Regierungen und der gesetzgebenden Körperschaften noch niemals erwogen worden. Es bedarf daher wohl einiger Zeit, bis diesem neuen Gedanken der Boden bereitet ist. Daß dem Verein aber dadurch eine neue wichtige und dankbare Aufgabe gestellt ist, darf wohl heute schon ausgesprochen werden, eine Aufgabe, an deren Erfüllung er in den nächsten Jahren durch ruhige, stetige Aufklärungsarbeit zu wirken haben wird.

Die Einleitung dieser Arbeit ist im vorigen Jahre auf dem Kongreß in Braunschweig erfolgt. Die Berichte über die gesetzliche Regelung der Aufgaben der öffentlichen Armenpflege (Heft 97 der Vereinsschriften) und der Verhandlungen darüber (Heft 99) bilden diese Einleitung. Das damals Geschriebene und Gesagte kann in diesem Jahre nicht wiederholt werden; es ist auch nicht erforderlich. Es genügt, wenn an dieser Stelle ausdrücklich festgestellt wird, daß Heft 97 unserer Schriften und Seite 91 bis 154 des Hefts 99 von den Lesern dieses Berichts als bekannt vorausgesetzt werden.

Die Aufgabe dieses Schlußabschnitts ist es, zunächst die Resultate der von den einzelnen Berichterstattern in den Abschnitten 2 bis 7 gegebenen Ausführungen unter besonderer Hervorhebung der zweifelhaften und streitigen Fragen kurz zusammenzustellen und dann zum Schluß den Gesamtinhalt eines künftigen Reichsarmengesetzes und die Aussichten, zu ihm zu gelangen, unter nochmaliger Betonung seiner Notwendigkeit, einer Würdigung zu unterziehen.

I. Die Aufgaben der öffentlichen Armenpflege.

Die Frage nach den Aufgaben der öffentlichen Armenpflege oder nach dem Umfang der Unterstützungspflicht ist die grundlegende Frage für das materielle Armenrecht; sie ist daher fast überall in dem ersten Paragraphen der Landesausführungsgesetze entschieden worden.

Es darf als eine besonders glückliche Fügung angesehen werden, daß diese grundlegende Frage schon im Vorjahre auf dem Kongreß in Braunschweig ausgiebig behandelt worden ist, so daß die auf diesem Gebiete vorhandenen Gegensätze schon scharf präzisiert zum Ausdruck gelangt und allseitig erwogen sind. Heute werden die Vertreter der entgegenstehenden Meinungen wohl anerkennen, daß die Gegensätze tatsächlich keineswegs so schwerwiegend sind, wie man nach den vielleicht allzu scharf pointierten Ausführungen der einzelnen Redner annehmen mußte. Es ist meiner Ansicht nach ein großes Verdienst des Berichterstatters Dr. Greven, daß er die Begriffe des „Notbedarfs" und der „Subsidiärität" der öffentlichen Armenpflege so scharf hervorgehoben hat; ich kann ihm darin vorbehaltlos zustimmen und habe seinen Ausführungen nach dieser Richtung hin nichts hinzuzufügen. Ich hoffe, daß die scharfe Hervorhebung dieser beiden, die Ausübung der öffentlichen Armenpflege hauptsächlich charakterisierenden Gesichtspunkte es den Vertretern der entgegengesetzten Anschauungen wesentlich erleichtern wird, auch die Sorge für die Erziehung und Erwerbsbefähigung der Kinder als Aufgabe der öffentlichen Armenpflege anzuerkennen; wenn eine Einigung über die Grundlagen des materiellen Armenrechts erreicht werden soll, so ist sie nur auf diesem Boden möglich. Ich kann in dieser Beziehung nur auf meinen vorjährigen Bericht verweisen.

Mit der Subsidiärität der öffentlichen Armenpflege hängt aber auch ihre Scheidung von der sozialen Fürsorge eng zusammen. Die soziale Fürsorge tritt im allgemeinen nicht subsidiär ein. Sie hat auf Grund bestimmter gesetzlicher Vorschriften oder anderweitiger Normen in allen Fällen einzutreten, die unter die Vorschrift fallen. Bei der Kranken-, Invaliden-, Unfall-, Witwen- und Waisenversicherung wird nicht darnach gefragt, ob der Bedürftigkeit nicht schon auf anderem Wege abgeholfen wird: die Rente muß gewährt werden, wenn die gesetzlichen Voraussetzungen vorliegen, auch wenn eine Not gar nicht besteht. Die Gewährung einer ausreichenden Rente schließt wohl die Armenunterstützung aus; niemals aber kann die bewilligte Armenunterstützung die Gewährung der Rente ausschließen.

Damit steht im Zusammenhang, daß die Unterscheidung zwischen der Armenpflege und der sozialen Fürsorge doch darin wird gesucht werden müssen, daß die Armenpflege durchaus persönlich ist, während die Maßregeln der sozialen Fürsorge sich auf eine unbestimmte Anzahl noch unbekannter Fälle beziehen. Gewiß ist die Armenpflege — abstrakt genommen — ein Teil der sozialen Fürsorge, und die Festsetzung der Regeln für die Ausübung der Armenpflege ist ein Akt der sozialen Fürsorge, gerade, weil es sich dabei um eine unbestimmte Anzahl noch unbekannter Fälle handelt. Davon zu unterscheiden ist aber die eigentliche armenpflegerische Tätigkeit, die praktische Armenpflege, die stets individuell ist und es immer nur mit einem bestimmten Fall zu tun hat. Gewiß können auch die Organe der öffentlichen Armenpflege soziale Fürsorge treiben, z. B., wenn sie für eine bestimmte Kategorie von Fällen Stillprämien aussetzen, und die Organe der sozialen Fürsorge können eine pflegerische Tätigkeit ausüben, z. B., wenn eine Versicherungsanstalt ein lungenkrankes Kassenmitglied ohne bestehende rechtliche Verpflichtung einer Lungenheilstätte überweist. Armenpflege aber kann sich von sozialer Fürsorge nach der richtigen Definition von Flesch[1] nur dadurch unterscheiden, daß die letztere ihrer Natur nach unpersönlich ist, während die Armenpflege immer einen durchaus persönlichen Charakter trägt. Gerade deswegen kann die Armenpflege subsidiär sein und muß sie subsidiär sein, während der unpersönlichen sozialen Fürsorge diese Subsidiärität gar nicht anhaften kann.

Der subsidiäre Charakter der öffentlichen Armenpflege ist nirgends so scharf betont worden, wie im badischen Armengesetz vom 5. Mai 1870. Außer dem von Greven oben bereits angeführten § 18 kommen insbesondere noch die §§ 2 und 3 in Betracht. Der § 2 bestimmt, daß die öffentliche Armenpflege diejenigen Personen unterstützt, welche dauernd oder vorübergehend außerstande sind, aus eigenen Mitteln oder durch eigene Kräfte sich den notdürftigen Unterhalt selbst zu verschaffen, und der § 3 spricht noch schärfer aus, daß Unterstützung aus Mitteln der öffentlichen Armenpflege nur gewährt wird, wenn

[1] Flesch, Die soziale Ausgestaltung der Armenpflege. Schriften des Deutsch. V. f. Armenpfl. u. Wohltätigkeit Heft 54 S. 4 ff.

und soweit der Unterstützungsbedürftige den nötigen Unterhalt nicht von zur Leistung derselben rechtlich verpflichteten Dritten oder durch die freiwillige Armenpflege erhält. Hier ist auch das Verhältnis der öffentlichen Armenpflege zur freiwilligen Armenpflege richtig gekennzeichnet. Wenn die freiwillige Armenpflege den notdürftigen Lebensunterhalt gewährt, so ist die öffentliche Armenpflege völlig ausgeschaltet. Gewährt ihn dagegen die öffentliche Armenpflege, so kann die freiwillige Liebestätigkeit darüber hinaus nach ihren Grundsätzen auch weitere nicht zum notdürftigen Lebensunterhalt gehörende Leistungen gewähren.

Das im vorigen Jahre so lebhaft umstrittene Gebiet der vorbeugenden Armenpflege wird meines Erachtens für die öffentliche Armenpflege auch nur soweit in Betracht kommen dürfen, als es sich um den Notbedarf handelt, und je nachdem man diesen Begriff enger oder weiter faßt, wird man die vorbeugende Armenpflege in beschränkterem oder in umfassenderem Maße als Aufgabe der öffentlichen Armenpflege anzuerkennen haben. Ich kann auch hier Greven nur vollkommen zustimmen, wenn er meint, daß es durchaus im Pflichtenkreise der gesetzlichen Armenpflege liegt, wenn eine gegenwärtige oder doch unmittelbar bevorstehende Hilfsbedürftigkeit gründlich beseitigt und der Notwendigkeit einer lang dauernden Unterstützung vorgebeugt wird. Nachdem den Armenverbänden die Unterbringung lungenkranker Personen in Heilstätten zur Pflicht gemacht ist, werden sie sich auch der Aufgabe nicht entziehen wollen oder können, schwächliche — also noch nicht eigentlich kranke — Kinder in Solbädern und Erholungsheimen unterzubringen. Man wird eine solche Unterbringung, wenn dadurch Siechtum und hohe Krankheitskosten vermieden werden können, doch wohl zum Notbedarf rechnen müssen, obwohl es sich zunächst nur um Vorbeugung handelt. Ob man diese Art der Unterstützung „durchgreifende Hilfe“ oder „vorbeugende Armenpflege“ nennt, ändert an der Natur der Pflege nichts.

Die Frage, ob auch die Sorge für die Erziehung und die Erwerbsbefähigung der Kinder zu dem „Notbedarf“ und damit zu den gesetzlichen Aufgaben der öffentlichen Armenpflege zu rechnen ist, wird von Greven bejaht. Ich habe den von mir im vorigen Jahre vertretenen Standpunkt nicht geändert und kann daher den Ausführungen des Berichterstatters nur zustimmen. Ich glaube aber auch, daß die im vorigen Jahr aufgetretenen gegnerischen Stimmen sich mit den maßvollen und scharfsinnig begründeten Anträgen werden befreunden können, wenn sie den subsidiären Charakter, der auch diesem Zweige der öffentlichen Armenpflege anhaftet, und die Beschränkung auf den Notbedarf berücksichtigen. Die Befürchtungen, die vom Standpunkt der Jugendfürsorge aus gegen ihre Verbindung mit der Armenpflege und ihren Organen geltend gemacht worden sind, erscheinen nicht maßgebend, wenn man erwägt, daß eine solche Verbindung unter allen Umständen durch das Gesetz begründet ist. Die Armenpflege kann und darf die Fürsorge für diejenigen Kinder gar nicht ablehnen, die entweder unterstützten Familien angehören oder auf dem Armenwege in Familien und Anstalten untergebracht werden. Ob zu diesen zahlreichen Fällen noch eine verhältnismäßig geringe Anzahl hinzukommt, bei denen es sich nur um die Sorge für die Erziehung und Erwerbsbefähigung handelt, kann als unerheblich angesehen werden. Die dagegen geltend gemachten Bedenken sind zum Teil durch eine Überschätzung der Zahl dieser Fälle, zum Teil aber dadurch entstanden, daß man diese Frage mit der Frage der Organisation der Armenpflege und der Jugendfürsorge in Verbindung gebracht hat. Ich bekenne mich in dieser Beziehung als mitschuldig. Beide Fragen sind von hervorragender Bedeutung; sie stehen aber in keinem inneren Zusammenhang miteinander. Die Organisation der Jugendfürsorge ist überhaupt nicht gesetzlich geregelt. Es steht den einzelnen Gemeinden durchaus frei, den die gesetzliche Armenpflege ausübenden Organen auch andere Gebiete der Jugendfürsorge zu übertragen, die an sich mit der öffentlichen Armenpflege nichts zu tun haben, z. B. die Berufsvormundschaft, die Ziehkinderfürsorge, die Säuglingsfürsorge, die Geschäfte des Gemeindewaisenrats usw. Sie können aber auch, wie das z. B. in Berlin und in anderen großen Städten der Fall ist, für einzelne Zweige der Jugendfürsorge oder für die gesamte Jugendfürsorge besondere Ämter errichten, wie sie als Waisendeputationen, Jugendämter, Direktionen der öffentlichen Jugendfürsorge und dergl. vielfach schon bestehen. Diese Ämter haben die Jugendfürsorge in dem ihnen übertragenen Umfange sowohl in bezug auf die durch die Armenpflege zu versorgenden Kinder als auch in bezug auf andere Gebiete zu besorgen. Eine derartige Verbindung ist ein durchaus glücklicher Gedanke und wird auch von mir in der Praxis vertreten. In Mannheim ist soeben eine Neuorganisation durchgeführt worden, durch die unter der Oberleitung der städtischen Armenkommission ein besonderes Armen- und Fürsorgeamt und ein besonderes Jugendamt errichtet worden sind. Dem letzteren sind sowohl die Sorge für die der Armenpflege anheimgefallenen Kinder als auch die Geschäfte des Gemeindewaisenrats, die Berufsvormundschaft, die Aufsicht über die Ziehkinder, die Mütterberatungsstelle und die Verteilung der Stillprämien übertragen worden. Die Verbindung der Armenpflege in bezug auf jugendliche Personen mit anderen Aufgaben der Jugendfürsorge nimmt der zuständigen Behörde das mit der Armenpflege verbundene so viel gefürchtete Odium, und das ist auf dem Gebiet der Jugendfürsorge ganz besonders wünschenswert.

Den Wunsch, daß bei Abfassung eines künftigen Reichsarmengesetzes die formelle Fassung der Aufgaben der Armenpflege sich möglichst dem Wortlaut des jetzigen preußischen Ausführungsgesetzes — selbstverständlich unter Einbeziehung der Sorge für die Erziehung und Erwerbsbefähigung der Kinder — anschließen möge, kann ich nur unterstützen. Bei der großen Bedeutung des führenden Bundesstaats und der sich auf das preußische Gesetz stützenden Rechtsprechung, sowie bei dem Umstand, daß die Ausführungsgesetze der meisten kleineren Bundesstaaten sich das preußische Gesetz zum Muster genommen haben, bedarf dieser Wunsch kaum einer weiteren Begründung. Wenn auch Bayern sich in dem Entwurf des Ausführungsgesetzes, soweit angängig, der preußischen Fassung anschließen wollte, so wäre damit die Basis für eine sichere Einigung gewonnen.

Der Übersichtlichkeit wegen halte ich es für geboten, in diesem Schlußbericht die Richtlinien der Herren Berichterstatter zu den einzelnen Punkten in Fettdruck zu wiederholen. Etwaige von mir zu beantragende Zusätze werde ich besonders kenntlich machen. Am Schlusse werde ich die von mir mit Bezug auf ein künftiges Reichsarmengesetz zu beantragenden allgemeinen Richtlinien noch besonders aufführen.

Die Richtlinien zum zweiten Abschnitt: Aufgaben der öffentlichen Armenpflege sind sonach folgende:

1. **Die Leistungen der öffentlichen Armenpflege sind auf die subsidiäre Gewährung des Notbedarfs zu beschränken.**
2. **Außer dem unentbehrlichen Lebensunterhalt, der erforderlichen Pflege in Krankheitsfällen und einem angemessenen Begräbnis ist auch die Erziehung und Erwerbsbefähigung als im Rahmen des Notbedarfs liegend anzuerkennen.**
3. **Es ist wünschenswert, daß in einem künftigen Gesetz die Bestimmungen über die Aufgaben der öffentlichen Armenpflege sich im Wortlaut möglichst dem § 1 des jetzigen preußischen Ausführungsgesetzes anschließen.**

II. Organe der öffentlichen Armenpflege.

Seit der Begründung des Deutschen Vereins für Armenpflege und Wohltätigkeit sind in ihm die Klagen über die mangelnde Leistungsfähigkeit zahlreicher Armenverbände, die unzureichende Armenpflege in vielen ländlichen Gemeinden, die trotzdem vorhandene finanzielle Überlastung dieser Gemeinden und die ungleichmäßige Ausübung der Armenpflege nicht verstummt. Sie sind auch, wie wiederholt nachgewiesen worden ist, durchaus begründet, und wenn diese Klagen in unserm Vereine nicht noch viel lauter und vernehmlicher erklungen sind, so liegt das nur daran, daß es uns an Vertretern der ländlichen Armenpflege, abgesehen von der so außerordentlich dankenswerten und unentbehrlichen Mitarbeit der in den Landarmenverbänden leitenden Persönlichkeiten, eigentlich mangelt. In der Tat sind die Verhältnisse in manchen Gegenden weit schlimmer, als die meisten ahnen. Bisweilen ist ein einzelner durch die Presse veröffentlichter Fall geeignet, die Zustände blitzartig zu beleuchten. Er wird schnell wieder vergessen. Eine durchgreifende Hilfe ist bisher nicht erfolgt. Sie ist nur von der Gesetzgebung zu erwarten.

Der Herr Berichterstatter hat auf Grund der ihm genau bekannten

Verhältnisse der Provinz Hannover die dortigen Zustände geschildert und hat die Mittel zur Abhilfe in der Richtung gesucht, daß überbürdeten Armenverbänden Zuschüsse gewährt werden sollen und daß sie zwangsweise mit benachbarten Ortsarmenverbänden vereinigt werden können. Ich halte diese Vorschläge für durchaus zweckmäßig und bin der Meinung, daß ihnen unbedenklich zugestimmt werden kann. Ich glaube nur, daß sie noch eine Erweiterung nach der Richtung hin bedürfen, daß auch allzu kleine und darum leistungsunfähige Armenverbände zwangsweise mit anderen Armenverbänden vereinigt werden müssen, auch wenn eine Überbürdung bisher nicht zutage getreten ist. In Baden gibt es zurzeit 1560 selbständige Gemeinden, die alle je einen Ortsarmenverband bilden. Von diesen Gemeinden haben 26 unter 100 Einwohner und nicht weniger als 148 unter 200 Einwohner. Derartige Gemeinden sind in bezug auf die Armenpflege nur so lange leistungsfähig, als sie keine hilfsbedürftigen Einwohner haben oder als es sich nur um ganz minimale Unterstützungen handelt. Sobald nur ein einziger Fall vorkommt, in dem es sich um eine längere Krankenhauspflege oder um die Unterbringung in einer Irrenanstalt oder in einer Lungenheilstätte handelt, so ist die Gemeinde nicht nur überbürdet, sondern absolut leistungsunfähig. Derartige Anforderungen können an sie nicht gestellt werden, und sie werden darum zum Schaden der erkrankten Gemeindebürger auch nicht gestellt. Stirbt ein Gemeindemitglied unter Hinterlassung einer mittellosen Witwe mit sechs kleinen Kindern, so tritt der gleiche Fall ein. Diese Zustände waren noch einigermaßen erträglich, so lange man bei der öffentlichen Armenpflege eigentlich immer nur die Gewährung des notdürftigsten Lebensunterhaltes im Auge hatte. Dieser konnte unter den ländlichen Verhältnissen einigermaßen billig und leicht beschafft werden. Heute aber, wo man mit Recht auf eine geeignete Behandlung in guten Kranken-, Irren-, Heil- und Verpflegungsanstalten besonderes Gewicht legt, wo auch auf dem Lande die ärztliche Behandlung in immer weiterem Umfange üblich geworden ist: erscheint es ausgeschlossen, die kleineren Gemeinden mit solchen Ausgaben zu belasten. Der § 3 des Unterstützungswohnsitzgesetzes gewährt die Möglichkeit, kleine Gemeinden zu einem Ortsarmenverband zu vereinigen; es kommt nur darauf an, daß gewisse Regeln darüber aufgestellt werden, wann von dieser Befugnis Gebrauch zu machen ist. Meiner Ansicht nach sind unter den heutigen Verhältnissen Armenverbände, die nicht wenigstens 1000 Einwohner haben, immer leistungsunfähig. Wenn man berücksichtigt, daß Fälle der Unterbringung in Irrenanstalten und Lungenheilstätten nicht selten in der gleichen Familie mehrfach vorkommen, so ist es klar, daß allzu kleine Armenverbände derartigen Anforderungen unmöglich gewachsen sein können. In Baden kostet die Unterbringung von Irren in den staatlichen Irrenanstalten in der niedersten Klasse 500 bis 600 Mk. jährlich. Gegenüber den Armenverbänden wird sie auf 500 Mk. jährlich bemessen. Ein dreimonatlicher Aufenthalt in einer Lungenheilstätte ist mit 400 Mk. noch kaum zu bestreiten. Derartige Summen können Gemeinden von 100, 200 und 300 Einwohnern überhaupt nicht erschwingen. Es ist auch nicht richtig, daß mehrere leistungsunfähige Armenverbände zusammengelegt keinen leistungsfähigen Verband ergeben. In einem großen Verband spielt der einzelne Fall überhaupt keine Rolle. Die Zahl der Fälle wiederholt sich im allgemeinen — der Einwohnerzahl entsprechend — von Jahr zu Jahr. In den großen Gemeinden hält sich der Armenaufwand auch bei steigender Tendenz doch stets ungefähr in den angenommenen Grenzen. In den kleinen Gemeinden findet ein sprunghafter Wechsel statt, weil der einzelne Fall dabei eine entscheidende Rolle spielt.

In das Reichsarmengesetz wird daher eine Bestimmung aufzunehmen sein, nach der kleine und wegen ihrer Kleinheit leistungsunfähige Armenverbände mit benachbarten Gemeinden zu einem Ortsarmenverbande vereinigt werden müssen. Diese Anordnung müßte auch ohne Antrag der beteiligten Gemeinden durch die Landeszentralbehörde unter gewissen Voraussetzungen zu erfolgen haben. Zu einem Antrag würden die Gemeinden voraussichtlich nicht zu bewegen sein, solange sie keine Armenlasten haben. Es kommt aber gerade darauf an, daß die Zusammenlegung schon erfolgt ist, bevor ein kritischer Fall eintritt, damit die Leistungsfähigkeit des Armenverbands im Interesse der Hilfsbedürftigen unter allen Umständen garantiert ist.

Der Berichterstatter hat in seiner Schlußbetrachtung auch die Frage behandelt, ob nicht die vom Unterstützungswohnsitzgesetz vorgeschriebene Lastenverteilung als veraltet aufgehoben und mit dem Landarmenwesen gänzlich aufgeräumt werden soll, dergestalt, daß die Aufenthaltsgemeinde für endgültig verpflichtet zu erklären ist. Er ist der Meinung, daß die Entwicklung des Unterstützungswohnsitzgesetzes sich diesem Gedanken immer mehr genähert hat und daß dieses Ziel als Zukunftsziel ins Auge zu fassen ist. Wenn er zurzeit davon Abstand genommen hat, bezügliche Forderungen aufzustellen, so ist das nur aus dem Grunde geschehen, weil eine Umgestaltung des Unterstützungswohnsitzgesetzes damit verbunden wäre, diese aber erscheine zurzeit nicht ratsam, weil Elsaß-Lothringen das Unterstützungswohnsitzgesetz erst vor kurzem eingeführt habe und in Bayern die Einführung bevorstehe.

Ich glaube, daß die Vertreter der Ortsarmenverbände alle Veranlassung haben, sich gegen diesen Gedanken zu wenden und daß dieses „Zukunftsziel" auch nicht im Interesse einer gedeihlichen Weiterentwicklung unserer Armenpflege liegt.

Es ist zweifellos richtig, daß mit der Herabsetzung der Altersgrenze für den Erwerb des selbständigen Unterstützungswohnsitzes auf das 16. Lebensjahr und mit der Festsetzung der Frist zum Erwerb und Verlust des Unterstützungswohnsitzes auf ein Jahr die Bedeutung des Unterstützungswohnsitzes eine gewisse Abschwächung erfahren hat. Zwischen dieser Abschwächung und der gänzlichen Aufhebung besteht aber doch noch ein gewaltiger Unterschied. Der einzelne Ortsarmenverband kann sich doch immer noch des Zuzuges gänzlich mittelloser und von Anfang an unterstützungsbedürftiger Familien und Personen einigermaßen erwehren. Wenn die Aufenthaltsgemeinde ganz allgemein zur endgültigen Unterstützung aller hilfsbedürftigen Familien verpflichtet werden soll, so steht es diesen frei, ihren Aufenthalt dort zu wählen, wo ihrer Meinung nach die ausgiebigste Unterstützung gewährt wird. Welche Zustände sich dann in so stark bevölkerten Gebieten wie im Königreich Sachsen, im rheinisch-westfälischen Industriegebiet, wo eine Großstadt an die andere grenzt, in Groß-Berlin oder in Nachbarstädten wie Nürnberg-Fürth, Mannheim-Ludwigshafen entwickeln würden, kann man sich leicht ausmalen. Jeder Ortsarmenverband würde ängstlich bemüht sein müssen, nur nicht in den Ruf zu kommen, reichliche Unterstützung zu gewähren. Damit würde der so segensreiche Wetteifer der Städte, die Armenpflege in humanem Geiste auszuüben, erlahmen, und weitere Fortschritte auf dem Gebiete wären zum Schaden der Allgemeinheit ausgeschlossen. Wenn diejenige Gemeinde, die ihre Lungenkranken in guten Heilstätten unterbringt, befürchten muß, deshalb alle Lungenkranken aus der näheren und weiteren Umgebung versorgen zu müssen, und die Stadt, die mit ungeheueren Opfern ein modernes Krankenhaus erbaut hat, in die Lage versetzt wird, die mittellosen Kranken, die sich auch nur einen Tag in der Stadt aufgehalten haben, unentgeltlich verpflegen zu müssen: so erscheinen derartige Opfer zu Lasten der Steuerzahler der Gemeinde in Zukunft nicht mehr durchführbar. Ich bin der Überzeugung, daß eine Frist für den Erwerb und Verlust des Unterstützungswohnsitzes auch in Zukunft immer wird beibehalten werden müssen, und daß eine Aufhebung des Landarmenwesens nur in der Weise wird in Frage kommen können, daß die Aufgaben und Lasten der Landarmenverbände auf den Staat übergehen, daß man also aus Landarmen Staatsarme macht.

Die Richtlinien des Berichterstatters über die Organe der öffentlichen Armenpflege würden nunmehr folgendermaßen lauten, wobei unter Ziffer 3 der von mir vorzuschlagende und oben begründete Zusatz mit aufgeführt ist:

1. **Die Landarmenverbände müssen verpflichtet werden, den überbürdeten Ortsarmenverbänden ihres Bezirks eine nach Prozenten der Ausgabe bemessene Beihilfe zu gewähren. Streitigkeiten darüber unterliegen der Entscheidung der armenrechtlichen Spruchbehörden.**
2. **Überbürdete Ortsarmenverbände können mit benachbarten Ortsarmenverbänden desselben Bundesstaats zwangsweise vereinigt werden. Antragsberechtigt muß außer dem überbürdeten Ortsarmenverband derjenige Landarmenverband sein, der im Falle der Überbürdung beihilfepflichtig wäre. Die Entscheidung und die Festsetzung der Anschlußbedingungen wird in erster Instanz der armenrechtlichen Spruchbehörde, in zweiter Instanz dem**

höchsten Verwaltungsgerichtshof oder dem Gesamtministerium des Bundesstaats zu überlassen sein.

3. **Allzu kleine und deshalb leistungsunfähige Armenverbände müssen — auch wenn eine Überbürdung bisher nicht zutage getreten ist — mit benachbarten Ortsarmenverbänden desselben Bundesstaats zu einem leistungsfähigen Verbande vereinigt werden. Diese Vereinigung erfolgt entweder auf Grund der Landesgesetzgebung in der durch diese vorgeschriebenen Weise oder durch Anordnung der Landeszentralbehörde ohne Antrag der beteiligten Verbände.**

4. **Den Landarmenverbänden wird die Fürsorge für Geisteskranke, Blöde, Epileptische, Taubstumme und Blinde zu übertragen sein, soweit diese der Pflege oder der Ausbildung in einer Anstalt bedürfen. Ebenso sind die Landarmenverbände zur Fürsorge für bildungsfähige Krüppel und für Wanderarme zu verpflichten. Sieche oder sonst anstaltspflegebedürftige Personen sind von den Landarmenverbänden zu übernehmen, soweit der Raum in ihren Anstalten es gestattet. — Die Pflegesätze werden nach Maßgabe eines Tarifs vom Ortsarmenverband ersetzt. — Den Landesgesetzen bleibt es vorbehalten, die Fürsorge für die genannten Personen auf größere Verbände zu übertragen, sowie andere Verbände an den Kosten zu beteiligen. — Die Landarmenverbände erhalten die Befugnis, die ihnen gesetzlich anheimfallenden, aber nicht anstaltspflegebedürftigen Personen demjenigen Ortsarmenverband des Deutschen Reiches zur Pflege zu überweisen, in dessen Bezirk die Hilfsbedürftigkeit hervortrat.**

III. Der polizeiliche Arbeitszwang.

Bei keiner Frage dürfte die Zweckmäßigkeit, ja die Notwendigkeit einer reichsgesetzlichen Regelung so allseitig bejaht werden, wie bei dieser. Der polizeiliche Arbeitszwang hat lebhafte Befürworter, aber auch heftige Gegner gefunden. Letztere haben nicht nur prinzipielle Bedenken gegen einen derartigen Verwaltungszwang geltend gemacht, sondern haben insbesondere die landesgesetzliche Zuständigkeit zu derartigen, ihrer Meinung nach der Reichsgesetzgebung vorbehaltenen Maßnahmen bestritten. Nachdem man in zahlreichen Bundesstaaten — und neuerdings auch in Preußen — über diesen Widerspruch hinweg zur landesgesetzlichen Einführung des Arbeitszwangs geschritten ist, kann es auch den Gegnern nur erwünscht sein, wenn eine reichsgesetzliche Grundlage für diese Einrichtung geschaffen wird, wobei es sich niemals um zwangsweise Einführung in denjenigen Bundesstaaten handeln kann, die den Arbeitszwang noch nicht kennen. Nur das gegen die Zuständigkeit der Landesgesetzgebung geltend gemachte Bedenken soll beseitigt und eine gewisse gemeinschaftliche Grundlage für den Arbeitszwang in denjenigen Staaten, die ihn einführen, soll geschaffen werden.

Diese Grundlage muß den Einzelstaaten den erforderlichen Spielraum geben, den Arbeitszwang nach ihren Bedürfnissen zu gestalten. Es kann sich nicht darum handeln, die zahlreichen, auf diesem Gebiete bisher zutage getretenen Kontroversen und Meinungsverschiedenheiten definitiv zu beseitigen. Sie mögen in den Einzelstaaten zum Austrage gebracht werden. Durch die reichsgesetzliche Regelung soll die Zuständigkeitsfrage aus dem Bereich der künftigen Erörterungen definitiv ausgeschieden werden, und ferner sollen bei der die persönliche Freiheit so stark beschränkenden Natur des Arbeitszwangs reichsgesetzlich gewisse Rechtsgarantien festgesetzt werden, wie sie in den einzelnen Landesgesetzen auch schon vorgesehen sind. Es würde das wesentlich zur Beruhigung und zur Abschwächung der gegen den Arbeitszwang als Verwaltungsmaßregel gerichteten Angriffe dienen. Wenn eine reichsgesetzliche Regelung Aussicht auf Erfolg haben soll, so muß sie auf die bisherigen Landesgesetze und insbesondere auf das preußische Gesetz über die Änderung und Ergänzung der Ausführungsgesetze zum Reichsgesetz über den Unterstützungswohnsitz vom 23. Juli 1912 (sogen. Arbeitsscheuengesetz) weitgehende Rücksicht nehmen. Die Aufstellung neuer, zu den bestehenden Landesgesetzen in Widerspruch tretender Forderungen wäre durchaus unpraktisch, da an eine Abänderung der soeben erlassenen Landesgesetze in den wesentlichen Punkten in absehbarer Zeit nicht gedacht werden kann. Das Bessere ist auch hier des Guten Feind. Wenn praktische Arbeit geleistet werden soll, so muß mit den bestehenden Gesetzen gerechnet werden.

Von diesen Gesichtspunkten aus sind die Vorschläge des Berichterstatters ausgegangen. Gerade weil nur eine allgemeine Grundlage für die Einführung des Arbeitszwangs geschaffen werden soll, empfiehlt es sich, die Möglichkeit dazu nicht nur gegenüber der unehelichen Mutter, sondern auch gegenüber dem unehelichen Vater ganz allgemein zu gewähren. Die meisten Bundesstaaten, z. B. Preußen, Elsaß-Lothringen, Hamburg, Bremen, haben aus praktischen Gründen davon Abstand genommen, auch den unehelichen Vater dem Arbeitszwang zu unterwerfen. Ich teile diesen Standpunkt nicht, sondern bin der Meinung, daß aus ethischen und praktischen Gründen der Arbeitszwang auch gegen den unehelichen Vater soll Anwendung finden *können*, und daß das Reichsgesetz darüber Bestimmung treffen muß. Die Einzelstaaten sind dadurch in keiner Weise beschränkt und können den Zwang gegen den unehelichen Vater ganz allgemein oder unter gewissen Voraussetzungen (z. B. gegen uneheliche Väter, die verheiratet sind und eine Familie zu unterhalten haben) ausschließen. Für das Reichsgesetz genügt die allgemeine Bestimmung, daß die Unterbringung nicht stattfinden soll, wenn sie mit erheblichen Nachteilen für den Unterzubringenden verbunden sein würde, oder wenn die Unterstützungsbedürftigkeit nur durch vorübergehende Umstände verursacht ist. Die Landesgesetze sind in bezug auf den Personenkreis, auf den sich der Arbeitszwang erstrecken soll, insofern nicht gebunden, als sie ihn jederzeit enger fassen können als das Reichsgesetz; nur über das Reichsgesetz hinausgehen dürfen sie nicht. Auch die bestrittene Frage, ob der Arbeitszwang auf volljährige Kinder wegen Verletzung der Unterhaltspflicht den Eltern gegenüber zur Anwendung gelangen kann, sollte daher im Reichsgesetz in bejahendem Sinne entschieden werden. Die Kontroverse wäre alsdann in den einzelstaatlichen Gesetzen zum Austrag zu bringen.

Über die einzelnen Streitfragen ist kaum mehr viel zu sagen. Sie sind von dem Berichterstatter im einzelnen dargelegt. Das nähere Material darüber liegt in den von den entgegengesetzten Standpunkten aus abgefaßten Berichten von Lohse und Samter, in den Verhandlungen auf dem Kongreß in Mannheim[1] sowie insbesondere in den Verhandlungen des preußischen Landtages über das Arbeitsscheuengesetz vor. Den Richtlinien des Berichterstatters, denen ich mich anschließe, will ich nur auf Grund der vorstehenden Ausführungen einen weiteren Satz voranstellen; einzelne kleine Ergänzungen sind gleichfalls erfolgt. Die aufzustellenden Richtlinien würden darnach lauten:

1. **Ein künftiges Reichsarmengesetz hat dem in zahlreichen Einzelstaaten schon bestehenden polizeilichen Arbeitszwang die bisher mangelnde reichsgesetzliche Grundlage zu geben. Es hat den Personenkreis zu bezeichnen, auf den der Arbeitszwang durch die einzelstaatliche Gesetzgebung erstreckt werden kann, und hat die Rechtsgarantien aufzustellen, die bei Ausübung des Zwangs eingehalten werden müssen. Im übrigen ist der einzelstaatlichen Gesetzgebung ein möglichst weiter Spielraum zu belassen.**
2. **Die wichtigsten Bestimmungen eines Reichsarmengesetzes wären etwa folgende:**
   a) **Personen, welche in eigener Person unterstützt werden, oder deren Ehegatten oder Kinder unter 16 Jahren Armenunterstützung empfangen, können, wenn die Hilfsbedürftigkeit durch Arbeitsscheu oder durch schuldhafte Versäumnis der Unterhaltspflicht herbeigeführt ist, auch gegen ihren Willen auf Antrag des unterstützenden oder des erstattungspflichtigen Armenverbands für die Dauer der Unterstützungsbedürftigkeit, aber längstens auf die Dauer eines Jahres, in einer öffentlichen Anstalt oder in einer staatlich als geeignet anerkannten Privatanstalt untergebracht werden. Der Untergebrachte ist verpflichtet, für Rechnung des Armenverbands die ihm angewiesene Arbeit nach dem Maße seiner Kräfte zu leisten.**
   b) **Diese Bestimmungen finden entsprechende Anwendung auf volljährige Kinder, deren Vater oder Mutter unterstützt werden müssen, sowie auf den Vater eines unterstützten unehelichen Kindes, in diesem Fall jedoch nur, wenn die Unterhaltspflicht**

[1] Heft 88 und 90 der Schriften des Deutschen Vereins für Armenpflege und Wohltätigkeit.

durch ein vollstreckbares Urteil oder durch eine vollstreckbare öffentliche Urkunde festgestellt ist.

c) **Im Fall der Scheidung der Ehe ist der Arbeitszwang nur gegen den Ehegatten zulässig, der nach den Bestimmungen des B.G.B. dem andern Ehegatten gegenüber unterhaltspflichtig ist.**

d) **Von der Unterbringung ist abzusehen, wenn sie mit erheblichen, den Umständen nach nicht gerechtfertigten Härten oder Nachteilen für den Unterzubringenden verbunden sein würde, oder wenn die Unterstützungsbedürftigkeit nur durch vorübergehende Umstände verursacht ist.**

e) **Die Entscheidung über die Unterbringung muß auf Grund mündlicher Verhandlung erfolgen; der Unterzubringende ist zu hören, soweit dies ohne erhebliche Schwierigkeiten geschehen kann. Gegen die Entscheidung muß dem Unterzubringenden entweder die Klage bei den ordentlichen Gerichten oder die Anrufung der Verwaltungsgerichte offenstehen. Eine aufschiebende Wirkung braucht mit diesen Rechtsmitteln nicht verbunden zu sein.**

f) **Der das Verfahren betreibende Armenverband kann auf Grund einer vollstreckbaren Entscheidung über die Unterbringung die Überführung des Unterzubringenden in seine unmittelbare Fürsorge durch Inanspruchnahme der Polizeibehörde des Aufenthaltsorts verlangen. Die Kosten der Überführung fallen dem Armenverband zur Last.**

g) **Den Landesgesetzen bleibt es überlassen, den Personenkreis, auf den sich die Unterbringung erstrecken kann, enger zu begrenzen, und das Nähere über die Einführung und Regelung des polizeilichen Arbeitszwangs unter Beachtung der im Vorstehenden gegebenen Vorschriften zu bestimmen.**

IV. Wandererfürsorge.

Die treffenden Ausführungen des Berichterstatters gelangen zur rechten Zeit an die Öffentlichkeit. Wie während der Drucklegung dieses Bandes bekannt geworden ist, sind im Reichsamt des Innern Gesetzentwürfe, betreffend die Wandererfürsorge, bearbeitet worden, die zurzeit der Begutachtung in den einzelnen Bundesstaaten unterliegen. Da der Inhalt dieser Gesetzentwürfe nicht veröffentlicht worden ist, kann hier in eine Erörterung derselben nicht eingetreten werden. Wir dürfen aber wohl annehmen, daß dieser Inhalt sich in vielen Punkten mit den Ausführungen des Berichterstatters berührt, und daß insbesondere den alten Klagen darüber, daß der § 28 U.W.G. eine ausreichende Versorgung der Wanderarmen unmöglich mache, Abhilfe geschaffen werden soll.

Diese Klagen sind in unserem Verein zuletzt am 3. März 1906 auf der 26. Jahresversammlung in Berlin laut geworden, als es sich um die damals vorbereitete Novelle zum Unterstützungswohnsitzgesetz handelte. Der Berichterstatter Münsterberg hat damals in entschiedener Weise darauf hingewiesen, daß an eine Besserung auf dem Gebiete der Versorgung der Wanderarmen nicht früher zu denken sei, als bis dieser § 28 eine neue Gestaltung erfahren habe oder für diese Kategorie von Bedürftigen überhaupt ausgeschaltet und durch eine Ordnung ersetzt sei, die auf der organisierten Mitwirkung der großen Verbände beruhe, und der das Prinzip der Unterstützung gegen Arbeitsleistung und auf Grund der Wanderordnungen zugrunde liege[1]. Die Versammlung hat damals in bezug auf diesen Punkt folgenden Leitsatz einstimmig angenommen:

„§ 28 U.W.G. versagt vollständig für die Versorgung der nicht seßhaften wandernden Bevölkerung. Es ist eine gesetzliche Regelung durch Schaffung von Zweckverbänden zu fordern, die die Fürsorge durch Herstellung von Einrichtungen übernehmen, in denen Naturalverpflegung gegen Leistung von Arbeit auf Grund von Wanderordnungen geboten wird." (A. a. O. Heft 76, S. 77.)

Den Teilnehmern an der Berliner Versammlung wird es unvergeßlich sein, wie der Mann, der bei uns die meiste und segensreichste praktische Arbeit in der Wandererfürsorge geleistet hat, der mittlerweile heimgegangene Pastor v. Bodelschwingh damals — vielleicht zum letzten Male vor der großen Öffentlichkeit — in seiner rührend warmherzigen und darum zu Herzen gehenden Weise für seine „lieben Brüder von der Landstraße" eingetreten ist[2].

Flesch erklärte darauf, daß soeben der einzige Mann im Saal gesprochen habe, „der hier nur Verehrer und Bewunderer hat, auch dann, wenn sie mit seinen Ansichten nicht überall einverstanden sind." Das uns ans Herz gelegte Vermächtnis Bodelschwinghs aber haben wir noch zu erfüllen. Wir tun es, soweit es in unseren Kräften liegt, wenn wir den Richtlinien des Berichterstatters zustimmen.

Bodelschwingh führte auf dem Berliner Kongreß aus, daß der § 28 U.W.G. zwar gut gemeint gewesen sei und recht schön klinge, daß er aber tatsächlich höchst ungünstig gewirkt, ungezählte Vagabunden gezüchtet, aber auch ungezählte unschuldige Menschen an den Schandpfahl gebracht, ja grausam verurteilt habe. Der Fehler des Gesetzes sei, daß der landfremde Wanderer mit den Ortsarmen in einen Topf geworfen werde. Das Gesetz fordere zu viel von den kleinen Gemeinden, sei darum unausführbar und werde täglich übertreten. Man suche sich der Wanderer möglichst schnell zu entledigen und treibe sie dadurch dem Bettel und dem Vagabundentum in die Arme.

Da diese Mängel auch heute noch in ungeschwächtem Maße bestehen, so muß Abhilfe geschaffen werden. Das kann nur durch eine Abänderung des § 28 U.W.G. geschehen. Ob im übrigen die Frage

[1] Band 76 der Vereinsschriften Seite 15.

[2] a. a. O. S. 44 bis 52.

der Fürsorge für die Wanderarmen durch besonders zu diesem Zweck zu erlassende Reichsgesetze oder durch das in Aussicht zu nehmende Reichsarmengesetz geregelt werden soll, ist dabei von sekundärer Bedeutung. Wenn unsere Wünsche nach der materiellen Seite befriedigt werden, so wollen wir nicht darüber rechten, ob diese Befriedigung in formeller Beziehung ganz einwandfrei erfolgt ist. Wenn die Wandererfürsorge durch ein besonderes Reichsgesetz geregelt worden ist, so brauchen die Bestimmungen darüber nicht mehr in ein Reichsarmengesetz aufgenommen zu werden. Es besteht zudem in weiten Kreisen der meiner Ansicht nach nicht immer berechtigte Wunsch, die Zuständigkeit der Armenpflege möglichst eng zu fassen und ihr alle Gebiete zu entziehen, bei denen es irgend ausführbar erscheint. Eine zukünftige Entwicklung wird uns doch wohl einmal ein einheitliches deutsches Armengesetz bringen, neben dem es weder ein Unterstützungswohnsitzgesetz noch ein Wandererfürsorgegesetz geben wird. Zurzeit haben wir darauf hinzuarbeiten, daß unsere Forderungen in materieller Beziehung erfüllt werden, und das dürften wir auch von einem Reichsgesetz über die Wandererfürsorge erwarten.

Ich habe die Richtlinien des Berichterstatters nur durch den ausdrücklichen Hinweis auf die notwendige Abänderung des § 28 U.W.G. ergänzt und empfehle dieselben zur Annahme:

1. **Gegenüber den Mißerfolgen, die alle strafrechtliche und polizeiliche Bekämpfung von Landstreicherei und Bettel aufzuweisen haben, gilt es als Grundlage jeder Besserung, ein System der Versorgung dieser gesellschaftsfremden Wesen durchzuführen, das diese Ärmsten nicht durch allerlei Versorgungs- und Strafeinrichtungen hindurch jagt, sondern ihnen dauernde Versorgung ermöglicht. Für die Art dieser Versorgung finden sich reichlich Vorbilder in der bestehenden Fürsorge, für ihre Rechtsform wird sich, soweit die bisherigen Entmündigungsformen nicht ausreichen, ein neuer Begriff der Entmündigung wegen Unfähigkeit zu einem geordneten Leben parallel zur Entmündigung wegen Verschwendung ausbilden müssen. Erst hierdurch wird es möglich sein, für den Teil der mittellosen Wanderer, die man gewöhnlich als Arbeitsscheue bezeichnet, nachhaltig zu sorgen. Ihre Unterbringung wird im Wege der Armenpflege durch leistungsfähige Verbände mit staatlicher Unterstützung zu erfolgen haben.**

2. **Dieselben Verbände werden sich der gutwilligen halb und ganz arbeitsunfähigen Wanderer anzunehmen haben, die ebenfalls zum freien Leben unbrauchbar sind. Nur soweit diese sich freiwillig einer Versorgung nicht fügen, werden sie gleich jener ersten Gruppe zu behandeln sein.**

   Bei beiden Gruppen wird man den Versorgten die Rückkehr ins freie Leben in der einen oder anderen Form soweit wie möglich offen halten. So wird hier für ein Zusammenwirken

öffentlicher und privater Hilfseinrichtungen ein weites Feld bleiben.

3. **Für die mittellosen Wanderer, die nur durch Arbeitslosigkeit zum Wandern getrieben werden, muß in erster Linie durch den Ausbau aller Schutzeinrichtungen, die auf der Selbsttätigkeit der Arbeiter beruhen (Herbergswesen, Unterstützungskassen, Versicherung) gesorgt werden.**

4. **Soweit das nicht ausreicht, werden entsprechend der Arbeitsbeschaffung für seßhafte Arbeitslose (Notstandsarbeiten) auch Arbeitsstätten für wandernde Arbeitslose zu schaffen sein, die in engster Verbindung mit den vorher erwähnten Maßnahmen ausgestattet werden müssen, also den Abschluß der Wandererfürsorge bilden sollten. Auch hierbei ist die Mitwirkung der Arbeiter nicht zu entbehren.**

Soweit das Problem aber die Armengesetzgebung berührt, muß es in einem Reichsgesetz gelöst werden, da alle bisherigen Versuche, von anderen abgesehen, schon durch die Verschiedenheit in Gesetzgebung und Verwaltung der Einzelstaaten in weitem Umfange wirkungslos gemacht werden.

5. **Die Voraussetzung zur Durchführung aller dieser Maßnahmen ist eine Abänderung des § 28 U.W.G., der in bezug auf die Versorgung der nicht seßhaften, wandernden Bevölkerung vollständig versagt hat und der nur, soweit die ortsansässige Bevölkerung in Betracht kommt, in Kraft bleiben kann.**

V. Die Tariffrage.

Auch bei der Tariffrage handelt es sich, wenn den vom Berichterstatter aufgestellten wohlbegründeten Forderungen genügt werden soll, um eine Abänderung des Unterstützungswohnsitzgesetzes, und zwar der Bestimmungen des § 30, Abs. 3 u. 4. Diese Bestimmungen lauten wörtlich:

„Die Höhe der zu erstattenden Kosten richtet sich nach den am Orte der stattgehabten Unterstützung über das Maß der öffentlichen Unterstützung Hilfsbedürftiger geltenden Grundsätzen, ohne daß dabei die allgemeinen Verwaltungskosten der Armenanstalten, sowie die besonderen Gebühren für die Hilfeleistung fest remunerierter Armenärzte in Ansatz gebracht werden dürfen."

„Für solche bei der öffentlichen Unterstützung häufiger vorkommenden Aufwendungen, deren täglicher oder wöchentlicher Betrag sich in Pauschquanten feststellen läßt (z. B. Verpflegungssätze in Kranken- oder Armenhäusern), kann in jedem Bundesstaate, entweder für das ganze Staatsgebiet gleichmäßig, oder bezirksweise verschieden, ein Tarif aufgestellt und öffentlich bekannt gemacht werden, dessen Sätze die Erstattungsforderung nicht übersteigen darf."

Ein Tarif war daher nur innerhalb des einzelnen Bundesstaats zulässig. Gegenüber Armenverbänden eines anderen Bundesstaats gilt kein Tarif; bei derartigen Forderungen sind vielmehr die tatsächlichen Auslagen unter Abrechnung der allgemeinen Verwaltungskosten in Anrechnung zu bringen.

Diese Forderung bedingt eine höchst komplizierte Berechnung, die insbesondere bei den zahlreichen Ersatzansprüchen wegen Krankenhausverpflegung zu sehr lästigen Weiterungen führen muß.

Die Berechnung gestaltet sich z. B. in Mannheim in folgender Weise. Es muß auf Grund des Rechnungsergebnisses für das abgelaufene Jahr zunächst festgestellt werden, welcher Betrag von den tatsächlich auf die einzelnen Positionen des Voranschlages entfallenden Ausgaben auf jeden einzelnen Verpflegungstag der Kranken entfällt. Nach der Abrechnung für das Jahr 1908 entfielen darnach auf den einzelnen Verpflegungstag:

	Art des Aufwands.	Betrag pro Tag.
1.	Lasten und Verwaltungskosten	23,7 Pf.
2.	Aufsichts-, Wirtschafts- und Dienstpersonal	11,7 „
3.	Gebäude und deren Unterhaltung	55,8 „
4.	Reinigung des Hauses	13,5 „
5.	Hauseinrichtungsgegenstände	11,3 „
6.	Bettung und Weißzeug	19,3 „
7.	Wäschereinigung	16,1 „
8.	Kleidung	5,2 „
9.	Heizung	26,6 „
10.	Beleuchtung	14,5 „
11.	Wasserversorgung	2,5 „
12.	Lebensmittel aller Art für Kranke	138,0 „
13.	Lebensmittel für das Personal	25,4 „
14.	Krankheitskosten, Gehalte für das Arzt- und Pflegepersonal	36,8 „
15.	Medikamente für Kranke	18,6 „
16.	Kosten für Instrumente und Apparate usw.	18,6 „
17.	Sonstiger Aufwand	1,7 „
18.	Zinsen von Passivkapitalien	0,7 „
19.	Tilgung der Bauschuld	0,3 „
20.	Erneuerungsfonds bzw. Zuführung zum Anlehensfonds	6,0 „
	Zusammen	4,463 Mk.

Die Kosten des einzelnen Verpflegungstags eines Kranken beliefen sich mithin im Jahre 1908 auf 4 Mk. 46 Pf., davon waren den auswärtigen Armenverbänden gegenüber ersatzfähig nur die Positionen 12 und 15 mit zusammen 1,566 Mk., also rund 1 Mk. 57 Pf., während 2 Mk. 89 Pf. pro Verpflegungstag als „allgemeine Verwaltungskosten" nicht ersatzfähig waren.

Auf Grund einer solchen Berechnung werden die Ersatzansprüche gegen die Armenverbände anderer Bundesstaaten erhoben. Erkennt der Armenverband die Höhe des Anspruchs an, so ist die Angelegenheit damit erledigt, bestreitet er sie aber, was gar nicht selten vorkommt, so muß der anspruchsberechtigte Armenverband nachweisen, daß die auf den einzelnen Verpflegungstag entfallenden Kosten nach Abzug der allgemeinen Verwaltungskosten in der Tat die angegebene Höhe erreichen. Ein solcher Nachweis ist sehr schwer zu erbringen und kann eigentlich nur an Ort und Stelle durch rechnungsverständige Personen und durch genaue Prüfung der Bücher und aller Belege erfolgen.

Aus der Berechnung ergibt sich aber auch, daß im modernen Krankenhausbetrieb die allgemeinen Verwaltungskosten die auf den einzelnen Kranken entfallenden speziellen Kosten weitaus übersteigen. Bei Abfassung des § 30 U.W.G. hat man diese Entwicklung zweifellos nicht vorausgesehen. Die Verhältnisse haben sich in dieser Beziehung von Grund aus geändert. In den heutigen Krankenhäusern der großen Städte mit ihrem umfangreichen Ärzte- und Pflegepersonal und ihren zahlreichen kostbaren Einrichtungen entfallen überall zwei Drittel der Kosten auf die allgemeinen Unkosten und nur etwa ein Drittel auf die speziellen Ausgaben. Es liegt aber gewiß kein Grund vor, diejenigen Gemeinden, die mit großen Opfern moderne Krankenhäuser unterhalten, außerdem noch dadurch zu belasten, daß sie die auswärtigen Kranken halb umsonst für einen Verpflegungssatz in ihren Krankenhäusern zu verpflegen haben, für den eine Krankenhausverpflegung auch bei den bescheidensten Ansprüchen absolut unmöglich ist.

Ich habe geglaubt, die Ausführungen des Berichterstatters gerade nach dieser Richtung hin ergänzen zu sollen, weil die Ersatzansprüche gegen die auswärtigen Armenverbände es hauptsächlich sind, die auf eine reichsgesetzliche Regelung der Tariffrage hindrängen.

Innerhalb der einzelnen Bundesstaaten bestanden bisher schon Tarife, die freilich unzureichend waren, aber doch eine glatte Abwicklung der Geschäfte ermöglichten. In Bayern ergaben sich bisher schon deshalb keine Schwierigkeiten, weil nach der Eisenacher Konvention Bayern gegenüber Ersatzansprüche für die Kur und die Verpflegung, sowie für die Beerdigung überhaupt nicht erhoben werden konnten. In den anderen Bundesstaaten, und namentlich in denjenigen, in denen ein starkes Fluktuieren der zu den verschiedensten Bundesstaaten gehörenden Bevölkerung stattfindet, haben sich große Schwierigkeiten ergeben.

Es kann natürlich nicht davon die Rede sein, den Tarif so hoch festzusetzen, daß der vorläufig unterstützungspflichtige Armenverband einen vollen Ersatz der von ihm aufgewendeten Kosten erhält. Die Kosten für den einzelnen Verpflegungstag in den modernen Krankenhäusern großer Städte belaufen sich jetzt überall auf ungefähr 5 Mk. täglich. Ein mäßiger, allen Armenverbänden gegenüber gültiger Tarif wird, wenn er auch nur einen teilweisen Ersatz der tatsächlich aufgewendeten Kosten gewährt, einen großen Fortschritt gegenüber den gegenwärtigen Verhältnissen bringen.

Die von dem Berichterstatter aufgestellten Richtlinien habe ich durch einen Satz ergänzt, der sich auf die Abänderung § 30 U.W.G. bezieht. Sie würden darnach lauten:

1. **Ein Reichsarmengesetz sollte mit Bezug auf die Tarife folgende Bestimmungen enthalten:**
   - a) **daß dem vorläufig hilfeleistenden vom endgültig verpflichteten Armenverband alle für die Unterstützung eines armen Deutschen erwachsenden notwendigen Kosten zu ersetzen sind;**
   - b) **daß dieser Ersatz in allen Fällen, in welchen ein Armer volle Verpflegung innerhalb oder außerhalb einer Anstalt genossen hat, oder in einer Krankenanstalt aufgenommen war, nach bestimmten Tarifsätzen erfolgen muß, welche für die Verpflegung und für die Krankenanstaltsbehandlung gesondert festzusetzen sind, und welche jede Mehrforderung ausschließen;**
   - c) **daß die Tarifsätze nur die notwendigen Selbstkosten enthalten dürfen, in welche nach billigem Ermessen ein entsprechender Ansatz für die allgemeinen Unkosten einer Anstalt eingerechnet werden darf, die aber alles in sich schließen müssen, was außer für die Verpflegung zur Gewährung von Obdach, für Bedienung, ärztliche Behandlung, Heilmittel und Arzneien aufzuwenden ist;**
   - d) **daß alle zum dauernden Gebrauche eines Kranken außerhalb einer Anstalt angeschafften und notwendigen Apparate und dergleichen besonders zu ersetzen sind;**
   - e) **daß der Ein- und Austrittstag in einer Armen- oder Krankenanstalt zusammen als ein Tag zu berechnen ist;**
   - f) **daß für die Beerdigung verstorbener Armer bestimmte, durch die Altersstufe von 14 Jahren abzugrenzende Beträge unter Ausschluß von Stolgebühren zu ersetzen sind, welche nach den gleichen Grundsätzen bestimmt werden, wie die Tarifsätze nach b und c.**
2. **Der § 30, Abs. 3 u. 4 U.W.G. bedarf einer Abänderung dahin, daß auch für das gesamte Reichsgebiet Tarife aufgestellt werden dürfen, und daß bei Ersatzansprüchen für die Verpflegung in Krankenanstalten auch die allgemeinen Verwaltungskosten und nicht nur die durch das individuelle Bedürfnis des Verpflegten entstandenen Kosten nach billigem Ermessen eine Berücksichtigung finden dürfen.**

VI. Aufsicht über die öffentliche Armenpflege und Rechtsprechung.

Als im September 1905 auf der 25. Tagung unseres Vereins in Mannheim „die heutigen Anforderungen an die öffentliche Armenpflege im Verhältnis zu der bestehenden Armengesetzgebung" erörtert wurden, beschäftigte man sich auch mit der Aufsichtsfrage. Es wurde schließlich ein Leitsatz angenommen, in dem eine bessere Gewähr für die allseitige und gleichmäßige Erfüllung der an die Armenpflege zu stellenden Anforderungen insbesondere durch Schaffung leistungsfähiger Armenverbände und durch Zentralisation der Aufsicht über die Ausübung der Armenpflege verlangt wurde. Eine Meinungsverschiedenheit war nur darüber entstanden, ob nicht statt „durch Zentralisation der Aufsicht" besser „durch zweckentsprechende Aufsicht" zu setzen sein werde. Eine sehr knappe Majorität von 36 gegen 33 Stimmen entschied sich für die erstere Fassung [1]. Seitdem ist auf jeder Tagung des Vereins von verschiedenen Seiten der Antrag gestellt worden, daß die Frage der Aufsicht über die Armenpflege eingehend erörtert werde, da durch die Annahme eines solchen Leitsatzes die Frage noch nicht genügend geklärt erscheine und da wir nunmehr auch der praktischen Lösung näher treten müßten.

Wenn heute die Frage eines Reichsarmengesetzes und die Schaffung eines einheitlichen materiellen Armenrechts auf der Tagesordnung steht, so läßt sich die Frage der Aufsicht über die Armenpflege dabei gar nicht ausschalten. Mit einem einheitlichen materiellen Armenrecht wird aber auch — wenigstens in gewissem Maße — eine einheitliche und darum zentralisierte Aufsicht verbunden sein müssen. Wenigstens muß eine Instanz da sein, welche die direkten Aufsichtsinstanzen zu einer einheitlichen Beobachtung der durch die Reichsgesetzgebung aufgestellten Normen veranlassen und die erforderlichen Anweisungen geben muß. Die damals hervorgetretene Meinungsverschiedenheit über eine Zentralisation der Aufsicht wird also wohl gegenüber der veränderten Sachlage gegenstandslos geworden sein. Den maßvollen Anträgen des Berichterstatters über die Aufsicht werden auch diejenigen zustimmen können, die einer Zentralisation der Aufsicht abgeneigt sind. Die Umgestaltung des Bundesamts für das Heimatwesen zu einem Reichsarmenamt erscheint als notwendige Folge eines Reichsarmengesetzes; die Bezeichnung „Bundesamt für das Heimatwesen" war schon bisher für die Tätigkeit dieser reinen Spruchbehörde sehr wenig bezeichnend. Die Stellung des künftigen Reichsarmenamts wird durch Ziff. 1 der Richtlinien des Berichterstatters richtig begrenzt sein. So wünschenswert es im Interesse einer gleichmäßigen Ausübung der Armenpflege erscheinen mag, wenn auch Beschwerden über verweigerte und nicht ausreichend gewährte Unterstützung an die Zentralinstanz gelangen könnten, so wird man doch das Gewicht der dagegen sprechenden praktischen Gründe anerkennen müssen. Eine unmittelbare lokale Aufsicht durch Reichsbeamte wird wohl von keiner Seite als zweckmäßig bezeichnet werden; auch für besondere Aufsichtsbeamte des Staats, die sich nur mit der Armenpflege zu beschäftigen hätten, wird ein Bedürfnis gewiß nicht empfunden werden. Die Hauptaufgabe der Staats-

[1] Heft 75 der Vereinsschriften S. 121, 164 und 165.

aufsicht wird es immer sein, darauf zu achten, daß die einzelnen Armenverbände leistungsfähig sind; wenn sie das sind, können sie auch zur genauen Erfüllung ihrer gesetzlichen Verpflichtungen angehalten werden. Die Hauptmängel der heutigen Armenpflege, insbesondere der ländlichen Armenpflege, hängen nicht mit der mangelnden lokalen Aufsicht, sondern mit der mangelnden Leistungsfähigkeit vieler Armenverbände zusammen. Leistungsunfähige Verbände können auch durch eine noch so strenge Aufsicht nicht leistungsfähig gemacht werden. Wohl aber hat die Aufsicht die hervorgetretenen Mängel festzustellen und die geeignete Abhilfe zu veranlassen.

Mit der Frage der Aufsicht hat der Berichterstatter auch die Erörterung der Frage verbunden, ob nicht den Landarmenverbänden, wenn sie sich der Ortsarmenverbände als ihrer Organe behufs der öffentlichen Unterstützung Hilfsbedürftiger bedienen oder wenn sie den Ortsarmenverbänden Beihilfen gewähren, auch ein gewisses Aufsichtsrecht eingeräumt werden sollte. Er hat diese Frage nach dem Vorgange des württembergischen Ausführungsgesetzes zum Unterstützungswohnsitzgesetz vom 17. April 1878 Art. 26 Abs. 2 bejaht. In der Tat wäre gerade der Landarmenverband sehr wohl geeignet und in der Lage, namentlich dort, wo er an der lokalen Armenpflege finanziell beteiligt ist, günstig auf diese Armenpflege einzuwirken.

Die Richtlinien des Berichterstatters über die Aufsicht werden darnach mit einer von mir im letzten Punkte vorgenommenen Ergänzung in folgender Fassung von mir zur Annahme empfohlen:

1. **Das Bundesamt für das Heimatwesen ist zu einem Reichsarmenamt auszugestalten mit der Befugnis, auch außerhalb eines Streitverfahrens rechtliche Zweifelsfragen von Amts wegen durch seinen Spruch mit verbindlicher Kraft für sämtliche deutschen Armenverbände zu entscheiden.**

   Dem Reichsarmenamte würde ferner die sammelnde, sichtende, aufklärende und belehrende Tätigkeit der obersten sachverständigen Zentralbehörde zuzuweisen sein. Um sie erfüllen zu können, müßte ihm das gesetzliche Recht gegeben werden, von sämtlichen deutschen Armenverbänden Berichte in den allgemeinen Angelegenheiten ihrer Verwaltung einzufordern.
2. **Im übrigen bewendet es bei der unmittelbaren Beaufsichtigung der Armenverbände durch die Landesbehörden, also bei der allgemeinen Kommunalaufsicht.**
3. **Besondere Aufsichtsorgane (Reichs- oder staatliche Armeninspektoren) sind abzulehnen.**
4. **Es wird nicht erforderlich sein, daß das künftige Reichsarmengesetz für die Beaufsichtigung der Armenpflege durch die Landesbehörden besondere Richtlinien aufstelle.**
5. **Dagegen erscheint es wünschenswert, durch das Reichsgesetz festzulegen, daß die der Armenpflege dienenden Anstalten durch die Amtsärzte zu überwachen sind.**

6. **Die Landarmenverbände werden allgemein ermächtigt, sich der Ortsarmenverbände als ihrer Organe behufs der öffentlichen Unterstützung Hilfsbedürftiger zu bedienen. Wenn ein Landarmenverband von diesem Recht Gebrauch macht, oder wenn er einem überbürdeten Ortsarmenverband eine Beihilfe gewährt, so ist er befugt, jederzeit Einsicht von den Einrichtungen und Maßnahmen der öffentlichen Armenpflege des Ortsarmenverbands zu nehmen oder durch bevollmächtigte Abgesandte nehmen zu lassen und bei der staatlichen Aufsichtsbehörde auf Abstellung vorgefundener Mißstände anzutragen.**

In bezug auf die Rechtsprechung hat der Berichterstatter sich nicht damit begnügt, die mit der Organisation der Aufsicht im Zusammenhang stehenden Fragen der Organisation der Behörden für die Rechtsprechung und ihre Zuständigkeit zu erörtern, sondern er ist auch auf den materiellen Inhalt der Rechtsprechung, soweit dabei die Rechtsbeziehungen der Armenverbände untereinander, sowie zu den Unterstützten und zu Dritten in Frage kommen, eingegangen. Es ist das um so dankenswerter, als es sich dabei um für die Armenverbände wichtige Fragen handelt, die einer reichsgesetzlichen Regelung bedürfen.

In formeller Beziehung kommen nur zwei Fragen in Betracht: Die Übertragung der Zuständigkeit in den Landesstreitsachen, soweit die Entscheidung letzter Instanz in Betracht kommt, auf das Reichsarmenamt und die Zuständigkeit des letzteren in Beschwerdesachen. Nachdem die überwiegende Mehrheit der Bundesstaaten von der Ermächtigung des § 52 U.W.G. Gebrauch gemacht und die Entscheidung in Landessachen dem B. A. f. d. H. W. übertragen hat, könnte es scheinen, als stünden in dieser Beziehung der Erweiterung der Zuständigkeit keine bedeutenden Hindernisse im Wege. Mittlerweile ist aber Bayern durch das Reichsgesetz über die Einführung des Unterstützungswohnsitzgesetzes im Königreich Bayern ein Reservatrecht insofern eingeräumt worden, als die §§ 37 und 56 Abs. 2 Satz 2 U.W.G. nur mit Zustimmung Bayerns geändert werden können. Diese Zustimmung ist in absehbarer Zeit nicht zu erwarten, sonst hätte der soeben auf Verlangen Bayerns genehmigte Vorbehalt keinen Sinn. Man sollte ein solches Verlangen auch zunächst nicht an Bayern stellen, nachdem es soeben ein so weitgehendes Entgegenkommen gezeigt hat. Für die Zukunft wird allerdings im Interesse einer gleichmäßigen Rechtsprechung die Erweiterung der Zuständigkeit des Reichsarmenamts auf die Landessachen zu erstreben sein. Wir werden uns der Hoffnung hingeben dürfen, daß diese Verbesserung des Gesetzes einstmals mit Zustimmung Bayerns ins Leben treten wird, wenn die Mängel der ungleichmäßigen Rechtsprechung im Reiche und in Bayern sich fühlbar gemacht haben werden.

Für die Zulässigkeit von Beschwerden über verweigerte Unterstützung an das Reichsarmenamt wird man sich unter Berücksichtigung der tatsächlichen Verhältnisse kaum aussprechen können. Die Flut der Bettelbriefe, die sich alsdann auf die Zentrale ergießen würde, wäre jedenfalls nicht zu bewältigen.

Unter den Vorschlägen, die der Berichterstatter mit Bezug auf das materielle Armenrecht gemacht hat, verdient die in Aussicht genommene Bestrafung der Abschiebung die ernsteste Beachtung. Die Abschiebung ist ein Krebsschaden unserer ländlichen Armenpflege und trägt die Hauptschuld an dem Verkommen so vieler Wanderarmen.

Die Schaffung leistungsfähiger Armenverbände ist auch hier die erste Maßregel, die gegen die Abschiebungen zu treffen ist. Wenn wir aber leistungsfähige Armenverbände haben, dann werden wir auch von ihnen, falls doch eine Abschiebung vorkommt, mit Recht verlangen können, daß sie dem die Fürsorge übernehmenden Armenverbande die vollen Anforderungen ersetzen. Es wird sich dabei um eine Ausnahmebestimmung zum § 30 Abs. 3 und 4 U.W.G. handeln.

Die Frage des Ersatzes der gewährten Unterstützung durch den Unterstützten selbst oder aus dessen Nachlaß ist bisher gemäß Art. 103 E.G. zum Bürgerlichen Gesetzbuch landesgesetzlich geregelt. Im württembergischen Ausführungsgesetz zum Unterstützungswohnsitzgesetz vom 17. April 1873 heißt es in Art. 3, daß Personen, welche ungeachtet des Besitzes genügender Mittel auf Grund des Gesetzes öffentliche Armenunterstützung erlangt haben, zum Ersatz des Empfangenen verpflichtet sind. Außerdem ist jede an Personen über 18 Jahre gewährte Unterstützung als ein Vorschuß zu betrachten, dessen Wiedererstattung verlangt werden kann, sobald der Unterstützte in eine Lage gekommen ist, welche ihm die Ersatzleistung unbeschadet der Sicherstellung seines und der Seinigen Lebensunterhaltes ermöglicht. In Baden hat der § 5 des badischen Armengesetzes vom 5. Mai 1870 folgenden Wortlaut: „Der Unterstützte, welcher zu hinreichendem Vermögen gelangt, ist zur Rückerstattung der von seinem 18. Lebensjahr an von der öffentlichen Armenpflege ihm gewährten Unterstützung in angemessenen Fristen verpflichtet. Sofern nicht arme Noterben vorhanden sind, ist auch der Nachlaß des Unterstützten ersatzpflichtig. Gegen den überschuldeten Nachlaß findet die Rückforderung nicht statt.“ Die Armenordnung des Königreichs Sachsen vom 22. Oktober 1840 §§ 65 und 66, Art. 73 der revidierten Gemeindeordnung in Oldenburg vom 15. April 1873, das hamburgische Gesetz, betreffend das Armenwesen vom 11. September 1901 §§ 19 und 22 und andere Landesgesetze enthalten ähnliche Bestimmungen. In Preußen ist eine besondere landesgesetzliche Regelung nicht erfolgt, und ein Anspruch auf Rückerstattung der Unterstützung konnte daher nur auf das bürgerliche Recht gegründet werden. Die Rechtsprechung ist in dieser Beziehung unsicher gewesen. Eine reichsgesetzliche Regelung ist daher namentlich im Interesse Preußens sehr erwünscht. Ich würde nur vorschlagen, die Altersgrenze für die jugendlichen Personen gewährte und nicht von ihnen zurückzufordernde Unterstützung, nicht auf 14 Jahre, sondern nach dem Vorgange mehrerer Landesgesetze auf 18 Jahre festzusetzen.

Daß die Bestimmung des preußischen Ausführungsgesetzes vom 18. März 1871 § 65 Abs. 1 in ein Reichsarmengesetz Aufnahme finden soll, wird gewiß allgemeine Zustimmung finden. Da den Beteiligten die Berufung auf den ordentlichen Rechtsweg mit aufschiebender Wirkung zustehen soll, so sind ihre Rechte in keiner Weise verkürzt. Auch die alte Streitfrage, ob Privatpersonen, die ohne Auftrag eines Armenverbands einen Hilfsbedürftigen unterstützt haben, dadurch einen zivilrechtlichen Erstattungsanspruch gegen den unterstützungspflichtigen Armenverband erwerben, sollte nach den Anträgen des Berichterstatters ein für allemal ihre Erledigung finden.

Ich beantrage demnach den Richtlinien des Berichterstatters über die Rechtsprechung in folgender Fassung zuzustimmen, wobei unter Ziff. 1 und 2 die Richtlinien, die das Verfahren betreffen, unter 3 und 4a—c die Richtlinien materieller Natur aufgezählt sind:

1. **Es ist zu erstreben, daß das zum Reichsarmenamt umzugestaltende Bundesamt für das Heimatwesen unter Abänderung der §§ 37 und 56 Abs. 2 Satz 2 U.W.G. Berufungsinstanz für sämtliche Streitigkeiten unter den deutschen Armenverbänden über die öffentliche Unterstützung Hilfsbedürftiger werde.**
2. **Die Bestellung des Reichsarmenamts zur zweiten Instanz für Beschwerden über verweigerte oder unzureichend gewährte Armenunterstützung ist abzulehnen.**
3. **Der Armenverband, der sich einer Abschiebung schuldig macht, soll durch das Reichsgesetz verpflichtet werden, dem die Fürsorge übernehmenden Armenverbande alle Aufwendungen in voller, nicht nur in tarifmäßiger Höhe zu erstatten.**
4. **Durch das Reichsgesetz sind ferner folgende Bestimmungen zu treffen:**

   a) **Wer für sich, seine Ehefrau oder seine Kinder eine Unterstützung empfangen hat, ist verpflichtet, deren Wert mit gesetzlichen Zinsen zu erstatten. Die Erstattung kann auch aus dem Nachlasse des Unterstützten gefordert werden.**

   Die gleiche Verpflichtung trifft die Angehörigen des Unterstützten in Höhe der für sie verwendeten Beträge.

   Der Anspruch darf erst geltend gemacht werden, wenn der Erstattungspflichtige ohne Beeinträchtigung des für sich und seine unterhaltsberechtigten Angehörigen nach billigem Ermessen erforderlichen Unterhalts zur Erstattung imstande ist.

   Unterstützungen, die Kindern und jugendlichen Personen unter 18 Jahren gewährt sind, sind von diesen selbst nicht zurückzufordern.

   b) **Auf den Antrag des Armenverbands, der einen Hilfsbedürftigen unterstützen muß, können durch einen mit Grün-**

den versehenen Beschluß der Verwaltungsbehörde, nach Anhörung der Beteiligten, die nach den Vorschriften des Bürgerlichen Gesetzbuchs Unterhaltspflichtigen angehalten werden, dem Hilfsbedürftigen nach Maßgabe ihrer gesetzlichen Verpflichtung die erforderliche laufende Unterstützung zu gewähren. Der ordentliche Rechtsweg bleibt vorbehalten und hat aufschiebende Wirkung.

c) **Dritten, die ohne Auftrag einen Hilfsbedürftigen unterstützen, steht gegen den unterstützungspflichtigen Armenverband ein Anspruch nicht zu.**

Ärzte, Apotheken und Hebammen haben dagegen einen Anspruch in Höhe der Mindestsätze der Gebührenordnung, wenn sie in einem dringenden Falle die erforderliche Hilfe leisten und dieses dem Armenverband unverzüglich anzeigen.

d) **Der unterstützende Armenverband darf von den anderweit Unterhaltspflichtigen Ersatz seiner Aufwendungen für die Vergangenheit fordern, ohne daß der Pflichtige in Verzug gesetzt worden ist.**

VII. Schluß.

Es kann nicht die Aufgabe dieses Berichts sein, bestimmt formulierte Vorschläge in bezug auf den Entwurf eines künftigen Reichsarmengesetzes zu machen. Diese Aufgabe muß dem Reichsamt des Innern vorbehalten bleiben. Die aufgestellten Richtlinien sind auch nicht in diesem Sinne aufzufassen. Sie sollen die Notwendigkeit einer reichsgesetzlichen Regelung des materiellen Armenrechts nachweisen und sollen die von dem Deutschen Verein für Armenpflege und Wohltätigkeit als von der Vereinigung der zuständigen Sachverständigen auf Grund der Praxis aufzustellenden Forderungen zur Kenntnis der gesetzgebenden und der die Gesetzgebung vorbereitenden Instanzen bringen. Daraus folgt auch, daß dieser Bericht nicht die Aufgabe verfolgen kann, den Inhalt eines künftigen Reichsarmengesetzes erschöpfend darzustellen. Es gilt vielmehr, die wesentlichen Gesichtspunkte hervorzuheben und an diesen Gesichtspunkten die Notwendigkeit der einheitlichen, gesetzlichen Regelung durch ein Reichsgesetz zu beweisen. Das ist in den vorstehenden Referaten geschehen. Es sind die wesentlichsten Fragen hervorgehoben worden. Es gibt gewiß noch eine Reihe anderer Fragen, die gleichfalls zum Inhalt eines Reichsarmengesetzes gemacht werden können, sie sind gegenüber den behandelten Fragen minder wichtiger Natur. Die Hervorhebung der größeren Gesichtspunkte ist viel mehr geeignet, einem neuen Gedanken zum Durchbruch zu verhelfen, als eine ausführliche Aufzählung aller in Betracht kommender Momente. Im großen und ganzen ist der stoffliche Inhalt eines künftigen Reichsarmengesetzes in den einzelstaatlichen Ausführungsgesetzen enthalten. Es kann sich nur darum handeln, diejenigen

Gebiete auszusondern, die auch in Zukunft der einzelstaatlichen Regelung überlassen werden sollen. Als Hauptgrundsatz wird gelten müssen, daß das Reichsgesetz nur diejenigen Fragen regeln soll, die einer einheitlichen Regelung unbedingt bedürfen, die also nicht ausschließlich die öffentliche Armenpflege des Einzelstaats betreffen. Das ist bei allen von den Berichterstattern behandelten sechs Stoffgebieten der Fall. In Verhältnisse des Einzelstaats soll und darf ohne dringende Veranlassung nicht eingegriffen werden.

Es erscheint nicht wahrscheinlich, daß der Gedanke eines einheitlichen deutschen Armenrechts, so ausreichend er auch begründet erscheint, in kurzer Zeit zur Verwirklichung gelangt. Es gibt aber für die nächste Zeit der Tätigkeit unseres Vereins keine dankbarere und wichtigere Aufgabe, als diesem Gedanken zum Durchbruch zu verhelfen. Der geeignete Moment zum Beginn dieser Arbeit ist dadurch gegeben, daß ein einheitliches Recht auf dem Gebiete des Unterstützungswohnsitzes herbeigeführt ist, und daß Bayern ein Ausführungsgesetz zum Unterstützungswohnsitzgesetz vorbereiten muß. Die im vorigen und in diesem Jahre in unserm Verein geltend gemachten Gesichtspunkte können also dabei noch Berücksichtigung finden.

Die zu den Ausführungen der einzelnen Berichterstatter aufgestellten Richtlinien werden auf Grund der Ausführungen im ersten Abschnitt ihre Ergänzung noch durch allgemeine Richtlinien finden müssen. Diese sind von mir schon im Oktober 1912 ausgearbeitet und von der eingesetzten Kommission angenommen worden. Ergänzt sind diese Richtlinien nur unter Ziffer 1 durch den im vorigen Jahre vom Kongreß angenommenen Leitsatz. Die allgemeinen Richtlinien würden demnach lauten:

1. **Nachdem im Deutschen Reiche die Rechtseinheit auf dem Gebiete des Armenwesens, soweit der Unterstützungswohnsitz in Frage kommt, in Aussicht steht, ist es geboten, die Rechtseinheit auch auf dem Gebiete des materiellen Armenrechts herbeizuführen. Dieses Ziel wird am besten durch ein einheitliches deutsches Armengesetz gewährleistet. Solange ein solches nicht erlassen, ist die Rechtseinheit in den einzelnen Bundesstaaten durch eine möglichst übereinstimmende Landesgesetzgebung vorzubereiten.**
2. **Prinzipiell wäre es durchaus richtig, ein einheitliches Reichsarmengesetz in dem Sinne zu schaffen, daß auch das Reichsgesetz über den Unterstützungswohnsitz als ein Teil des Armenrechts in das neue Gesetz hineingearbeitet wird. Allein aus praktischen und historischen Gründen sollte man zunächst von diesem Gedanken absehen und an dem Unterstützungswohnsitzgesetz, nachdem es auch von Bayern angenommen ist, festhalten.**
3. **Der Inhalt eines Reichsarmengesetzes wird sich daher zu beschränken haben auf den Stoff, der in den zurzeit geltenden sogenannten „Ausführungsgesetzen“ zum Unterstützungswohnsitzgesetz enthalten ist; es wird sich deshalb, wenn man an dieser**

Terminologie festhalten will, um ein Reichsausführungsgesetz zum Unterstützungswohnsitzgesetz handeln.

4. Wenn ein praktisches Resultat erzielt werden soll, so muß in dem Entwurf eines Reichsarmengesetzes auf die zurzeit in den einzelnen Bundesstaaten bestehenden Verhältnisse, insbesondere aber auf die größten Bundesstaaten Preußen und Bayern, weitgehend Rücksicht genommen werden. Es empfiehlt sich daher, nur diejenigen Punkte durch ein Reichsgesetz zu regeln, in denen eine Rechtseinheit im Interesse einer geordneten Armenfürsorge unbedingt herbeigeführt werden muß, im übrigen aber den Ausführungsvorschriften der einzelnen Bundesstaaten — dabei wird es sich wirklich nur um Ausführungsgesetze oder Verordnungen zum Reichsarmengesetz handeln — einen weiten Spielraum zu belassen, so daß den mannigfachen Besonderheiten der Verhältnisse Rechnung getragen werden kann.

Kolibri 360 GmbH
Ferdinand-Jühlke-Straße 7
99095 Erfurt, Deutschland
produktsicherheit@kolibri360.de

Druck:
CPI Druckdienstleistungen GmbH
im Auftrag der
Kolibri 360 GmbH
Ferdinand-Jühlke-Str. 7
99095 Erfurt